SORRY
WIR MÜSSEN UNS ENTSCHULDIGEN

Vor lauter coolem Camping, wildem Schwimmen, dem Besuch versteckter Strände und anderen Outdoor-Aktivitäten ist uns in diesem Buch das Deutschland-Kapitel abhanden gekommen; hier liegt es nun – extra geheftet – für Sie bei.
Wir hoffen sehr, dass Sie damit gut zurechtkommen!

HAFFMANS ||| TOLKEMITT

uhlenköper

Wenn im August und September die Lüneburger Heide blüht, erstreckt sich ein Meer von Violett, so weit das Auge reicht. Die Landschaft ist so einzigartig, dass sie von Dichtern besungen wurde und Touristen in Scharen anzieht. Sie wird mit Heideblütenfesten gefeiert und alljährlich werden Heideköniginnen gekrönt.

Mitten in diesem Rausch aus Violett, im winzigen Westerweyhe bei Uelzen, liegt der beschauliche Öko-Campingplatz Uhlenköper. Die Betreiberfamilien Körding und Paul haben den Platz aufgeteilt in Bereiche für Dauercamper, für Wohnwagen, für Familienzelte und Autos und für Camper, die zu Fuß oder mit dem Rad unterwegs sind. Dazwischen verstreut liegen die Service- und Gemeinschaftseinrichtungen: eine mit Solarstrom ausgestattete Rezeption mit Sanitärblock, Restaurant und Bioladen, ein kleiner Spielplatz und – als Krönung des Ganzen – ein nagelneues Naturschwimmbad mit Becken für Schwimmer und Nichtschwimmer.

Außerhalb des Campingplatzes bieten sich Kanufahrten auf der Ilmenau, Radtouren in die Umgebung oder auch ein Ausflug zum Naturpark Südheide an, wo man die schwarzweißen Heidschnucken beobachten kann – eine Abwechslung im violetten Einerlei.

COOL-FAKTOR: Ökologisch geführter Campingplatz mit Swimmingpool, günstig gelegen als Ausgangsort für Streifzüge durch die Lüneburger Heide.
KOSTEN: 2 Personen mit Pkw und Zelt € 22, mit 2 Kindern € 29.
AUSSTATTUNG: Uhlenköper wurde für seine nachhaltige Betriebsführung mit dem EU-Umweltzeichen ausgezeichnet, was sich überall auf dem Platz bemerkbar macht – keine Chemikalien im Pool, im Laden Bioprodukte, ein Kräutergarten, aus dem sich jeder bedienen kann, und Solarstrom, soweit dies möglich ist. Die Sanitäranlagen sind modern und sauber. Das Restaurant bietet eine ansehnliche Auswahl an Gerichten.
ESSEN UND TRINKEN: Abgesehen vom platzeigenen Restaurant mit Sonnenterrasse liegt 2 Gehminuten entfernt der Dorfkrug, in dem man ein deftiges Schnitzel bekommt. Ansonsten müssen Sie mindestens bis nach Uelzen fahren, wenn Sie auswärts essen wollen. Regionale Erzeugnisse von Eiern und Mehl bis Wurst und Käse können Sie im Hofladen des Bauckhofs in Klein Süstedt kaufen (0049 581 901 60, www.bauckhof.de).
AKTIVITÄTEN: Der große Pool hat einen abgetrennten flachen Bereich, in dem kleinere Kinder gefahrlos planschen können. Die Betreiber des Campingplatzes sind zertifizierte Kanuführer und bieten regelmäßig geführte Kanutouren auf der Ilmenau an. Man kann vor Ort auch Kanus und Fahrräder mieten und sich seine eigenen Wege suchen. Setzen Sie das i-Tüpfelchen auf Ihren Ökourlaub! Eine raffinierte Vollwertküche, totale Entspannung bei Shiatsumassagen sowie Pool und Sauna finden Sie im Biohotel Kenners LandLust in Dübbekold (0049 5855 979 300, www.kenners-landlust.de).
LAGE: In der Lüneburger Heide bei Uelzen, Ortsteil Westerweyhe, etwa 35 km südlich von Lüneburg.
ÖFFENTLICHE VERKEHRSMITTEL: Mit dem Zug nach Uelzen, von dort mit der Buslinie Weinbergstraße/Ebstorf bis zum Bahnhof Westerweyhe, von dort sind es noch 500 m Fußweg bis zum Campingplatz.
GEÖFFNET: Ganzjährig.

Uhlenköper-Camp, Festplatzweg 11, 29525 Uelzen, Deutschland
t 0049 581 730 44   w www.uhlenkoeper-camp.de

DEUTSCHLAND

naturcamping vulkaneifel

Die Vulkaneifel lockt mit ihren Kraterseen und ihren faszinierenden Landschaften Scharen von Touristen an. Sie ist ein Vulkangebiet, das von Geologen als ruhend eingestuft wird, in dem aber künftige Ausbrüche durchaus möglich sind.

Der Campingplatz Vulkaneifel liegt mitten in diesem Gebiet, etwa einen Kilometer außerhalb von Manderscheid im Landkreis Bernkastel-Wittlich, und wird von Wolfgang Moritz geleitet, der vor 30 Jahren hier ein Kinderferiendorf gegründet und dieses nach und nach um einen Zeltplatz erweitert hat.

Moritz ist überzeugter Anthroposoph, aber auch wer mit Rudolf Steiner nichts am Hut hat, ist hier ein gern gesehener Gast. Steiners Philosophie macht sich allenfalls daran bemerkbar, dass bei der Zubereitung von Speisen Bioprodukte und als Baumaterialien Naturstoffe verwendet werden und dass den Kindern viel Raum zur freien Entfaltung gelassen wird.

Das Herzstück des Campingplatzes ist das Kinderdorf, ein Sammelsurium verschiedenfarbig gestrichener Hütten mit einer landschaftlich gestalteten Freifläche in der Mitte. Die nach ihrer Größe in Kategorien von A bis C unterteilten Stellplätze liegen etwas abseits im Schatten von Obstbäumen an einem terrassenförmig angelegten Hang. Die Nordseite ist bei den Campern am beliebtesten, weil hier die ruhigsten und größten Stellplätze liegen, aber auf der Südseite zeltet es sich nicht weniger angenehm.

Die für Männer und Frauen getrennten Duschräume sind modern und sauber. Entsprechend der kinderfreundlichen Einstellung des Betreibers gibt es große Freiflächen zum Toben, außerdem einen Spielplatz und einen Volleyball-, Badminton-, Basketball- und Bolzplatz. Den Erwachsenen steht ein Grillplatz zur Verfügung und auf einer Blumenwiese steht ein Gemeinschaftstipi.

Auf diesem Platz mit seiner angenehmen und ungezwungenen Atmosphäre erinnert nichts daran, wie das Leben in der Eifel vor 400 Jahren aussah, als Kriege, Pestepidemien und Hexenjagden im Land wüteten – all die Plagen des Mittelalters eben. Angeblich wurden in der Zeit von 1528 bis 1641 allein in dieser Gegend fast 300 Menschen auf den Scheiterhaufen der Inquisition verbrannt. Wenn auf dem Campingplatz heute die Flammen hochschlagen, verbrennt zum Glück höchstens noch ein Grillsteak.

Das benachbarte Manderscheid ist ein beschaulicher Kurort mit 1300 Einwohnern. Zwar hat der Ort keine spektakulären Sehenswürdigkeiten zu bieten, dafür aber ein paar nützliche Dinge für Camper wie Supermärkte, Restaurants und ein Touristenbüro mit unglaublich engagierten Mitarbeitern – und immerhin eine wirklich eindrucksvolle Festung, deren älteste Teile angeblich aus dem 10. Jahrhundert stammen.

Der eigentliche Touristenmagnet ist aber die geologisch einzigartige Beschaffenheit des Vulkangebiets, das seit 2004 als Europäischer Geopark der UNESCO anerkannt ist. Fast das gesamte Gebiet ist vom Campingplatz Vulkaneifel aus gut erschließbar, einige der zahllosen Rad- und Wanderwege beginnen buchstäblich vor der Tür. Die Geo-Route Manderscheid beispielsweise, die auf einer Strecke von 140 km an vielen geologisch besonders interessanten und auf Schautafeln erläuterten Punkten vorbeiführt. Für Freizeitradler und Familien ist der Maare-Mosel-Radweg das pure Vergnügen. Er verläuft mit maximal drei Prozent Steigung auf einer ehemaligen Bahntrasse und führt Sie von Manderscheid entweder in die schöne Stadt Daun oder an die malerische Mosel, wo man nicht versäumen sollte, ein paar Weine der Region zu verkosten. Städte wie Koblenz und das mehr als 2000 Jahre alte Trier sind einen Besuch wert, und wie es das Glück will, gibt es sogar eine Route, die beide Städte verbindet: die Moselweinstraße – wie könnte es anders sein?

COOL-FAKTOR: Großer naturnaher und familienfreundlicher Campingplatz, von dem aus die faszinierende Region der Vulkaneifel leicht erschließbar ist.
KOSTEN: Erwachsene € 7, Jugendliche (14–15 Jahre) € 4, Kinder (8–13) € 1, unter 8 Jahren frei.
AUSSTATTUNG: Rezeption mit Kiosk, ein gepflegtes Sanitärhaus mit Duschen, Toiletten, Waschbecken und Außenspülbecken, auch Einzelduschen und Waschkabinen (gegen Gebühr), Gemeinschaftsraum mit Kochgelegenheit, Waschmaschine und Trockner, Badmintonfeld und Spielplatz.
ESSEN UND TRINKEN: Im Gemeinschaftsraum gibt es schmackhafte Biogerichte, allerdings nur zu festgelegten Zeiten (Frühstück zwischen 8 und 9, Mittagessen um 12, Abendessen um 18 Uhr). Selbstversorger können den Grill benutzen, Spezialitäten der Region wie Eifelhonig, Senf, Ziegenkäse und Wurst bekommt man auf dem Vulkanhof in Gillenfeld (0049 6573 9148, www.vulkanhof.de)
AKTIVITÄTEN: Der Platz ist auf die Bedürfnisse von Familien mit Kindern ausgerichtet und es gibt jede Menge Freizeit- und Beschäftigungsangebote. Manderscheid hat ein großes Freibad, und das Touristenbüro des Ortes (www.manderscheid.de) bietet geologische Wanderungen und andere Veranstaltungen an. Überdies kooperiert der Campingplatz Vulkaneifel mit einigen Unternehmen der Region, die alles Mögliche von Floßbauen bis zu Kletter-, Wander- und Fahrradtoren organisieren. Auch der Wild- und Erlebnispark in Daun (0049 6592 3174, www.wildpark-daun.de) ist einen Besuch wert. Unternehmen Sie eine »Reise durch die Entstehungsgeschichte der Eifel«, eine Vulkansafari im Jeep unter fachkundiger Begleitung (GEOsafari-Eifel, www.geosafari.de), oder sehen Sie sich die Augen der Eifel aus der Luft an (Segelflugverein Vulkaneifel, 0049 6592 2976, www.pulvermaar.de/rundflug.html oder www.flugplatz-daun.de).
LAGE: Im Landschaftsschutzgebiet der Vulkaneifel außerhalb des Kurortes Manderscheid, 60 km nördlich von Trier.
ÖFFENTLICHE VERKEHRSMITTEL: Mit dem Zug von Köln, Koblenz oder Trier nach Wittlich, mit dem Bus weiter nach Manderscheid (Haltestelle Dauner Straße), von hier sind es noch 500 m bis zum Zeltplatz.
GEÖFFNET: 1. April bis 31. Oktober.

Natur-Camping Vulkaneifel, Feriendorf Moritz, 54531 Manderscheid, Deutschland
t 0049 6572 92110 w www.vulkan-camping.de

DEUTSCHLAND

müllerwiese

Alchemisten und Gespenster, Geister und Kobolde, ruchlose Könige und lockende Wassernymphen – das sind nur einige der Gestalten, die über die Jahrhunderte den Schwarzwald bevölkert haben. Nicht das übliche Touristenvölkchen, zugegeben, aber Deutschlands Quelle Nummer eins für Sagen und Mythen ist auch nicht die Art von Wald, in dem man nachts allein herumwandern möchte. Jedenfalls war es früher so.

Heute sind das Gefährlichste am Schwarzwald die Unmengen der nach ihm benannten Torte, die täglich verschlungen werden. Und das einzig Düstere und Geheimnisvolle am Vier-Sterne-Campingplatz Müllerwiese ist der 70er-Jahre-Klotz von einem Duschhaus bei Nacht. Allerdings ruiniert das Licht des Bewegungsmelders die Sache mit der geheimnisvollen Düsternis.

Wie dem auch sei, die Müllerwiese ist eine familieneigene (und familienfreundliche) Oase, ein kleines, aber optimal arbeitendes Unternehmen, das seit 1972 besteht und von dem lockeren, aber tatkräftigen Familiengespann aus Friedrich, seiner Frau Susanne und seinem Vater Hans Erhard betrieben wird. Im Laufe von fast 40 Jahren haben sie die Kunst zur Vollendung gebracht, einen Campingplatz mit den zwei lebenswichtigen Voraussetzungen zu führen – mit Professionalität und Begeisterung.

Der Campingplatz liegt am Rand des malerischen Dorfes Enzklösterle. Für Wohnwagen und große Zelte steht das am Ufer der Enz gelegene zentrale Campinggelände jenseits des Haupthauses zur Verfügung. Die Zeltwiese ist autofrei. Dieses Gelände sieht aus wie ein schöner und großzügiger Gartenpark. Malerische Tannen spenden Schatten, und die Enz fließt gurgelnd dahin. Die Wiese ist nicht riesig, aber doch so groß, dass 30 Zelte darauf Platz haben, ohne dass man sich gegenseitig allzu sehr auf die Pelle rückt.

Die Ausstattung des Platzes ist bescheiden, aber ausreichend. Auf der autofreien Zeltwiese gibt es einen Spielbereich mit Tischtennisplatte, Schaukel und Wippen. Der Hirschbach, der zusammen mit der Enz an die Spielwiese grenzt, sorgt für ein erfrischendes, sauberes, natürliches Badevergnügen. Den Gästen der Zeltwiese stehen in dem neuen Sanitärhaus eigene Duschkabinen mit Toilette und Waschbecken zur Verfügung, sie können aber auch das große Sanitärhaus benutzen, das zwar weniger modern, aber mit allem ausgestattet ist, was man zur Pflege und Reinigung nicht nur seines Körpers, sondern auch seiner Wäsche benötigt.

Enzklösterle – in 600 bis 900 m Höhe gelegen und von 1300 Seelen bewohnt – ist das Gegenteil einer pulsierenden Großstadt. Aber was die Dienstleistungen betrifft, ist es von deutscher Gründlichkeit geprägt. Es gibt Metzger, die Schwarzwälder Schinken

müllerwiese **DEUTSCHLAND**

verkaufen, Cafés, in denen die gleichnamige Torte geschaufelt wird, Lebensmittelläden, Restaurants, eine Drogerie und nicht weniger als drei Frisöre – plus ein Touristenbüro gegenüber dem Campingplatzeingang, das Informationen aller Art sowie freien Internetzugang bietet.

Hinter dem Dorf beginnt der »richtige« Schwarzwald – mit seinen stolzen Tannen, plätschernden Bächen, kristallklaren Seen, Blumenlichtungen und einsamen Mooren. In diesem Waldwunderland ist das gut ausgeschilderte Wegenetz für Wanderer 3000 km, das für Radfahrer 800 km lang. Wellnessbäder, Freizeitangebote und Sehenswürdigkeiten findet man in Städten wie Bad Wildbad (15 km) und Freudenstadt (27 km), in die Campinggäste kostenlos mit dem Bus fahren können,

Aber seien Sie vorsichtig. Zwar wird Ihnen unterwegs vielleicht kein Kobold und kein Schreckgespenst begegnen, aber Sie können sicher sein, dass hinter jeder Ecke ein fettes Stück Sahnetorte lauert.

COOL-FAKTOR: Idyllischer kleiner Campingplatz im Naturpark Schwarzwald Mitte/Nord.
KOSTEN: Erwachsene und Jugendliche ab 15 Jahren € 7, Kinder € 3,50. Kurtaxe € 2 (ab 18 Jahren), sie berechtigt zur kostenlosen Nutzung von Bus und Bahn im gesamten Schwarzwald.
AUSSTATTUNG: Modern eingerichtete saubere Duschen und Toiletten im großen Sanitärhaus auf der Zeltwiese, ein neues kleines Sanitärhaus in der Nähe des Haupthauses, ein Raum mit Spülbecken, Waschmaschine, Trockner und Babywickeltisch, Spielplatz und ein flacher Bach zum Planschen und Toben.
ESSEN UND TRINKEN: Auf dem Campingplatz selbst kann man nichts kaufen, aber Enzklösterle hat eine Bäckerei, Metzgerei, Biergärten, Cafés und Restaurants. Im Hotel Sarbacher in Kaltenbronn (0049 7224 93390, www.hotel-sarbacher.de) wird eine gute regionale Küche mit vielen Wildgerichten gepflegt. Jeden Samstag findet ein Wochenmarkt im 15 km entfernten Altensteig und in Bad Wildbad statt.
AKTIVITÄTEN: Im 5 km entfernten Poppetal liegt der Freizeitpark Enzklösterle mit einer der längsten Riesenrutschbahnen Deutschlands (0049 7085 7812, www.riesenrutschbahn.de). Nach einer rasanten Fahrt auf dieser Rutsche wird selbst das nörgeligste Kind garantiert strahlen. Wenn Sie sich etwas wirklich Gutes tun wollen, gönnen Sie sich »sinnlich-orientalische Wellness« im noblen Palais Thermal in Bad Wildbad (0049 7081 3030, www.palais-thermal.de).
LAGE: Im Luftkurort Enzklösterle im Nordschwarzwald, 30 km südöstlich von Baden-Baden.
ÖFFENTLICHE VERKEHRSMITTEL: Mit dem Zug nach Bad Wildbad, von hier fährt 10 Mal täglich ein Bus ins 11 km entfernte Enzklösterle, die Haltestelle ist etwa 300 m vom Campingplatz entfernt.
GEÖFFNET: Ganzjährig, außer in der Zeit vom 8. November bis 19. Dezember.

Müllerwiese, Hirschtalstraße 3, 75337 Enzklösterle, Deutschland
t 0049 7085 7485   w www.muellerwiese.de

DEUTSCHLAND

abenteuercamp schnitzmühle

Wenn der Schwarzwald Deutschlands düsteres Geheimnis ist, voller Geister, Kobolde und höllischer Torten, dann ist der Bayerische Wald, sein östlicher Verwandter, ganz heiterer Charme und sylvanische Unschuld. Er umfasst eine homogene Landschaft aus dichten Wäldern, sanft geschwungenen Bergen und Tälern und malerischen Kurstädten und ist durchzogen mit einladenden Wegen für Wanderer und Radfahrer.

Mitten in diesem grünen Nirvana liegt das Abenteuer-Camp Schnitzmühle, der vielleicht coolste aller Campingplätze im Land. Anders als die meisten Campingplätze in Deutschland wird dieser Platz von jungen Leuten betrieben, deren oberstes Ziel es ist, das Zelten zu einem bewussten und aktiven Rundumerlebnis zu machen. Die beiden Besitzer sind die Brüder Sebastian und Kristian Nielsen, die vor einigen Jahren von ihren Eltern ein Hotel übernommen und in eine außergewöhnliche All-inclusive-Oase für alle Outdoor-Aktivitäten verwandelt haben. Sie haben nicht nur der Innenausstattung des Hotels einen modernen Anstrich gegeben, sondern auch das Restaurant grundüberholt, einen weitläufigen Campingplatz eingerichtet, einen ausgedehnten Wellnessbereich gebaut und dem See auf ihrem Grundstück einen Sandstrand verpasst.

Der jugendliche Elan der Nielsen-Brüder macht sich überall bemerkbar, und das auf angenehme Weise. Selbst ohne die Extras wäre das Campingareal eine Augenweide, grün und luftig, mit Bäumen, Sträuchern und Blumen gesprenkelt. Aber wenn man dann noch die Highlights entdeckt – die Bongo-Bar mit Sand und Liegestühlen rundum, ein prähistorischen Stätten nachempfundener Grill- und Feuerplatz namens Stonehenge, der Gruppenplatz, der als Basis für Aktivangebote wie MTB-Tage, Trail-Tage und Kanutouren dient –, kommt man aus dem Staunen nicht mehr heraus.

Mit seiner bevorzugten Lage an zwei Flüssen, dem Regen und dem Schwarzen Regen, ist das Adventure-Camp Schnitzmühle für Wasserratten ein wahres Paradies. Man muss keine 2 Minuten gehen, um auf eine schöne Badestelle zu stoßen. Kanutouren kann man vor Ort buchen (€ 45 für ein Kanu mit 2 Erwachsenen und 1 Kind). Dann wird man mit einem Shuttlebus zur Einstiegstelle gefahren und kehrt mit dem Kanu zur Schnitzmühle zurück.

Die Umgebung ist reich an landschaftlich schönen Plätzen und typischen Dörfern und Städten, von denen einige ein bisschen langweilig, andere dagegen ausgesprochen reizvoll sind. Der Erholungsort Arnbruck zum Beispiel ist weithin berühmt für seine Glaswaren, die von hier in die ganze Welt exportiert werden. Es ist der ideale Ort, um sich für spätere heimische Trinkgelage mit

DEUTSCHLAND abenteuercamp schnitzmühle

ein paar edlen Weingläsern zu erschwinglichen Preisen einzudecken. Und in den Cafés von Viechtach bekommt man einen Eindruck vom Leben in einer niederbayerischen Kleinstadt.

Der künstlich angelegte Sandstrand am See ist der ideale Platz zum Faulenzen und Sonnenbaden. Und wer das volle Wohlfühlprogramm sucht, muss das Campinggelände nicht einmal verlassen, das hauseigene Spa liegt direkt vor der Tür.

COOL-FAKTOR: »Cool Camping« vom Feinsten mitten im Bayerischen Wald.
KOSTEN: 2 Erwachsene mit Zelt und Pkw € 22,90.
AUSSTATTUNG: Erstklassig: ein sauberes (und farbenfreudiges) Sanitärhaus mit allem Drum und Dran, ein Laden mit reichhaltigem Angebot, eine Bar (Bongo-Bar), ein Grill- und Lagerfeuerplatz, ein Spielplatz, Internet (im Restaurant), ein eigener Badesee mit Sandstrand.
ESSEN UND TRINKEN: Am Kiosk bei der Rezeption kann man von frischem Brot bis Campingzubehör alles kaufen, was ein Camper so braucht. Im Restaurant wird eine unkonventionelle Mischung aus bayerischer und thailändischer Küche serviert. Außerdem gibt es morgens ein üppiges Frühstücksbüffet für € 12 und mittags Salate und Sandwiches. Im Bella Italia in Viechtach bekommt man leckere Pizza und Pasta.
AKTIVITÄTEN: Vor Ort werden Aktivitäten von Kanu-, Rad- oder Wandertouren bis Baumklettern angeboten. Ein Spielplatz mit Tischtennisplatten ist auf dem Campingplatz vorhanden, der Badesee mit Sandstrand lädt zum Schwimmen, Toben und Planschen ein. Ein Erlebnis für sich ist eine Fahrt auf der 1000 m langen Sommerrodelbahn im Freizeitpark Rodel-Paradies im 10 km entfernten St. Englmaar (0049 9965 1203, www.sommerrodeln.de). Gönnen Sie sich eine Buddha-Massage im Wellnessbereich. Sie haben unter anderem die Wahl zwischen Mango mit Bananenblättern, Hot Stones oder Aloa-Massage (€ 48 für 50 Min.).
LAGE: Bei Viechtach im Bayerischen Wald nahe der tschechischen Grenze, zwischen Cham und Deggendorf.
GEÖFFNET: Ganzjährig.

Adventure-Camp Schnitzmühle, Schnitzmühle 1, 94234 Viechtach, Deutschland

| t | 0049 9942 94810 | | www.schnitzmuehle.de |

camping zellersee

Wie der Name des Campingplatzes besagt, dreht sich hier alles um den See. Es ist kein großer See, dafür liegt er aber so bequem vor der Tür, dass man sich praktisch bloß aus seinem Schlafsack rollen und hineinfallen lassen muss – schöner kann man nicht wach werden.

Danach überlegen Sie bei einem dampfenden Kaffee und frischem Brot von der Rezeption, was Sie mit dem Rest des Tages anfangen sollen. Eine Radtour zum Chiemsee (15 km), um dort noch einmal ein Bad zu nehmen? Zur Insel Herrenchiemsee hinüberpaddeln und sich das Alte und das als Kopie von Versailles erbaute Neue Schloss ansehen? Oder zum 1138 m hoch gelegenen Taubensee wandern und sich beherzt in das glasklare Wasser des Gebirgssees stürzen?

Für diejenigen, die sich die Welt gern von oben ansehen, bietet die weltbekannte Segelflugschule DASSU im nahegelegenen Unterwössen Segel- und Gleitflüge an. In dieser Gegend gibt es erstaunliche Luftströmungen, die einen Flugkörper 900 km weit tragen können. Lernen Sie also lieber, wie Sie wieder herunterkommen, bevor Sie abheben.

Am Abend können Sie sich mit einem kalten Bier von der Rezeption zurücklehnen und sich Gedanken machen, warum hier jeder ein seliges Grinsen im Gesicht zu haben scheint. Was auch immer es ist, in Zellersee nimmt man's leicht, grinsen Sie also einfach mit.

COOL-FAKTOR: Familiärer Campingplatz an einem schönen Badesee mit abgetrenntem Nichtschwimmerbereich, und das Nachbarland Österreich liegt vor der Tür.
KOSTEN: 2 Erwachsene mit Zelt und Auto € 17. € 2 Kurtaxe.
AUSSTATTUNG: 90 Plätze. Es gibt eine Rezeption mit Kiosk, ein ordentliches Sanitärhaus mit Duschen, Toiletten, Waschbecken, Waschmaschine und Trockner, eine kleine Gemeinschaftsküche, einen Tennisplatz und einen Spielplatz sowie Internetverbindung auf dem ganzen Platz.
ESSEN UND TRINKEN: Am Kiosk bekommt man Snacks und Getränke. Im 500 m entfernten Gasthof Zellerwand (0049 8649 217), seit 1854 im Besitz der Familie Müller, die auch den Campingplatz betreibt, wird ausgezeichnete alpenländische Küche serviert. Auf dem Wochenmarkt in Grassau (Samstagvormittag) kann man Wurst, Käse und Obst aus der Region kaufen.
AKTIVITÄTEN: Vor Ort gibt es einen Tennisplatz, einen Spielplatz, eine Kletterwand (fachkundige Anleitung 2 x wöchentlich während der Sommersaison) und natürlich den See. Mit einem Besuch im Märchen-Erlebnispark in Marquartstein werden Sie Ihre Kleinen sicher begeistern (Jägerweg 14, 0049 8641 7269, www.maerchenpark.de). Wenn Sie gern abheben, unternehmen Sie doch einen Segelflug bei der renommierten Deutschen Alpensegelflugschule Unterwössen (0049 8641 698787, www.dassu.de). 10 Min. kosten € 20, jede weitere Min. € 1,50.
LAGE: Bei Schleching im Chiemgau am Rand der Alpen, 100 km südöstlich von München.
GEÖFFNET: Ganzjährig.

Camping Zellersee, Zellerseeweg 3, 83259 Schleching-Mettenham, Deutschland
t 0049 8649 986719   w www.camping-zellersee.de

80 sensationelle Plätze zum Zelten

Jonathan Knight

Aus dem Englischen von
Waltraud Götting und Juliane Zaubitzer

Mit einem Vorwort von
Ulrich Grober

HAFFMANS | TOLKEMITT

Deutsche Erstausgabe

1. Auflage, April 2010
2. Auflage, August 2010
3. Auflage, Mai 2011
4. Auflage, April 2012
5. Auflage, Mai 2013
6. Auflage, Juli 2014
7. Auflage überarbeitet, Juli 2015
8. Auflage, Neuausgabe, April 2017
9. Auflage, Juni 2018
10. Auflage, Juni 2021

Die englische Originalausgabe ist 2009 unter dem Titel »Cool Camping: Europe«
bei Punk Publishing Ltd., London, erschienen.
Copyright © 2009 Punk Publishing Ltd.

Alle Rechte für die deutsche Ausgabe und Übersetzung
Copyright © 2010 Verlage Haffmans & Tolkemitt,
www.haffmans-tolkemitt.de
www.wildund.cool

Vorwort Copyright © 2010 Ulrich Grober.

Alle Rechte vorbehalten, insbesondere das Recht der mechanischen,
elektronischen oder fotografischen Vervielfältigung, der Einspeicherung
und Verarbeitung in elektronischen Systemen, des Nachdrucks in Zeitschriften
oder Zeitungen, des öffentlichen Vortrags, der Verfilmung oder Dramatisierung,
der Übertragung durch Rundfunk, Fernsehen oder Internet, auch einzelner
Text- und Bildteile, sowie der Übersetzung in andere Sprachen.

Lektorat: Katharina Theml (Büro Z, Wiesbaden).
Satz: Fotosatz Amann, Memmingen; Linn Kleeberg
Druck & Bindung: Eberl & Koesel, Altusried-Krugzell
Printed in Germany.

ISBN 978-3-942989-39-8

Vorwort   7

Lageplan   12

Die besten Fünf   17

Alle Campingplätze   18

Portugal   23

Spanien   43

Frankreich   83

Luxemburg   185

Holland   187

Deutschland   201

Österreich   217

Schweiz   229

Italien   241

Slowenien   275

Kroatien   289

Griechenland   297

Reif für Cool Camping

Vorwort von Ulrich Grober

Erste Eingebung, als ich *Cool Camping* ausgelesen hatte: In den Keller gehen, nachgucken, ob das Zelt noch intakt ist, das dort seit Jahren eingemottet rumliegt. Wohl wahr, Rucksack und Wanderschuhe habe ich stets griffbereit. Auch der Daunenschlafsack liegt locker verpackt immer bereit für die nächste Übernachtung im 1000-Sterne-Hotel – sprich: die Nacht unterm Himmelszelt. Draußen zu Hause? Ja! Aber zelten? Auf einem Campingplatz? Ich assoziiere: Caravans, Stoßstange an Stoßstange zusammengepfercht. Geschotterte Stellplätze, Satellitenantennen, spießige Dauercamper-Gemütlichkeit. Es brauchte schon so ein Buch, um mir den Mund wässrig zu machen. *Cool Camping Europa* zeigt, dass es auch anders geht.

*

Es muss wohl in unseren Genen schlummern. Selbst wenn wir die Welt hauptsächlich nur noch auf Bildschirmen oder durch die Windschutzscheibe wahrnehmen – das Nomadische lässt uns nicht in Ruhe. In der globalisierten Kultur des 21. Jahrhunderts ist mobile Lebenskunst wieder sehr zeitgeistig geworden. Die Freiheit aufzubrechen, wohin man will, lässt sich niemand nehmen.

Man höre und staune, wie die isländische Pop-Sirene Björk ihren Song *Wanderlust* zelebriert! Wie ihre Stimme vibriert und jubiliert, wenn sie, untermalt von Bläserfanfaren und Trommelwirbeln, das Wort in den Mund nimmt. *I feel at home whenever / the unknown surrounds me … Wanderlust!* In fremder Umgebung zu Hause – die Essenz des Nomadischen. Das Video zum Song ist eine atemberaubende 3-D-Animation: In ein rattenfängerbuntes Gewand gekleidet, einen Fellrucksack auf dem Buckel, streift Björk durch eine surrealistische Eiszeit-Anderswelt, watet, bis zur Hüfte im reißenden Wasser, durch einen Gletscherfluss, tritt hervor aus einer ziehenden Büffelherde. *Relentlessly restless … unentwegt ruhelos … Wanderlust!*

Es ist eins der Wörter, das die englische Sprache aus dem Deutschen entlehnt hat. Wie »Kindergarten« oder »Zeitgeist«. So richtig alt ist die Wortfügung im Deutschen nicht. Geprägt hat sie wohl erst die Romantik. Die beiden Grundwörter sind freilich uraltes germanisches Spracherbe. *Wandern* und *Lust* kommen im Altsächsischen, der einen Quelle des modernen Englisch, genauso vor wie im Altnordischen, in der Sprache also, die – seit der »Edda« kaum verändert – Björks Muttersprache ist. *Wanderlust*, so wie es heute im angelsächsischen Sprachraum verwendet wird, meint vor allem: Lust am freien Schweifen, Freiheitsdrang. Der neue Nomadismus ist selbstbestimmt, leichtfüßig, entdeckend und wie eh und je – naturverbunden.

*

Kein Wunder, dass dieses Buch aus England kommt. Die Nachfahren von Robinson Crusoe, Ernest Shackleton und Bruce Chatwin haben sich ihr Fernweh bewahrt. Und damit ihr feines Gespür für die Magie starker Orte, für Traumpfade, für das Abenteuer des einfachen Lebens. Mit dieser Wünschelrute hat der Autor von *Cool Camping* den europäischen Kontinent durchstreift. Vom atlantikumtosten *finis terrae* in Portugal bis in die violett leuchtende Lüneburger Heide, von den Kiefernwäldern der Loiremündung bis an die Strände von Korfu. Abseits der gesichts- und charakterlosen Massen-Campingplätze hat er wahre Perlen entdeckt. Die 80 mit dem größten Wow-Faktor sind hier in sprachliche Miniaturen gefasst und … wie soll ich sagen? … liebevoll … präsentiert. Schon beim Schmökern fühlt man sich in eine Hängematte unter blauem Himmel versetzt.

Diese Plätze sind eingebettet. In große Landschaften und unversehrte Natur. Sie liegen inmitten eines Korkeichenwäldchens an der Algarve, in einem Olivenhain in Umbrien oder am Schilfgürtel eines stillen Sees unter dem weiten niederländischen Himmel. Das Ambiente stimuliert die Sinne. Einfach dem Spiel von Licht und Schatten zuschauen, dösen, den Geruch reifender Orangen oder Äpfel einatmen, lesen, dem Plätschern des Wassers lauschen, Zwiesprache halten, eine Streicheleinheit. Die Zeit steht still. *Dolce far niente* bringt die tiefe Entspannung. Schon mal versucht, vom 4-Sterne-Hotel aus den Sonnenaufgang zu erwischen? Im Zelt ziehst du den Reißverschluss auf und gehst ein paar Schritte zum nächsten Ausguck nach Osten. Diese Plätze sind *retreats* – Rückzugsgebiete.

Und sie sind Basislager. Die meisten liegen in der Nähe von Bade-, Paddel- oder Angelgewässern. Perfekt für Wasserratten. Fast immer umgibt sie ein weitmaschiges Netz von Wanderwegen und Mountainbike-Routen. Mancherorts kann man Paragliding betreiben oder am Felsen klettern. Es muss ja nicht gleich die Eigernordwand sein. Auch wenn am Fuß dieser schweizerischen Bergikone ein cooler Campingplatz liegt. Aber so gut wie jeder der hier beschriebenen 80 Plätze hat den direkten Zugang zu den *great outdoors*, der freien Natur, in der wir uns aus eigener Kraft bewegen, Kräfte verausgaben, um neue Kraft zu sammeln. Die Skandinavier sprechen von *friluftsliv*. Gemeint ist das naturnahe Leben an der frischen Luft. Cool Camping ist eine intensive Form dieser Erfahrung – ideal auch für Kinder.

*

Ich wette, dass man auf diesen coolen Plätzen ein Spektrum von ziemlich inspirierten und inspirierenden Leuten trifft. Ihr kleinster gemeinsamer Nenner, vermute ich, ist der Wunsch, grüner zu leben. Ein Tag am Strand, ein gemeinsam erlebter Sonnenuntergang – oder ein Sommergewitter –, eine anschließende Lagerfeuernacht fördern unter diesen Vorzeichen schlicht und einfach eine entspannte Art von Wir-Gefühl. Nicht zu vergessen die Campingplatzbetreiber, besser gesagt: Gastgeber. Die ihnen gewidmeten kleinen Porträts tragen zum Charme des Buches bei. Vom blaublütigen Schlossbesitzer an der Loire über den anthroposophisch angehauchten Sozialarbeiter in der Vulkaneifel bis zum umbrischen

Olivenbauern ist eine Vielfalt an Europäern vertreten.

Es lebe der Minimalismus! Was bei den nomadischen Stämmen Jurte und Tipi waren, ist heute die Polyesterhaut eines modernen Leichtgewichtzeltes. Sie gibt dir den minimalen Schutz vor den Unbilden der Witterung. Dass dieser so oft völlig ausreicht, ist für den Stadtmenschen von heute eine Erfahrung für sich. Noch besser: Mit dem Urlaub im Zelt verursachst du den minimalen ökologischen Fußabdruck. Grashalme richten sich wieder auf. Wenn dann noch solar betriebene Duschen und Komposttoiletten da sind, kriegt Cool Camping endgültig die Kurve vom prähistorischen Nomadismus zum postfossilen Zeitalter.

»Dem Traum folgen und nochmals dem Traum folgen und so ewig…«, empfahl der britisch-polnische Schriftsteller und Seemann Joseph Conrad vor 100 Jahren. Mit *Cool Camping* im Reisegepäck lassen sich einige der Traumlandschaften Europas neu entdecken – hautnah.

Reif für Cool Camping

Lageplan

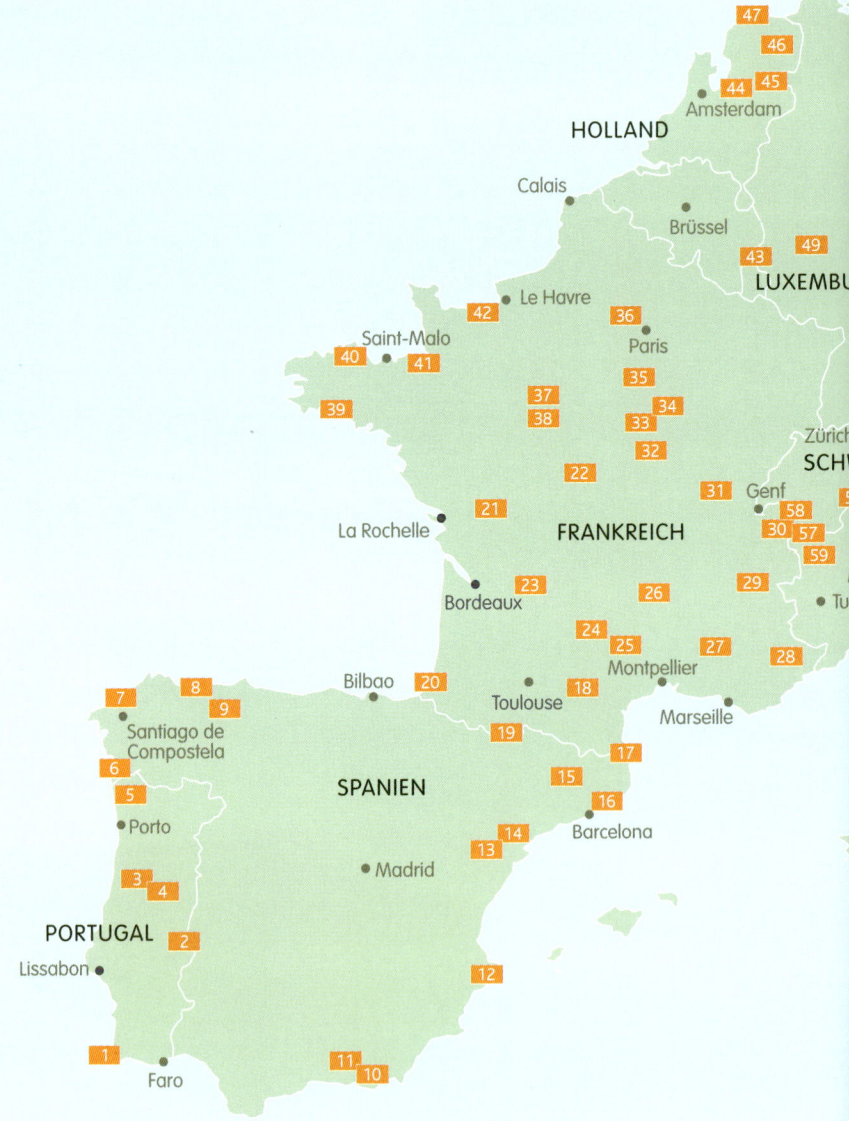

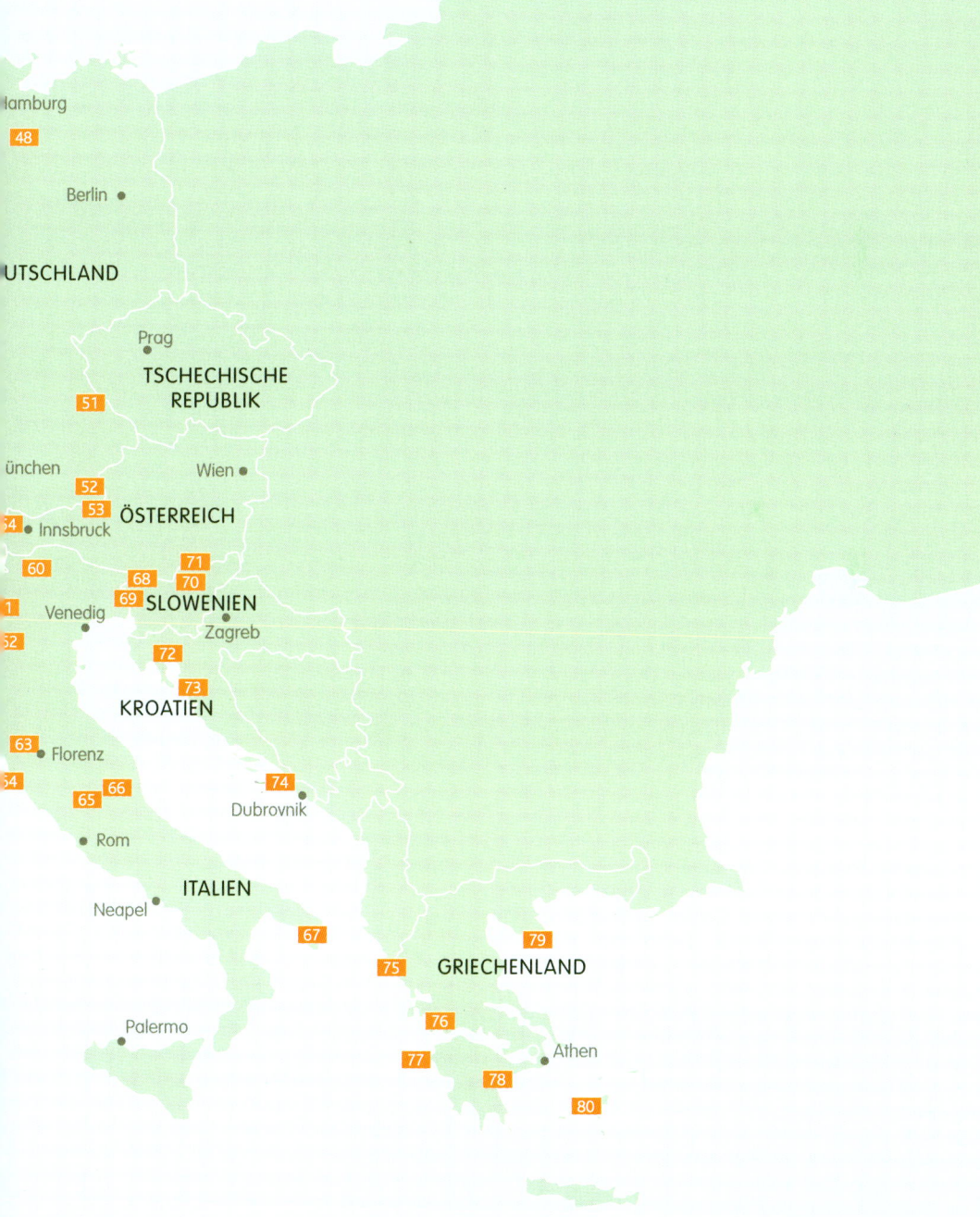

Reif für Cool Camping

	KARTE	LAND	SEITE
1	Quinta dos Carricos	Portugal	23
2	Pego Ferreiro	Portugal	25
3	Termas da Azenha	Portugal	29
4	Yurt Holiday Portugal	Portugal	32
5	Lima Escape	Portugal	37
6	Islas Cíes	Spanien	43
7	Camping Sisargas	Spanien	44
8	Camping Playa de Taurán	Spanien	49
9	Lagos de Somiedo	Spanien	53
10	Balcón de Pitres	Spanien	57
11	Olive Tree Yurt	Spanien	58
12	Camping & Bungalows Vall de Laguar	Spanien	62
13	La Fresneda	Spanien	67
14	Torre de la Mora	Spanien	71
15	Forest Days	Spanien	75
16	Cala Llevadò	Spanien	79
17	Mas de la Fargassa	Frankreich	83
18	BelRepayre Trailer Park	Frankreich	86
19	Tipis Indiens	Frankreich	91
20	Glisten Camping	Frankreich	97
21	Camp Laurent	Frankreich	101
22	Tipis in Folbeix	Frankreich	105
23	Les Ormes	Frankreich	109
24	Camping Fans	Frankreich	113
25	Domaine de Pradines	Frankreich	117
26	CosyCamp	Frankreich	123
27	Le Grand Bois	Frankreich	127
28	Camping du Brec	Frankreich	129
29	Ferme Noémie	Frankreich	133
30	Le Grand Champ	Frankreich	137
31	Camping TerreFerme	Frankreich	141
32	Domaine du Bourg	Frankreich	145
33	Au Bois Joli	Frankreich	147
34	Les Grèbes du Lac de Marcenay	Frankreich	151
35	Camping de Troyes	Frankreich	155
36	Huttopia Versaille	Frankreich	159
37	Ferme de Prunay	Frankreich	163
38	Les Roulottes	Frankreich	167
39	Bot-Conan Lodge	Frankreich	171
40	Camping Milin Kerhé	Frankreich	175
41	Le Bois Coudrais	Frankreich	179
42	Castel Camping Le Brévedent	Frankreich	181
43	Camping Val d'Or	Luxemburg	185
44	CampSpirit	Holland	187
45	Camping de Roos	Holland	191
46	Thyencamp	Holland	195
47	Lauwerszee	Holland	199
48	Uhlenköper	Deutschland	201
49	Naturcamping Vulkaneifel	Deutschland	203
50	Müllerwiese	Deutschland	207
51	Abenteuercamp Schnitzmühle	Deutschland	211
52	Camping Zellersee	Deutschland	215
53	Park Grubhof	Österreich	217
54	Fernsteinsee	Österreich	221
55	Sonnenberg	Österreich	225
56	Eigernordwand	Schweiz	229
57	Camping Arolla	Schweiz	230
58	Camping des Glaciers	Schweiz	235
59	Lo Stambecco	Italien	241
60	Seiser Alm	Italien	245
61	Bellavista	Italien	249
62	San Biagio	Italien	250
63	Internazionale Firenze	Italien	255
64	Stella Mare	Italien	261
65	Il Falcone	Italien	265
66	Il Collaccio	Italien	269
67	Riva di Ugento	Italien	273
68	Koren	Slowenien	275
69	Liza	Slowenien	279
70	Menina	Slowenien	280
71	Chateau Ramšak	Slowenien	285
72	Glavotok	Kroatien	289
73	Straško	Kroatien	290
74	Pod Maslinom	Kroatien	293
75	Dionysus	Griechenland	297
76	Poros Beach	Griechenland	301
77	Tartaruga	Griechenland	302
78	Nicolas	Griechenland	307
79	Areti	Griechenland	310
80	Antiparos	Griechenland	315

Die besten Fünf

Bei so vielen herausragenden Campingplätzen war es eine wahre Herkulesaufgabe, nur fünf als die Besten der Besten zu küren. Wir mussten noch etwas draufsetzen. Hier sind sie also, die sechs Campingplätze, die unsere Top 5 ausmachen. Die Schönsten der Schönen.

1 La Fresneda, Spanien — S. 67
Zelten unter dem weiten Himmel von Matarraña auf einer nachhaltig bewirtschafteten Finca in Katalonien.

2 Il Falcone, Italien — S. 265
Olivenhaine und Mohnblumen, Seen und Dörfer, abseits der Touristenwege im Herzen Umbriens.

3 CampSpirit, Holland — S. 187
Ein holländisches Öko-Inselparadies, in dem man traditionelle Jurten und Tipis mieten und sein eigenes Biogemüse pflücken kann. Der ideale Ort zum Träumen und Chillen.

4 Areti, Griechenland — S. 310
Das Leben genießen bei Honig und Calamares, im Schatten von Eukalyptus- und Hibiskusbäumen am kobaltblauen Meer der Halbinsel Sithonia.

5 Camping Arolla & Camping des Glaciers, Schweiz — S. 230 + 235
Zwei umwerfende Campingplätze in den Schweizer Alpen, die sich in nichts nachstehen. Der eine ist der höchstgelegene Zeltplatz Europas, der andere liegt am Fuße eines Gletschers auf einer mit wilden Orchideen gesprenkelten Bergwiese.

Alle Campingplätze

LAGERFEUERROMANTIK

SPANIEN
| 15 | Forest Days | 75 |

FRANKREICH
19	Tipis Indiens	91
22	Tipis in Folbeix	105
26	CosyCamp	123
31	Camping TerreFerme	141
32	Domaine du Bourg	145
33	Au Bois Joli	147
36	Huttopia Versaille	159
37	Ferme de Prunay	163
38	Les Roulottes	167
39	Bot-Conan Lodge	171
40	Camping Milin Kerhé	175
42	Castel Camping Le Brévedent	181

HOLLAND
| 47 | Lauwerszee | 199 |

DEUTSCHLAND
| 49 | Naturcamping Vulkaneifel | 203 |
| 51 | Abenteuercamp Schnitzmühle | 211 |

ITALIEN
| 67 | Riva di Ugento | 273 |

SLOWENIEN
| 69 | Liza | 279 |
| 70 | Menina | 280 |

KROATIEN
| 72 | Glavotok | 289 |
| 74 | Pod Maslinom | 293 |

GRIECHENLAND
| 80 | Antiparos | 315 |

FASZINIERENDER BLICK

PORTUGAL
| 4 | Yurt Holiday Portugal | 32 |
| 5 | Lima Escape | 37 |

SPANIEN
6	Islas Cíes	43
8	Camping Playa de Taurán	49
9	Lagos de Somiedo	53
10	Balcón de Pitres	57
12	Camping & Bungalows Vall de Laguar	62
13	La Fresneda	67
14	Torre de la Mora	71
15	Forest Days	75
16	Cala Llevadò	79

FRANKREICH
19	Tipis Indiens	91
20	Glisten Camping	97
21	Camp Laurent	101
22	Tipis in Folbeix	105
23	Les Ormes	109
24	Camping Fans	113
25	Domaine de Pradines	117
26	CosyCamp	123
27	Le Grand Bois	127
28	Camping du Brec	129
29	Ferme Noémie	133
32	Domaine du Bourg	145
33	Au Bois Joli	147
37	Ferme de Prunay	163
39	Bot-Conan Lodge	171
40	Camping Milin Kerhé	175

LUXEMBURG
| 43 | Camping Val d'Or | 185 |

HOLLAND
| 45 | Camping de Roos | 191 |
| 47 | Lauwerszee | 199 |

DEUTSCHLAND
48	Uhlenköper	201
49	Naturcamping Vulkaneifel	203
50	Müllerwiese	207
52	Camping Zellersee	215

ÖSTERREICH
| 53 | Park Grubhof | 217 |
| 55 | Sonnenberg | 225 |

SCHWEIZ
| 57 | Camping Arolla | 230 |
| 58 | Camping des Glaciers | 235 |

ITALIEN
59	Lo Stambecco	241
60	Seiser Alm	245
61	Bellavista	249
62	San Biagio	250
64	Stella Mare	261
65	Il Falcone	265
66	Il Collaccio	269

SLOWENIEN
| 68 | Koren | 275 |
| 69 | Liza | 279 |

KROATIEN
| 72 | Glavotok | 289 |

GRIECHENLAND
75	Dionysus	297
77	Tartaruga	302
78	Nicolas	307
80	Antiparos	315

WALDESLUST

PORTUGAL
| 4 | Yurt Holiday Portugal | 32 |
| 5 | Lima Escape | 37 |

SPANIEN
7	Camping Sisargas	44
15	Forest Days	75
16	Cala Llevadò	79

FRANKREICH
20	Glisten Camping	97
22	Tipis in Folbeix	105
25	Domaine de Pradines	117
27	Le Grand Bois	127
33	Au Bois Joli	147
40	Camping Milin Kerhé	175

Alle Campingplätze

Alle Campingplätze

LUXEMBURG
- 43 Camping Val d'Or — 185

HOLLAND
- 45 Camping de Roos — 191

DEUTSCHLAND
- 50 Müllerwiese — 207
- 51 Abenteuercamp Schnitzmühle — 211

ITALIEN
- 65 Il Falcone — 265

SLOWENIEN
- 70 Menina — 280

AM ENDE DER WELT

PORTUGAL
- 4 Yurt Holiday Portugal — 32
- 5 Lima Escape — 37

SPANIEN
- 6 Islas Cíes — 43
- 7 Camping Sisargas — 44
- 8 Camping Playa de Taurán — 49
- 10 Balcón de Pitres — 57
- 13 La Fresneda — 67
- 15 Forest Days — 75

FRANKREICH
- 21 Camp Laurent — 101
- 22 Tipis in Folbeix — 105
- 24 Camping Fans — 113
- 25 Domaine de Pradines — 117
- 27 Le Grand Bois — 127
- 31 Camping TerreFerme — 141
- 34 Les Grèbes du Lac de Marcenay — 151
- 40 Camping Milin Kerhé — 175
- 41 Le Bois Coudrais — 179
- 42 Castel Camping Le Brévedent — 181

HOLLAND
- 47 Lauwerszee — 199

DEUTSCHLAND
- 50 Müllerwiese — 207

SCHWEIZ
- 57 Camping Arolla — 230

ITALIEN
- 60 Seiser Alm — 245

KROATIEN
- 72 Glavotok — 289

GRIECHENLAND
- 77 Tartaruga — 302
- 80 Antiparos — 315

STRANDNÄHE

PORTUGAL
- 1 Quinta dos Carricos — 23
- 3 Termas da Azenha — 29

SPANIEN
- 6 Islas Cíes — 43
- 8 Camping Playa de Taurán — 49
- 14 Torre de la Mora — 71
- 16 Cala Llevadò — 79

FRANKREICH
- 28 Camping du Brec — 129
- 39 Bot-Conan Lodge — 171

ITALIEN
- 61 Bellavista — 249
- 64 Stella Mare — 261
- 67 Riva di Ugento — 273

KROATIEN
- 72 Glavotok — 289
- 73 Straško — 290
- 74 Pod Maslinom — 293

GRIECHENLAND
- 75 Dionysus — 297
- 76 Poros Beach — 301
- 77 Tartaruga — 302
- 78 Nicolas — 307
- 79 Areti — 310
- 80 Antiparos — 315

FÜR SURFER

PORTUGAL
- 1 Quinta dos Carricos — 23
- 3 Termas da Azenha — 29

SPANIEN
- 6 Islas Cíes — 43
- 7 Camping Sisargas — 44
- 8 Camping Playa de Taurán — 49
- 12 Camping & Bungalows Vall de Laguar — 62

FRANKREICH
- 20 Glisten Camping — 97
- 40 Camping Milin Kerhé — 175

ITALIEN
- 61 Bellavista — 249
- 64 Stella Mare — 261

AM WASSER

PORTUGAL
- 1 Quinta dos Carricos — 23
- 5 Lima Escape — 37

SPANIEN
- 6 Islas Cíes — 43
- 16 Cala Llevadò — 79

FRANKREICH
- 21 Camp Laurent — 101
- 23 Les Ormes — 109
- 24 Camping Fans — 113
- 26 CosyCamp — 123
- 28 Camping du Brec — 129
- 34 Les Grèbes du Lac de Marcenay — 151
- 39 Bot-Conan Lodge — 171
- 40 Camping Milin Kerhé — 175
- 42 Castel Camping Le Brévedent — 181

LUXEMBURG
- 43 Camping Val d'Or — 185

HOLLAND
- 45 Camping de Roos — 191
- 47 Lauwerszee — 199

DEUTSCHLAND
- 48 Uhlenköper — 201
- 50 Müllerwiese — 207
- 51 Abenteuercamp Schnitzmühle — 211
- 52 Camping Zellersee — 215

Alle Campingplätze

ÖSTERREICH
| 53 | Park Grubhof | 217 |

ITALIEN
61	Bellavista	249
62	San Biagio	250
64	Stella Mare	261
67	Riva di Ugento	273

SLOWENIEN
| 69 | Liza | 279 |

KROATIEN
| 72 | Glavotok | 289 |
| 73 | Straško | 290 |

GRIECHENLAND
75	Dionysus	297
76	Poros Beach	301
77	Tartaruga	302
78	Nicolas	307
79	Areti	310
80	Antiparos	315

IM GEBIRGE

PORTUGAL
| 5 | Lima Escape | 37 |

SPANIEN
6	Islas Cíes	43
9	Lagos de Somiedo	53
10	Balcón de Pitres	57
12	Camping & Bungalows Vall de Laguar	62
13	La Fresneda	67
15	Forest Days	75

FRANKREICH
18	BelRepayre Trailer Park	86
20	Glisten Camping	97
22	Tipis in Folbeix	105
25	Domaine de Pradines	117
26	CosyCamp	123
27	Le Grand Bois	127
29	Ferme Noémie	133

DEUTSCHLAND
| 52 | Camping Zellersee | 215 |

ÖSTERREICH
53	Park Grubhof	217
54	Fernsteinsee	221
55	Sonnenberg	225

SCHWEIZ
56	Eigernordwand	229
57	Camping Arolla	230
58	Camping des Glaciers	235

ITALIEN
59	Lo Stambecco	241
60	Seiser Alm	245
61	Bellavista	249
62	San Biagio	250
66	Il Collaccio	269

SLOWENIEN
| 68 | Koren | 275 |
| 69 | Liza | 279 |

GRIECHENLAND
| 77 | Tartaruga | 302 |

HUNDEFREUNDLICH

PORTUGAL
| 1 | Quinta dos Carricos | 23 |
| 5 | Lima Escape | 37 |

SPANIEN
7	Camping Sisargas	7
12	Camping & Bungalows Vall de Laguar	62
16	Cala Llevadò	79

FRANKREICH
18	BelRepayre Trailer Park	86
21	Camp Laurent	101
23	Les Ormes	109
25	Domaine de Pradines	117
26	CosyCamp	123
27	Le Grand Bois	127
28	Camping du Brec	129
29	Ferme Noémie	133
31	Camping TerreFerme	141
32	Domaine du Bourg	145
33	Au Bois Joli	147
34	Les Grèbes du Lac de Marcenay	151
35	Camping de Troyes	155
37	Ferme de Prunay	163
39	Bot-Conan Lodge	171
40	Camping Milin Kerhé	175
41	Le Bois Coudrais	179

LUXEMBURG
| 43 | Camping Val d'Or | 185 |

HOLLAND
| 46 | Thyencamp | 195 |
| 47 | Lauwerszee | 199 |

DEUTSCHLAND
48	Uhlenköper	201
49	Naturcamping Vulkaneifel	203
50	Müllerwiese	207
52	Camping Zellersee	215

ÖSTERREICH
| 53 | Park Grubhof | 217 |

SCHWEIZ
| 57 | Camping Arolla | 230 |
| 58 | Camping des Glaciers | 235 |

ITALIEN
60	Seiser Alm	245
61	Bellavista	249
62	San Biagio	250
63	Internazionale Firenze	255
64	Stella Mare	261
65	Il Falcone	265

SLOWENIEN
| 69 | Liza | 279 |
| 70 | Menina | 280 |

KROATIEN
72	Glavotok	289
73	Straško	290
74	Pod Maslinom	293

GRIECHENLAND
| 77 | Tartaruga | 302 |

PORTUGAL

quinta dos carriços

Sie träumen von Sonne, Strand, Ruhe, sauberen sanitären Anlagen und einem Restaurant direkt auf dem Zeltplatz? Na schön, versuchen Sie es doch mit diesem Camping-Nirvana:

Weit genug von den touristisch erschlossenen Häfen entfernt, aber in erreichbarer Nähe von Geschäften und gut besuchten Bars liegt dieses paradiesische Zeltareal. Im Laufe von 20 Jahren haben die Betreiber Samen und Schößlinge aller Art von ihren Reisen mitgebracht und hier eine solche botanische Vielfalt geschaffen, dass man den Eindruck hat, in einer großen Gärtnerei zu campen.

Die markierten Plätze, die in der Nähe der Einfahrt die alleenartigen Wege säumen, bieten reichlich Platz. Es gibt einen zweiten Bereich mit geräumigen Standplätzen, aber wo immer man landet, überall ist ausreichend Schatten – ein wahrer Segen unter der portugiesischen Sonne. Der Eingang zum Nudistencamp ist durch Piktogramme gekennzeichnet, und es besteht keinerlei Gefahr, an jeder Ecke auf Nackte zu treffen.

Wenn Sie einen etwas weiteren Ausflug machen wollen, planen Sie die 20-minütige Fahrt zum Leuchtturm am Cabo de São Vicente – dem südwestlichsten Zipfel Europas – so, dass Sie den grandiosen Sonnenuntergang sehen, vor dem alles andere klein und unscheinbar wird. Nur einen kurzen Fußweg entfernt ist der Salema-Strand. Hier findet man jede Menge krebsroter Nordeuropäer, die sich wünschen, das Leben wäre immer so wie an diesem Tag.

COOL-FAKTOR: Sonne, Ruhe und ein herrlicher Sandstrand.
KOSTEN: Erwachsene € 6, Kinder € 3, Zelt € 6 – € 9,90, Pkw € 6
AUSSTATTUNG: 27 Plätze (davon die besten in den Zonen 7 und 5), 14 Plätze im Nudistenbereich, zusätzlich 13 Appartments (mit 2 – 4 Schlafplätzen). Drei Waschblocks mit Duschen, WCs (davon eines behindertengerecht) und 4 Urinalen.
ESSEN UND TRINKEN: Im Restaurant O Lourenço (00351 282 698 622) gibt es prima Fischgerichte.

AKTIVITÄTEN: Ein Besuch im Zoomarine in Albufeira (65 km auf der EN125, Ausfahrt Guia, 8200-864 Albufeira, 00351 560 300; www.zoomarine.com). In der weitläufigen Anlage gibt es Aquarien, Wasserrutschen und Show-veranstaltungen. Eintrittspreise: Kinder (<1m): Frei, Kinder (≥1m) (bis 10): € 19, Erwachsene (11 – 64): € 28, Senioren (≥65): € 19.
Eine Fahrt mit einem der Spezialboote von Algarve Dolphins (Marina de Lagos Loja 10, 00351 282 087 587, www.algarve-dolphins.com) auf dem Atlantik, um Delfine in ihrem natürlichen Lebensraum zu beobachten.
LAGE: Im Südwesten von Portugal bei Budens, etwa 20 km westlich von Lagos.
ÖFFENTLICHE VERKEHRSMITTEL: Mit dem Zug von Faro nach Lagos. Von hier aus erreicht man das 16 km entfernte Budens mit einem Linienbus, der direkt vor dem Campingplatz hält.
GEÖFFNET: Ganzjährig.

Quinta dos Carriços, Praia da Salema, 8650-196 Budens, Algarve, Portugal

| t | 00351 282 695 201 | w | www.quintadoscarricos.com |

pego ferreiro

Wir alle haben unsere Luftschlösser. Jeder träumt von diesem besonderen Ort, wo man die Hektik des urbanen Alltags hinter sich lassen kann, dieses Stück Abgeschiedenheit im Wald oder auf einer tropischen Insel, das so viele Bildschirmschoner und Kühlschrank-Postkarten ziert. Und da kommt Pego Ferreiro ins Spiel, ein völlig abgeschiedenes Glamping-Refugium in Portugals grünem Alentejo.

Pego Ferreiro ist dem respektvollen Umgang von Besitzer Richard Robinson mit diesen 10 Hektar Land nordöstlich von Portalegre zu verdanken. Dieser Tage hängen viele Plätze ihr vermeintliches Umweltbewusstsein an die große Glocke. Doch für Richard ist das keine Masche, um Gäste mit grüner Gesinnung anzulocken – es ist ein Way of Life. Der Platz ist nicht ans Stromnetz angeschlossen und verwendet ausschließlich recyceltes Wasser, sodass Glamper ihren Aufenthalt ganz ohne schlechtes Gewissen oder fossile Brennstoffe genießen können. Er befindet sich mitten im Naturpark Serra de São Mamede, deshalb werden die Gäste höflich gebeten, biologisch abbaubare Reinigungsmittel zu verwenden – umweltfreundliche Alterativen stehen zur freien Verfügung, ebenso wie Baumwollbeutel für Einkaufstouren.

Außerdem wird Wert auf die Herkunft der Lebensmittel und auf biologischen Anbau gelegt: Gemüse und Fleisch stammen aus der Region und variieren je nach Jahreszeit. Wer bei der jährlichen Olivenernte helfen möchte, wird sogar mit einem Liter des köstlichen Öls belohnt.

Im Angebot sind drei einzigartige Unterkunftsmöglichkeiten, jede mit eigener Aussicht, eigenem Charakter und absolut privat (man könnte eine ganze Woche hier verbringen, ohne einer Menschenseele zu begegnen). Das Boar Hide ist eine selbstgebaute gemütliche Blockhütte, die sich nahtlos in die Waldumgebung einfügt, der sie ursprünglich entstammt. Und ja, die großen Fenster und die geräumige Terrasse verwöhnen Sie nicht nur mit einem tollen Blick auf den Park ... Sie werden mit an Sicherheit grenzender Wahrscheinlichkeit mehr als nur ein Rascheln von den Wildschweinen mitbekommen, nach denen diese Hütte benannt ist.

Die River Lodge, vielleicht die begehrteste der drei Unterkünfte, befindet sich in herrlicher Lage oberhalb des Sever, der sich durch den Nationalpark schlängelt. Diese abgelegene Holzhütte ist perfekt für Paare – mit meisterhaft gefertigten Möbeln auf dem Balkon, von dem aus man den Sonnenaufgang genießen kann. Halten Sie die Augen offen nach Eisvögeln und Ottern, bevor Sie ihrem Beispiel folgen und sich vor der Haustür bei einem Bad im Fluss erfrischen.

Und wer den Komfort von Ziegeln und Mörtel bevorzugt, na ja zumindest Lehm, für den gibt es das Goat House, ein runderneuerter und geruchsfreier ehemaliger Melkstand, in dem locker bis zu vier Personen Platz finden.

Um die geschichtsträchtige Region gab es Anfang des 19. Jahrhunderts viel royales Gerangel mit den größeren Nachbarn im Osten. Lange vorher hinterließen die Mauren und vor ihnen die Römer ihre Sandalenabdrücke. Bitten Sie Richard, Ihnen die alte Weinpresse zu zeigen, die am Eingang in den Stein gemeißelt ist, eine Erinnerung daran, dass dieser Landstrich seit je reich an landwirtschaftlichen Erzeugnissen war.

Einen Eindruck davon, wie das Land im 13. Jahrhundert aussah, bekommt man im spektakulär gelegenen mittelalterlichen Marvão (angeblich das höchstgelegene Dorf Portugals) ganz in der Nähe.

Die Aussicht von den Schlosstürmchen ist atemberaubend, und im Norden sieht man sogar die schneebedeckten Gipfel der Sierra Estrella. Wer es noch altertümlicher möchte, kann sich Evora, die Hauptstadt der Region, vornehmen. Das UNESCO-Weltkulturerbe mit seinen weißgetünchten Häuser und aufwändigen Azulejos ist ein Relikt aus der Blütezeit des Landes, als Evora Spielwiese der portugiesischen Könige war.

COOL-FAKTOR: Luxusdomizil in absoluter Abgeschiedenheit.
KOSTEN: Goat House € 275 pro Woche, Boar Hide € 325 pro Woche, River Lodge € 285 pro Woche.
AUSSTATTUNG: Alle 3 Unterkünfte haben eigene Kompostklos. Goat House und Boar Hide haben Solarduschen. Das Goat House hat eine kleine Solaranlage und ein Windrad, in River Lodge und Boar Hide gibt es kleine Solarlampen. Begrenzter Internetzugang. Wäsche kann vor Ort gewaschen werden.
ESSEN UND TRINKEN: Hier an der spanischen Grenze gibt es ein reiches Angebot traditioneller portugiesischer und estremadurischer Restaurants, alles kleine Familienbetriebe, die oft ihre eigenen Erzeugnisse anbieten. Besonders zu empfehlen sind El Dolmens, O Sever, Casa Emilio und Djonny's.
AKTIVITÄTEN: Die spektakulär gelegene Burg von Marvão aus dem 13. Jahrhundert liegt hoch über dem mittelalterlichen Bergdorf an der spanischen Grenze. Die Aussicht von den Türmchen ist atemberaubend. Die römischen Ruinen in Ammaia bieten faszinierende Einblicke in die Geschichte der Region, und in der Quinta do Deão gibt es ein Museum. Wer es gern dramatischer hat, kann Klettern, Paragliding buchen oder auf dem Esel durch den Naturpark Serra de São Mamede reiten (00351 245 309 189). Richard zeigt Gästen jeden Alters gern die einstige Schmugglerroute durch die Berge.
LAGE: Wegbeschreibung bei Buchung, sobald die Anzahlung eingegangen ist.
ÖFFENTLICHE VERKEHRSMITTEL: Informationen auf Nachfrage. Richard holt Sie gern von bestimmten Städten ab und fährt Sie auch zum Markt.
GEÖFFNET: River Lodge: April bis Oktober. Goat House & Boar Hide: ganzjährig.

Moinho do Pego Ferreiro, Relva, Santo Antonio das Areias, 7330-216, Marvão, Portalegre, Portugal
t 00351 939 827 176 w www.pegoferreiro.com

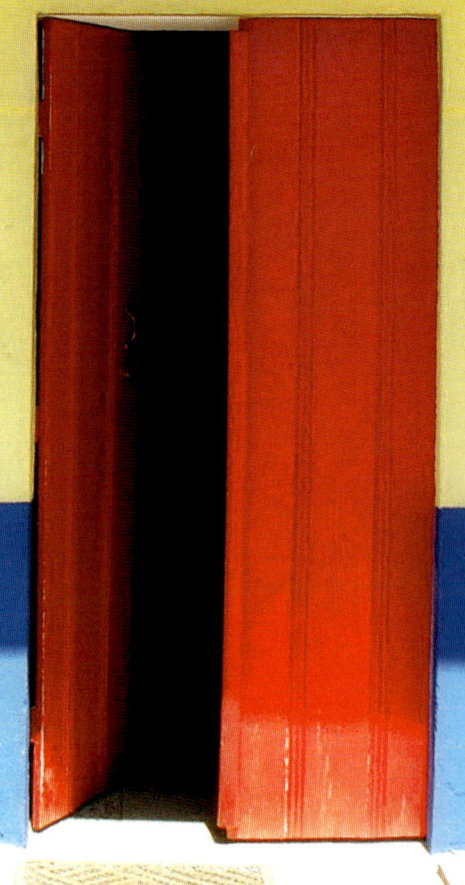

termas da azenha

Im antiken Griechenland wurden zu Ehren von Asklepios, dem Gott der Heilkunst, oft Tempel in der Nähe von Heilquellen errichtet. 3000 Jahre später ist Asklepios im 3000 km entfernten Städtchen Soure in Westportugal nur wenigen bekannt. Diese Unkenntnis der griechischen Mythologie ändert allerdings nichts daran, dass die Einheimischen unerschütterlich an die heilende Kraft des Wassers glauben. Die fruchtbare Landschaft um Soure sprudelt über von Quellen, und der Tempel, in dem man ihre »Heilkräfte« am eigenen Leib erproben kann, heißt Termas da Azenha.

Dieser »Atlantik trifft Mittelmeer«-Komplex (einschließlich Hotel, Rezeption, Büro, Massageräumen und Bar) ist viel mehr als nur ein Platz zum Campen, es ist ein Juwel, das am Ende eines langen Weges funkelt wie der Schatz am Ende des Regenbogens. Bei der Außengestaltung dominieren abgerundete Formen, weiß getünchte Mauern und frühlingsgelbe Säulen, innen eröffnet sich eine Unterwasserwelt.

Mosaike sind *der* große Blickfang in den Termas da Azenha. Aus über 16 000 Kachelfragmenten wurde hier ein begehbares, von Delfinen, Seeigeln, Meerjungfrauen und anderen mystischen Wesen bevölkertes Aquarium geschaffen. Die Muster spannen sich über Flure, Decken und Wände, und überall da, wo kein Mosaik ist, wird die Lücke von einer Skulptur, einem Bild oder einem Gedicht gefüllt. Dem Auge wird also viel geboten, und das Kunstwerk wächst ständig weiter, auch unter Mitwirkung der Gäste, die an den wöchentlichen Workshops teilnehmen können.

Das spektakuläre Badehaus wurde um eine Quelle herum errichtet, die nach Ansicht der Betreiber noch aus römischen Zeiten stammt und deren (offenbar wunderkräftiges) Wasser gut gegen Hautprobleme aller Art ist. Ein paar Stunden in der beidseitig von Massagekabinen gesäumten großen Halle wirken wohltuend entspannend auf jede noch so ausgebrannte Seele. Ob Sie sich in einer Wanne aalen oder die Poren im Dampfbad aufgehen lassen, am Ende des Tages werden Sie vermutlich auf dem Marmortisch eines der Massageräume landen. Als Campingplatzattraktion verdient dieser Badeort allemal seine fünf Sterne.

Doch reißen Sie sich erst einmal los – für das Badehaus ist später noch jede Menge Zeit – und gehen Sie über den Hof, vorbei an einer Reihe von Hotelzimmern, zu dem kleinen grasbewachsenen Flecken, der als Zeltareal firmiert. Es ist sicher nicht der größte Zeltplatz, der Ihnen je unter die Augen gekommen ist. Genau genommen ist er mit vier Familien schon voll besetzt, aber dank der angenehmen Brise, die vom nur 12 km entfernten Atlantik her über die benachbarten Reisfelder mit ihren saftig grünen Halmen streicht, atmet man hier unvergleichlich frische und saubere Luft.

Vielleicht ist Ihnen danach, als Ausgleich für die genüssliche Ruhe vor Ort anderswo ein paar Kalorien zu verbrennen. Die Umgebung bietet sich für ausgedehnte Wanderungen an, die Atlantikküste ist hervorragend zum Surfen geeignet und Figueira da Foz hat eine der besten Tauchbasen im Land. Beschließen Sie den Tag der sportlichen Aktivitäten mit einem Sundowner in Costa de Lavos und einem anschließenden Abendessen in einem der Strandlokale dort, beispielsweise im beliebten A Pérola do Oceano, dessen Spezialitäten Fisch und Meeresfrüchte sind.

Wenn man vom Zelt aus den Blick über die wasserüberfluteten Reisfelder schweifen und die ruhige, entspannte Atmosphäre auf sich wirken lässt, ist das Anstrengendste, das man als Nächstes unternehmen möchte, ein Gang ins Badehaus zu einer weiteren Massage. Manchmal vergisst man schlicht, dass man in Portugal ist: Denn hier ist man im Atlantis der Campingplätze und huldigt der Freude des schönen, reinen, gesunden Lebens. Und was kann daran schon falsch sein?

COOL-FAKTOR: Zauber und Ziermosaike.
KOSTEN: 1 Zelt und 2 Personen kosten € 15 (in der Nebensaison € 13,75), Strom € 3 am Tag. Es gibt 5 Wohnwagen, die man für € 12,50 pro Tag oder € 85 pro Woche mieten kann. Zudem stehen in 6 Häusern und einem Gasthaus 50 Betten zur Verfügung.
AUSSTATTUNG: Eine Dusche, ein Waschbecken, eine Toilette. Wenn hier zu großer Andrang herrscht, kann man die 3 Duschen im Badehaus benutzen. Im Badehaus gibt es Dampfbäder, eingelassene Badewannen und 3 Massageräume (Shiatsu, Warmwasser- und Sportmassage).

Internetzugang für € 4 pro Stunde, eine Waschmaschine (€ 5), eine Solarküche im Freien. Der nächste Supermarkt ist 4 km entfernt, ein einheimischer Bäcker kommt täglich ein Mal vorbei.
ESSEN UND TRINKEN: Vor Ort kann man sich zum abendlichen 3-Gänge-Menü anmelden (€ 10, auch vegetarisch), Mittagessen auf Bestellung (für mind. 5 Personen). Zum Essen am Strand lassen Sie sich einen Tisch im A Pérola do Oceano reservieren (Avenida Mar 23/34, 3080-458 Lavos, 00351 233 946 127).
AKTIVITÄTEN: Wind- oder Drachensurfen an der Praia do Cabadelo, südlich der Mondegomündung, oder vor Ort in einem der Workshops Mosaike (€ 40) gestalten. Und ein tägliches Bad im heilkräftigen Quellwasser.
LAGE: Westlich der A1 von Porto nach Lissabon zwischen Pombal und Coimbra (genaue Wegbeschreibung in Deutsch auf der Homepage).
ÖFFENTLICHE VERKEHRSMITTEL: Von Porto oder Lissabon mit dem Zug nach Soure, wo Sie für € 10 von den Eignern abgeholt werden.
GEÖFFNET: Ganzjährig; allerdings ist es im Winter in einem der Häuser sicher wärmer als im Zelt.

Termas da Azenha, Rua João Henrique Foja Oliveira, Vinha da Reinha, 3130-434 Soure, Portugal

| t | 00351 916 589 145 | | www.termas-da-azenha.com |

yurt holiday portugal

Pünktlich zur Jahrtausendwende packten Hannah McDonnell und Derek McLean ihr neugeborenes Baby und ein paar Habseligkeiten in ihren Campingbus und kehrten dem städtischen Treiben Londons den Rücken, um sich in den Bergen und Tälern des ländlichen Portugal eine neue Bleibe zu suchen. Im Bergdorf Pracerias, etwa eine Autostunde von Coimbra entfernt, kauften sie einen alten Ziegenstall und brachten die folgenden zwei Jahre damit zu, ein bewohnbares Häuschen daraus zu machen. Nach der Geburt ihres zweiten Kindes begannen sie ihr einmaliges Ökotourismusprojekt zu verwirklichen.

Mit äußerster Behutsamkeit rodeten die beiden nur so viel, wie notwendig war, um am Hang ein paar Stufenwege ins Tal anzulegen. Dort bauten sie eigenhändig eine eindrucksvolle Jurte, die sie jetzt an Urlaubsgäste vermieten. Ursprünglich die transportable Behausung mongolischer Nomadenvölker, sind Jurten bei uns heute der Inbegriff des Luxuscampens, neuerdings auch bekannt als Glamping (aus »glamorous« und »Camping«). Prachtvoll und dekadent posiert diese spezielle Schönheit im Schutz der ausladenden Krone eines Kastanienbaums auf einer hölzernen Plattform, die das natürliche Gefälle der Landschaft ausgleicht.

Im Innern der Jurte entfaltet sich ein Feuerwerk von Farben. Über ein altmodisches Eisenpfostenbett mit Messingknäufen ist ein Überwurf in leuchtenden Orange-, Violett- und Rottönen gebreitet, die Zeltbahnen sind in einem kräftigen Türkisgrün gehalten und enden in der Kuppel in einem Anch-Kreuz, dem ägyptischen Symbol für das Leben. Trotz reichlicher Möblierung mit antiken Einzelstücken bleibt genügend Platz zum Herumlaufen, und man kann bequem aufrecht stehen. Wer in der Nebensaison reist, wenn die Nächte kühler werden, packt am besten eine warme Mütze ein. Wenn es dagegen richtig heiß ist, kann man die Zeltwände und sogar die Kuppel aufmachen und vom Bett aus die Sterne betrachten.

Hannah und Derek ziehen in ihrem Biogarten unter anderem Trauben, Oliven, Blattsalat, Brunnenkresse, Brokkoli, Zucchini und Basilikum. Ihre Hühner legen die Frühstückseier, die den Gästen morgens in einem Korb mit Brot, Marmelade, Jogurt, Müsli, Obst und einer Kanne Tee oder Kaffee ans Zelt gebracht werden. Auch ein Abendessen kann man vorbestellen. Zu einem 3-Gänge-Menü aus Hannahs Küche, in der eigenen lauschigen Jurte heruntergespült mit einer guten Flasche des örtlichen Dão-Weins, kann man kaum nein sagen.

Auch die Sanitäranlagen, eine Solardusche und eine Komposttoilette, belegen das ökologische Engagement der Betreiber. Das eigentlich Faszinierende aber ist das Gefühl vollkommener Abgeschiedenheit, das dieser

Ort vermittelt. Vor den Blicken der Außenwelt verborgen, steht das Gelände nur Ihnen (und Bula, der Labradorhündin der Familie) zur Verfügung, sodass Sie, fern jeglicher Zivilisation und eingelullt vom Duft nach Pinien, Eukalyptus, Jasmin- und Orangenblüten, dem Müßiggang frönen können. Wenn Ihnen doch einmal der Sinn nach Gesellschaft steht, besuchen Sie an einem Donnerstagvormittag den Wochenmarkt in Arganil, wo Bauern und Kunsthandwerker ihre Waren anbieten.

Wenn Sie auf der Suche nach dem ultimativen Rückzugsort sind, Ihre Flitterwochen auf ganz besondere Weise genießen oder auch nur eine Zwischenstation auf einem längeren Portugaltrip einlegen wollen, dann sehen Sie sich dieses verzauberte Fleckchen Erde an. Und Abenteuersuchende, die ein bisschen länger bleiben, finden in der wunderschönen, einsamen Landschaft der Umgebung alles, was sie brauchen: wilde Gewässer zum Schwimmen und verschwiegene Pfade für Eselsritte und ausgedehnte Wanderungen.

Als nächstes Projekt haben Hannah und Derek sich vorgenommen, auf der gegenüberliegenden Seite des Tals eine zweite, ebenso abgeschiedene Jurte zu errichten. Die beiden ehemaligen Großstadtmenschen nehmen das Leben inzwischen so gelassen, dass alles, was sie tun, vollkommen mühelos erscheint. Doch dieser Eindruck täuscht darüber hinweg, wie viel Arbeit sie bisher in dieses Anwesen gesteckt haben. Wenn man bedenkt, dass sie hier praktisch aus dem Nichts einen kleinen Selbstversorgerbetrieb geschaffen haben, wird man an den verfallenen Ziegenställen am Wegesrand in Zukunft vermutlich nicht mehr ganz so achtlos vorübergehen.

COOL-FAKTOR: Luxus, Bohème, Abgeschiedenheit, Erholung.
KOSTEN: € 75 pro Tag für 2 Erwachsene (inkl. Frühstück). Kinder bis 3 Jahre frei, 3- bis 12-Jährige € 10 pro Tag. Bei Buchung sind 50 % des Gesamtpreises fällig, die nicht rückerstattet werden.
AUSSTATTUNG: Die Jurte ist mit einem Doppelbett, Strom aus der hauseigenen Solaranlage, Büchern, Spielen und einem Ökokühlsystem (2 ineinander gestellte Tontöpfe, deren Zwischenraum mit nassem Sand gefüllt ist) ausgestattet. Für Kinder können 2 Extrabetten aufgestellt werden oder man kann für € 55 pro Woche ein zusätzliches Zelt mieten. Solardusche, Waschbecken und Komposttoilette im Nebengebäude, Gartentisch und -stühle, Badmintonnetz und Hängematten.
ESSEN UND TRINKEN: Ein Lokal, für das sich der 45-minütige Fußweg lohnt, ist das Varandas do Ceira (00351 239 549 833, www.varandas doceira.com) an der Straße nach Coimbra, wo brasilianische Spezialitäten serviert werden.
AKTIVITÄTEN: Kanufahren auf dem Douro (00351 235 778 938, www.transserrano.com). Spielen Sie Prinz und Prinzessin im reich dekorierten 5-Sterne-Schlosshotel Palace Hotel do Bussaco nördlich von Coimbra (Doppelzimmer € 90 – € 125, www.almeidahotels.com).
LAGE: In den Beiras im zentralen Norden Portugals zwischen Arganil und Góis, 40 km westlich von Coimbra.
GEÖFFNET: April bis Oktober.

Lugar Várzeas, Pracerias, Celavisa, 3300-207 Arganil, Portugal

| t | 00351 235 208 562 | w | www.yurtholidayportugal.com |

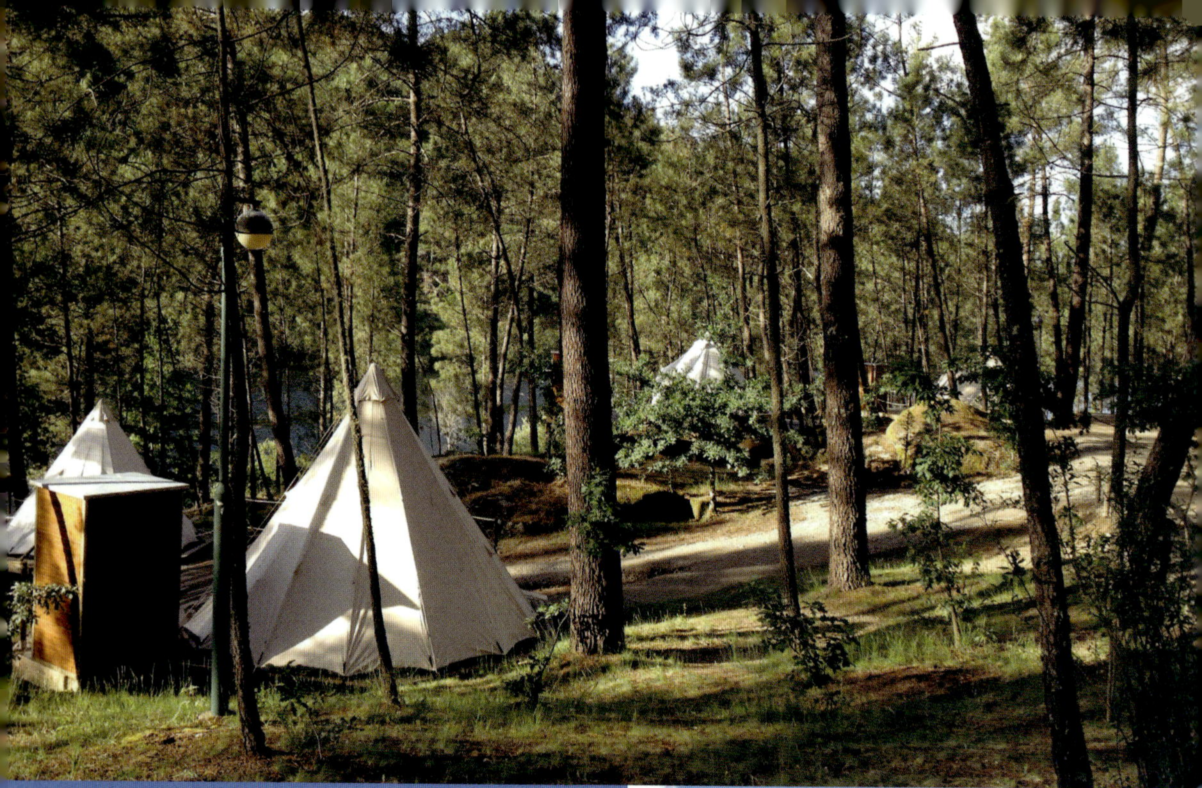

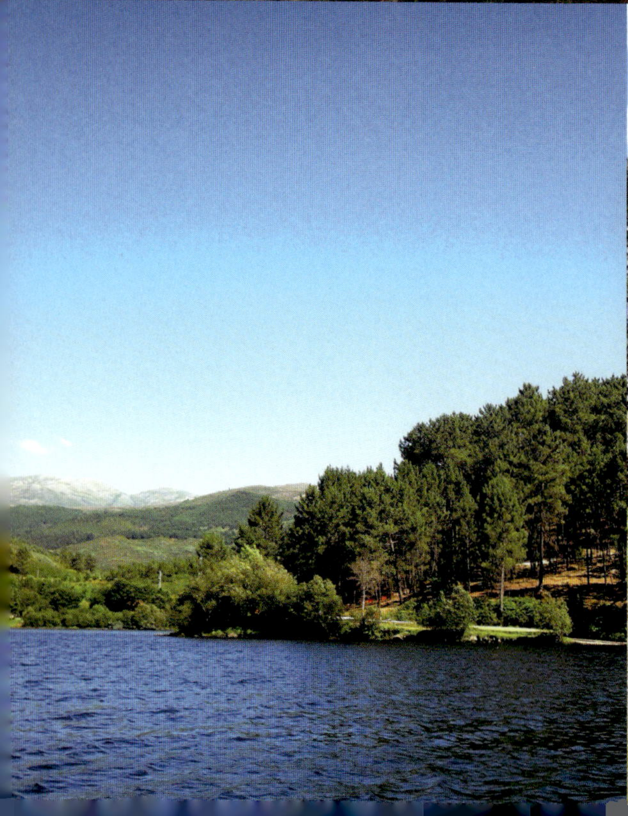

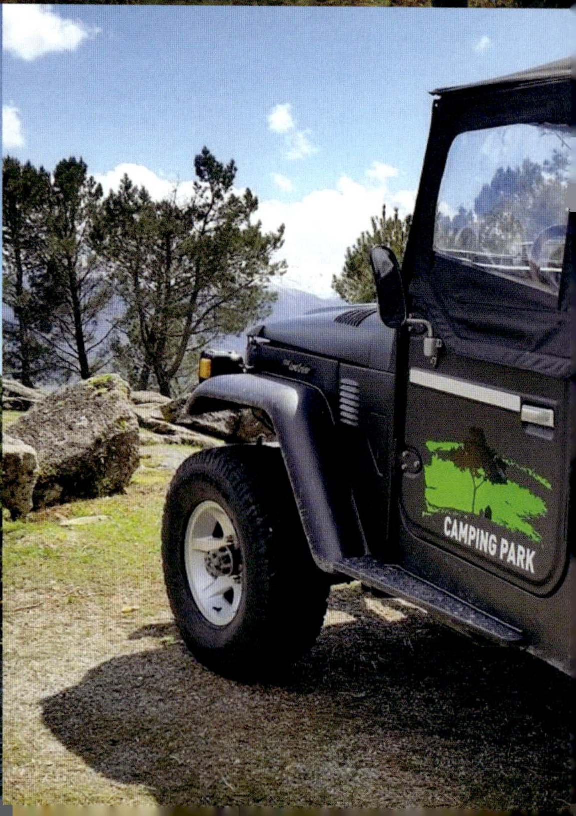
CAMPING PARK

lima escape

Lima Escape liegt am westlichen Rand des Nationalparks Peneda-Gerês (auch einfach als »Gerês« bekannt): 70 000 Hektar weites Land in Amphitheater-Form mit tiefen Tälern, gewaltigen Gipfeln, magischen Eichenwäldern und süß duftenden Pinien. Wo es so viel zu erkunden gibt, braucht man in der Nähe einen Campingplatz, wo man sich nach einer anstrengenden Wandertour so richtig ausschlafen kann. Doch Lima Escape ist viel mehr als das.

Obwohl das Gelände riesig ist (es bietet Platz für 400 Camper), herrscht eine intime Atmosphäre, und gleichzeitig kommt die spektakuläre Schönheit der Lage zur Geltung. Selbst für gestandene Camper ist es ein echtes Vergnügen, in dieser satten Waldlandschaft, umgeben von Eichen und Pinien, ihr Lager aufzuschlagen, während sich der Lima vorbeischlängelt. Wenn die Fackeln erloschen sind und man nur noch den Wind in den Bäumen und das sanfte Plätschern des Wassers hört, meint man, im Campinghimmel gelandet zu sein.

Eins ist sicher, langweilen wird man sich hier nicht. Wer gern wandert, wird sich für die umliegenden Berge begeistern, mit Wanderwegen und Mountainbike-Strecken und einer Aussicht, die einem die Schuhe auszieht. Gerês ist Portugals erster und einziger Nationalpark, er erstreckt sich über vier dramatische Granitgipfel. Bei Wanderern ist er besonders im April und im Mai beliebt, wenn die Wildblumen an den verschlungenen Pfaden blühen. Der Park beheimatet außerdem 140 Vogelarten, darunter Uhu, Wespenbussard und Braunkehlchen, die man sonst in Portugal selten findet. Auch Tierliebhaber haben Glück, denn Steinböcke, Wölfe (nicht zu nah rangehen!), Marder, Wiesel und Garranos (wilde Ponys) durchstreifen die vielen Heidemoore des Parks.

Auf dem Lima Escape ist man sein eigener Herr. Abends versammeln sich viele Camper an der Snackbar, um das würzige Essen zu genießen (selbstgemachte Pasteten, Würstchen und Hamburger) oder auf der Terrasse ein Bier zu trinken. Doch für den, der lieber seine Ruhe hat, ist Lima ein friedlicher, urwüchsiger Ort, an dem man ungestört runterkommen kann.

PORTUGAL

PORTUGAL lima escape

COOL-FAKTOR: Für Abenteurer ebenso geeignet wie für Ruhesuchende.

KOSTEN: Zelt € 3,35–€ 5 pro Nacht für 2 Erwachsene. Wohnwagen €4,40–€ 6. Kinder (5–10 Jahre) € 2,50–€ 2,90. Kinder bis 4 frei. Tipis € 50 pro Nacht, Rundzelte € 60 (beides für zwei Erwachsene inkl. Frühstück). Auto € 4–€ 6,60. Strom € 2,30–€ 3,00.

AUSSTATTUNG: Platz für 400 Camper. 2 Tipis, 2 Rundzelte, 2 Baumhaus-Bungalows, ein Wohnmobil und ein Apartment (für 4 Personen) mit voll ausgestatteter Küche, Schlafzimmer, Wohnzimmer, Toilette und Dusche. Tipis, Rundzelte und Baumhäuser haben eigene Duschen und Toiletten. 2 Gebäude mit Duschen und Toiletten, Waschmaschine. Snackbar mit 2 schattigen Terrassen und kostenlosem WLAN. 2 überdachte Grillplätze mit Tischen und Steckdosen.

ESSEN UND TRINKEN: Eine Snackbar vor Ort bietet diverse Speisen auf einer schattigen Terrasse, ein Laden an der Rezeption verkauft grundlegende Nahrungsmittel, und das Restaurant Ageda do Artur kredenzt Gerichte aus dem Minho und Weine aus der Region. In Lindoso (15 Minuten entfernt) serviert das Lindo Verde (00351 258 578 010) portugiesische Hausmannskost.

AKTIVITÄTEN: Auf der anderen Talseite liegt das authentische portugiesische Städtchen Lindoso mit Festung und kürzlich restaurierter Burg, die eine Ausstellung über die umliegende Region beherbergt. Das friedliche Ponte da Barca (mit dem Auto 12 Minuten entfernt) bietet einen romantischen Park am Ufer, eine bezaubernde Brücke aus dem 16. Jahrhundert und ein winziges Stadtzentrum.

LAGE: Vom Flughafen Porto auf die A3 und 75 km in Richtung Valença. 10 km hinter Vila Verde die zweite Abfahrt nach Ponte de Lima. Hinter der Maut über die Ortsumgehung und die zweite Ausfahrt (Ponte da Barca) auf die IC28. Nach 15 km überquert man den Lima, danach die zweite Ausfahrt Richtung Lindoso. Nach 10 km sieht man das »Ambos-os-Rios«-Schild, danach an der Kreuzung links und den Schildern folgen.

ÖFFENTLICHE VERKEHRSMITTEL: Täglicher Shuttle-Bus vom Flughafen Porto nach Ponte da Barca, wo ein Bus nach Lindoso fährt, der 20 m vor dem Campingplatz hält. Der nächste Bahnhof ist in Braga, von wo ein Bus nach Ponte da Barca fährt. Von Ponte da Barca fahren täglich zwei Busse nach Lindoso.

GEÖFFNET: Ganzjährig, bis auf 2 Wochen in der 2. Novemberhälfte.

Lima Escape, Lugar de Igreja, 4980-312 Entre Ambos-os-Rios, Ponte da Barca – Viana do Castelo, Portugal

t 00351 258 588 361 w www.lima-escape.pt

lima escape   PORTUGAL

islas cíes

Die Islas Cíes sind eine kleine unbewohnte Inselgruppe vor der spanischen Atlantikküste, 1980 zum Naturschutzgebiet erklärt und nur über einen eingeschränkten Fährverkehr erreichbar. Es gibt keine Straßen und folglich auch keine Autos, Campingbusse oder Wohnwagen. Aber es gibt einen Campingplatz. Interessiert? Das sollten Sie auch sein.

Die Islas Cíes – die Südinsel Monteagudo, die Mittelinsel Del Faro und die Nordinsel San Martiño – liegen vor der Westküste Galiciens, und man kann sie nur von Vigo aus mit der Fähre erreichen, was den Besucherandrang in Grenzen hält. Um zu verhindern, dass eingefleischte Camper sich den ganzen Sommer auf der Insel einnisten, ist der Aufenthalt auf zwei Wochen beschränkt, und man muss sich bei der Campingverwaltung Estación Marítima de Ría im Hafen von Vigo einen Campingausweis besorgen, bevor man übersetzt. Am Anlegeplatz auf der Insel stehen Karren bereit, mit denen man das Gepäck zum Zeltplatz transportieren kann. Und wenn das Zelt steht und die Ausrüstung verstaut ist, kann man sich an die Erkundung der Umgebung machen. Einige Regionen, wie beispielsweise die Klippen, sind nicht öffentlich zugänglich und nur für Möwen und Lummen erreichbar. Ohnehin wird man wahrscheinlich, sobald man das Campinggelände verlassen hat, als Erstes den Strand Playa de Rodas ansteuern, den Einheimische liebevoll als »ihr kleines Stück Karibik« bezeichnen und der 2008 vom *Guardian* zum schönsten Strand der Welt gekürt wurde.

COOL-FAKTOR: Keine Autos, Campingbusse und Wohnwagen. Nichts als Berge, Meer und Zelte.
KOSTEN: Stellplatz € 7,50 – € 8,50, Erwachsene € 7 – € 8,25, Kinder € 5,50 – € 6,20
AUSSTATTUNG: Warmwasserduschen, Behindertentoilette, Gemeinschaftsraum mit Bar, Fernseher und Spielen, Restaurant mit Terrasse, Supermarkt.
ESSEN UND TRINKEN: Wenn Sie nicht im Restaurant vor Ort essen wollen, bringen Sie doch einfach Vorräte mit und kochen Sie selbst (es darf allerdings kein offenes Feuer gemacht werden, und Sie müssen bei der Abreise alle Ihre Abfälle wieder mitnehmen).
AKTIVITÄTEN: Nehmen Sie ein Fernglas und einen guten Vogelführer mit und erforschen Sie die vielfältige Vogelwelt der Inseln.
In Baiona, etwa 10 km südlich von Vigo, liegt auf einer Landzunge, auf drei Seiten umgeben vom Meer, ein prachtvoller Parador (0034 986 355 000). Wenn Sie das Geld für eine Übernachtung (Doppelzimmer ab € 198) nicht ausgeben wollen, leisten Sie sich wenigstens ein authentisches galicisches Abendessen im Restaurant.
LAGE: Im Südwesten Galiciens vor Vigo, von dort aus Anreise mit einer Fähre der Gesellschaft Mar de Ons (für Fahrpläne und Verbindungen siehe Link auf der Homepage).
GEÖFFNET: Mitte Mai bis Mitte September sowie in der Osterwoche.

Camping Islas Cíes, Ría de Vigo, Pontevedra, Spanien

| t | 0034 986 687 630 | w | www.campingislascies.com |

camping sisargas

Schroffe Gipfel, verschlungene Meeresarme und Dutzende einsamer Strände – willkommen an der schaurig-schönen Costa da Morte. Ihren furchteinflößenden Namen – Todesküste – verdankt sie dem unermüdlich wütenden Atlantik und den daraus resultierenden zahllosen Schiffswracks auf dem Meeresgrund.

Dieser wilde, stürmische und oft neblige Teil Galiciens an der westlichsten Nordküste Spaniens ist nicht annähernd so überlaufen wie die benachbarten Regionen im Süden, dabei gibt es hier genauso schöne Buchten, kleine und große, und winzige Fischerdörfer in spektakulärer Lage. Abseits ausgetretener Pfade zu verweilen, ist nicht für jeden etwas, doch gerade die Abgeschiedenheit, das Fehlen von Pauschaltourismus machen diesen unaufdringlichen, aber gut ausgestatteten Campingplatz aus.

Camping Sisargas, zwischen den Dörfern Carvallo und Malpica in einem üppigen Wald aus Pinien und Eukalyptusbäumen gelegen, ist der ideale Ausgangspunkt, um die Costa da Morte zu erkunden. Der friedliche, familiengeführte Campingplatz bietet 145 großzügige, schattige Stellplätze auf einer mit Blumen übersäten Wiese. Hier sieht man niemals Zelte direkt nebeneinander stehen.»Uns gefällt die Vorstellung, dass die Leute ihre Privatsphäre haben«, sagt Gema, eine der aufgeschlossenen Angestellten. Und tatsächlich ist Sisargas aufgrund seiner Abgeschiedenheit selten voll, sodass Camper sich den Luxus leisten können, ihren Platz selbst auszusuchen. Neben den Stellplätzen gibt es noch sechs moderne Bungalows, fünf gemütliche Blockhütten und eine Fülle erstklassiger Extras, wie Café, Restaurant, kostenloses WLAN, Swimmingpool, Grillplätze, Tennisplatz und ein Spielzimmer für verregnete Nachmittage – die in dieser relativ feuchten Region nicht so selten sind, wie man denkt (der Regen, der eigentlich im spanischen Flachland fallen sollte, fällt in Wahrheit im hügeligen Galicien). Selbst wenn die Sonne scheint und die Landschaft in ein Licht taucht, das man nirgendwo sonst findet, können die Nächte kalt sein.

Die Gegend ist von Waldwegen durchzogen, die toll sind zum Wandern, Radfahren oder um sich darin zu verlieren. Der Campingplatz ist sehr beschaulich, deshalb bitten die Besitzer um Ruhe von Mitternacht bis um 9 Uhr morgens, damit man nichts hört als das Zwitschern der Vögel, das Flüstern des Windes und, wenn man Glück hat, das Quieken eines schwarzen Eichhörnchens. Die Atmosphäre ist unschlagbar: lauschig, gastfreundlich und wunderbar urwüchsig. Ist es nicht genau das, worum es beim Campen geht?

camping sisargas SPANIEN

COOL-FAKTOR: 5 Strände, keiner weiter als 5 km entfernt, alle schön einsam.

KOSTEN: Sisargas berechnet nicht den Stellplatz, sondern die Anzahl der Personen und Zelte – 2 Erwachsene plus Zelt und Auto kosten € 23,50. Wohnwagen € 6,60, Wohnmobile € 10. Strom € 4,50. Blockhütten € 38,50 pro Nacht, Bungalows € 60.

AUSSTATTUNG: 145 großzügige, schattige Stellplätze (52 mit Strom), 5 Blockhütten, 6 Bungalows und ein Bereich für größere Gruppen (bis zu ca. 15 Zelte), der nicht in Stellplätze unterteilt ist, ein Sanitärgebäude mit Duschen, Toiletten, Waschbecken. Gegen Gebühr kann man Waschmaschinen und Trockner nutzen. Kostenloses WLAN, Grillplätze, Swimmingpool, Tennisplatz, Basketball, Tischtennis, Bibliothek mit verschiedensprachigen Büchern und Zeitschriften und ein Spielplatz.

ESSEN UND TRINKEN: Vor Ort gibt es ein Restaurant und einen Coffee Shop für Frühstück, Mittag und Abendessen, verschiedene Biersorten und Weine aus der Region und frische Pizza. Ein kleiner Laden verkauft frisches Brot, Croissants und Grundnahrungsmittel. Außerdem gibt es in Fußnähe – 250 m – ein gutes Restaurant, und in Malpica de Bergantiños, nur etwas mehr als 2 km entfernt, gibt es ausgezeichneten Fisch. Wir empfehlen die Marisqueria Casa Rosa (0034 981 721 015, restaurantecasarosa.com) oder das fantastische Spitzenrestaurant As Garzas (0034 981 721 765, asgarzas.com) mit einem Michelin-Stern in Porto Barizo, 5 km entfernt.

AKTIVITÄTEN: Das Refugio de Verdes lohnt einen Besuch: eine Reihe verfallener Wassermühlen und Brücken an einem malerischen, rauschenden Fluss. Die Hafenstadt La Coruña und die mittelalterliche Pilgerstadt Santiago de Compostela sind beide mit dem Auto weniger als eine Stunde entfernt. Die Costa da Morte hat außerdem viele einsame Strände und schroffe Klippen, darunter auch – 20 Min. mit dem Auto entfernt – der Strand von Razo, einer der besten Surf-Spots in Spanien mit Surfschulen und Surfbrettverleih für alle Level.

LAGE: Der Campingplatz liegt 47 km von La Coruña und 59 km von Santiago de Compostela. In beiden Fällen nimmt man die A9 Richtung Carballo und fährt von dort aus Richtung Malpica de Bargantiños. Ungefähr 2 km vor Malpica liegt Camping Sisargas.

ÖFFENTLICHE VERKEHRSMITTEL: 100 m entfernt fährt täglich mehrmals ein Bus nach Carballo, von wo es gute Verbindungen gibt, z. B. 3-mal täglich nach La Coruña.

GEÖFFNET: Mitte Juni bis Mitte September.

Camping Sisargas, Filguera 12, 15113 Malpica de Bergantiños, A Coruña, Spanien

| t | 0034 981 721 702 | w | www.www.campingsisargas.com |

camping playa de taurán

Die asturische Küste Nordspaniens ist wohl der einzigartigste Landstrich der Iberischen Halbinsel. Die Topografie ist unglaublich vielfältig, und das Grün ein erfrischender Kontrast zu der endlosen Trockenheit der südlichen Steppen Spaniens. In dieser Region gibt es 24 Naturschutzgebiete, darunter auch den weitläufigen Nationalpark Picos de Europa. Durch diese schneebedeckten, alpinen Gipfel im Süden vom Rest des Lands abgeschnitten, hat sich Asturien einen Charakter bewahrt, der sich vom restlichen Spanien unterscheidet.

Kein Campingplatz in dieser Region verkörpert diese Eigenart besser als der wundervolle familiengeführte und familienfreundliche Camping Playa de Taurán.

Wer dieses auf Klippen gelegene Refugium noch nicht kennt, dem steht eine ganz besondere Erfahrung bevor. Und als der sympathische Holländer Sander, dessen Heimat ja bekanntlich nicht mit allzu dramatischer Landschaft gesegnet ist, es zum ersten Mal erblickte, haute es ihn förmlich um. Gelegen auf steilen Klippen mit Blick auf das Kantabrische Meer ist Camping Playa de Taurán vielleicht der bestgelegene Campingplatz der Region.

Mit dem namengebenden Strand im Westen und den endlosen Wiesen von San Martín de Santiago im Süden ist er idealer Ausgangspunkt für alle, die dieses zu Unrecht vernachlässigte Reiseziel erkunden wollen. Es gibt genug Platz für 100 Zelte, Wohnmobile und Wohnwagen. Viele Stellplätze haben Strom, und für die ganz Mutigen, die näher am Abgrund campen möchten, rückt Sander gern Verlängerungskabel raus. Fast alle diese schattigen Stellplätze bieten Meeresblick und eine kühle Brise vom Atlantik. Stets bemüht, hat Sander auch einen Bereich für größere Gruppen vorgesehen. Es gibt eine Fülle herrlich stressfreier Aktivitäten für Kinder: einen beaufsichtigten Swimmingpool, den nachmittäglichen Kids-Club, Basteln und traditionelle Spiele. Außerdem hat der Campingplatz eine Art kleinen Bauernhof mit Gemüsebeet und allerhand heimischen Tieren, wie Asturcón-Ponys, Bermeya-Ziegen, Xalda-Schafe und Pita-Pinta-Hühner. Zum Strand sind es auch nur 200 Meter.

Die bezaubernde Hafenstadt Luarca, auch »Die weiße Stadt an der grünen Küste« genannt, liegt ganz in der Nähe und bietet reichlich Zerstreuung, nicht zuletzt kulinarische. Asturien ist die Heimat des spanischen Käses, deshalb sollte man in einer der kleinen Chigres am Wasser unbedingt die berühmten Sorten Cabrales, Gamoneu, Afuega'l Pitu und Los Beyos probieren, dazu Fritos de Pixín (frittierte Seeteufelhappen) und ein oder zwei Gläser des berühmten asturischen Apfelweins.

Mit seinen atemberaubenden, windgepeit-

SPANIEN camping playa de taurán

schten Stränden, dramatischen Klippen und imposanten Bergen fühlt es sich hier gar nicht an wie in Spanien. Ein Sprichwort der stolzen Einheimischen lautet: »Asturien ist Spanien – der Rest ist erobertes Gebiet.« Man ist geneigt zuzustimmen: Vielleicht ist diese Region tatsächlich das wahre Spanien.

COOL-FAKTOR: Familienfreundlicher Campingplatz auf den Klippen mit atemberaubendem Blick auf das Kantabrische Meer.
KOSTEN: Erwachsene € 4,50, Kinder € 4, Zelte € 4,50–€ 5, Wohnwagen € 5,50, Auto € 4, Strom € 4,50.
AUSSTATTUNG: Gepflegte Sanitäranlage mit warmen Duschen. Bar mit Speisekarte. Kleiner Laden, Bücherei, Spielzimmer, Internet, Waschküche, Grill- und Picknickplatz, Swimmingpool, Spielplatz, Tischtennis, Tischfußball, Billard, Basketball. Auch ein Tauchkurs wird angeboten, die Ausrüstung kann man leihen. Es gibt auch einen Ankerplatz für Boote. Lagerfeuer sind nicht erlaubt.
ESSEN UND TRINKEN: Lassen Sie sich nicht vom Namen täuschen: Sport (0034 985 641 078) ist das schönste Restaurant in ganz Luarca (und eins der teuersten) mit gutem Wein, leckerem frisch gefangenen Fisch und Livemusik auf der Terrasse.
AKTIVITÄTEN: Die hübsche Fischerstadt Luarca liegt nur 2,5 km vom Campingplatz entfernt und besitzt einen charmanten alten Leuchtturm. Der Strand von Luarca liegt nur 1,5 km vom Platz entfernt. Dort gibt es Duschen und eine Snackbar. Außerdem kann man hier super surfen, Kanu fahren und schnorcheln.
LAGE: Von der E-70 (A-8) nimmt man die Ausfahrt 465 (Luarca/El Chano) und folgt den Schildern nach Luarca. In Luarca fährt man 2,5 km auf der »la Peña«, bis der Campingplatz in Sicht kommt.
GEÖFFNET: April bis Oktober.

Camping Playa de Taurán, Playa de Taurán, 33700 Luarca Valdés, Spanien

| t | 0034 985 641 272 | w | www.campingtauran.com |

SPANIEN

lagos de somiedo

In Europa wird jeder Quadratmeter Land, der nicht landwirtschaftlich genutzt oder zubetoniert ist, gleich als letztes Stück unberührte Natur gerühmt. Im Fall des Parque Natural de Somiedo im Kantabrischen Gebirge in Nordspanien allerdings ist die Bezeichnung zutreffend. Warum? Weil es dort Bären gibt. Keine niedlichen Teddys wie Pu der Bär, sondern die echten – die mit den scharfen Zähnen, denen der Sinn nach etwas Deftigerem steht als nach einem Honigtopf, wenn es Zeit fürs Abendessen wird. Aber keine Angst, sie sind klein, sogar, wenn sie sich aufrichten, also kein Grund zur Sorge. Die Wölfe allerdings …

Die pelzigen Zeitgenossen haben die Gegend nie ganz verlassen, weil es hier in den Bergen, fern der Zivilisation, kaum etwas gibt, das ihre Wege stört. Die Region wurde 1988 zum Naturschutzgebiet erklärt und 2000 als UNESCO-Biosphärenreservat anerkannt. Die Folge ist, dass die Landschaft unberührt geblieben ist und Tieren wie Bären und Wölfen ideale Lebensbedingungen bietet. Sie bietet auch ideale Voraussetzungen für ausgedehnte Wanderungen über grüne Gebirgswiesen, begleitet nur von einem Gandalfstab und einer angebrochenen Packung Hobbit-Keksen.

Zum Campingplatz Lagos de Somiedo geht es über eine so steile, serpentinenreiche Straße, dass sich nur wenige Menschen und noch weniger Wohnwagen hierher verirren. Die Straße scheint sich nur mit Mühe an den steilen Kalksteinwänden der Gletscherschluchten festzuklammern, die gegen Ende der letzten Eiszeit ins Gebirge geschnitten wurden, und man muss immer auf der Hut vor Steinschlägen sein. Meist sind es nur Kiesel, die herunterprasseln, aber es kommt auch vor, dass plötzlich ein melonengroßer Brocken auf der Straße liegt.

Zum Glück lässt man Steine und Geröll hinter sich, wenn man den Zeltplatz bei dem kleinen Dorf Valle de Lago erreicht. Der Platz selbst, an dem ein vom weiter oben gelegenen See kommender Bach vorbeifließt, ist relativ klein, aber da die Gäste ihre Autos auf einem Parkplatz neben der Einfahrt abstellen, ist genügend Raum für jeden, sich nach Belieben auszubreiten und es sich gemütlich zu machen. Am anderen Ufer des Baches gibt es sogar, erreichbar über einen ziemlich behelfsmäßigen hölzernen Steg, ein lauschiges Plätzchen, wo man ganz für sich ist.

Rund um die Ortschaft Pola de Somiedo unten im Tal ragen, wie überall im bauversessenen Spanien, Kräne in den Himmel, aber in Valle de Lago gehen die Uhren anders. Nur die Telefonleitungen, die von Haus zu Haus gespannt sind, erinnern daran, dass wir im Informationszeitalter leben. Nicht nur die Technik, auch die Natur hinkt in Valle de Lago ein wenig hinter der Zeit her, insofern nämlich, als der Frühling hier in den Bergen später eintrifft – die Bäume tragen oft noch im Mai

Knospen, und es kann sogar noch das eine oder andere Schneegestöber geben. Ist der Sommer aber erst einmal da, so haben Sie alles, was das Glück eines Hochgebirgstages vollkommen macht: Raubvögel, die am Himmel ihre Kreise ziehen, Kuhglockengeläut, das von den Bergwänden widerhallt, Hunde und Pferde, die faul herumlungern und die Straße versperren. Die Dorfbewohner sind leidenschaftliche Imker, es wimmelt also von kleinen gestreiften Tierchen, die nektartrunken und streitlustig umherschwirren. Und dann sind da natürlich noch die Bären. Und hie und da ein Wolf. Immerhin können Sie sich mit dem Gedanken trösten, dass diese Tiere vermutlich mehr Angst vor Ihnen haben als umgekehrt.

COOL-FAKTOR: Zelten in unberührter Natur und bei einem Gebirgsdorf, das so ruhig ist, dass man auf der Hauptstraße Siesta halten könnte.
KOSTEN: Erwachsene € 5, Kinder (3 bis 10 Jahre) € 4, Zelt € 7 pro Tag.
AUSSTATTUNG: Die sanitären Anlagen sind einfach, aber ausreichend. Ein paar Toiletten und Warmwasserduschen plus Außenwaschbecken für das Geschirr – das war's. Außerdem gibt es ein Bar-Restaurant, Supermarkt, Waschsalon, Spielplatz, Grill, Pétanque, Bowling und Minigolf.
ESSEN UND TRINKEN: Es gibt vor Ort ein kleines Lokal, eine Art Berghütte mit Weinbar, wo man auch einen Imbiss bekommt. Aber wenn Sie sich etwas mehr Luxus gönnen wollen, fahren Sie nach Pola de Somiedo ins Hotel Castillo del Alba (0034 985 763 996). Frische Lebensmittel bekommt man im Supermarkt im Dorf.
AKTIVITÄTEN: Wandern Sie zum 7 km entfernten See – Sie werden sehen, so viel frische Luft wirkt Wunder. Wenn Sie es lieber gemütlich angehen lassen, ist ein Ausflug zum See zu Pferde die richtige Wahl. Vor Ort werden Wanderritte von 2 – 6 Stunden Dauer angeboten (0034 985 763 678, www.casalaguna.com). Zum See und zurück sind es 4 Stunden (€ 25 pro Person).
LAGE: Im Naturpark Somiedo in Nordspanien, bei Valle de Lago, etwa 40 km südwestlich von Oviedo.
GEÖFFNET: Anfang Juni bis Ende September.

Lagos de Somiedo, Valle de Lago, Somiedo, 33840 Asturias, Spanien

| t | 0034 985 763 776 | w | www.campinglagosdesomiedo.com |

SPANIEN

balcón de pitres

Halten Sie die Luft an. Die Straße nach Balcón de Pitres ist so kurvenreich, dass Ihnen wahrscheinlich unterwegs schlecht wird, aber keine Bange: Die spektakuläre Aussicht, die Sie in den Alpujarras, dem Südhang der Sierra Nevada, erwartet, wird Sie für das kurze Unwohlsein entschädigen.

Bei 175 Stellplätzen, oft umgeben von Wiesenblumen und im Schatten dichter Baumkronen gelegen, stehen Ihre Chancen gut, einen Platz mit Blick auf die Berge zu ergattern. Und was für ein Blick das ist – ein 180-Grad-Panorama über das Orgivatal und bis zur Sierra de Contraviesa. Die Südlage des Campingplatzes sorgt dafür, dass Sie die Sonne den ganzen Nachmittag über in vollen Zügen genießen können. Das Städtchen Pitres, das man zu Fuß in nur 10 Minuten erreicht, ist mit seinen weiß getünchten einstöckigen Häusern typisch für die Gegend und passt perfekt zu seiner landschaftlichen Umgebung, die wegen ihrer einzigartigen Vielfalt endemischer Pflanzen zum Naturschutzgebiet, Nationalpark und Biosphärenreservat der UNESCO erklärt wurde.

Wenn Ihnen der Sinn danach steht, erkunden Sie die Gegend auf dem Fußweg von Pitres nach Ferreirola, der über den malerischen Bermejofluss und durch die Dörfer Mecina, Mecinilla und Fondales führt. Auch Wanderritte und Fahrradtouren in die Umgebung bieten sich an. Ansonsten genießen Sie die Ruhe auf dem Campingplatz, wo allenfalls der Swimmingpool und der Biergarten Sie von dem großartigen Bergpanorama ablenken könnten.

COOL-FAKTOR: Der Blick und die Ruhe.
KOSTEN: Erwachsene € 5, Kinder € 3,50, Auto € 4,50, Zelt € 5, zuzüglich MwSt.
AUSSTATTUNG: Swimmingpool, Bar/Restaurant, WCs und warme Duschen, Wäscherei und Lebensmittelladen.
ESSEN UND TRINKEN: Auf dem Campingplatz gibt es ein Restaurant und einen gemütlichen Biergarten. Wenn Sie in Pitres frühstücken, probieren Sie den megagroßen *Tostado con tomate, aceite y jamón* im La Carretera.
AKTIVITÄTEN: In Orgiva findet jeden Donnerstagvormittag ein Wochenmarkt statt. Verwöhnen Sie sich mit einem Abendessen im überaus gastfreundlichen Casa Robles in Orgiva (Avda. González Robles 10, 0039 609 364 412), wo man regionale Köstlichkeiten wie weiße Knoblauchgazpacho oder Bacalao serviert.
LAGE: In der Sierra Nevada in Andalusien bei Pitres, etwa 80 km südlich von Granada.
GEÖFFNET: Mai bis Oktober.

Balcón de Pitres, Ctra. Orgiva-Ugijar, km 51, Pitres, La Alpujarra, Granada, Spanien

t 0034 958 766 111   w www.balcondepitres.com

olive tree yurt

Las Alpujarras ist eine faszinierende, unberührte Region Südspaniens, ideal für ausgedehnte Spaziergänge, für Fahrradtouren, zum Beobachten wild lebender Tiere (wie Steinböcke, Adler und Geier) und zum Fotografieren – vor allem aber zum Ausspannen. Versteckt in in den Ausläufern dieser Gebirgsregion liegt die kleine Bio-Obst- und -Olivenplantage namens Olive Tree Yurt, wo uneingeschränkt Ruhe und Frieden herrschen.

Im Jahre 2010 kam Mike und Sara die Idee, aus dem Hamsterrad auszusteigen (na ja, wenn man Winchester als Hamsterrad bezeichnen will!) und in Spanien auf dem Land ein neues Leben anzufangen. Im folgenden Jahr packten sie ihre Sachen (einschließlich der Hunde) und wurden stolze Besitzer einer echten Obst- und Olivenplantage. Neidisch? Ich schon.

Kurz nach seiner Ankunft begann das Paar zu überlegen, wie auch andere in den Genuss des malerischen Blicks über die Sierra Nevada kommen könnten. Das Ergebnis ihrer Überlegungen war eine geräumige, aber gemütliche mongolische Jurte. Die möblierte Unterkunft wurde von einem Jurtenmacher aus der Region von Hand gefertigt und ist vollisoliert, damit es die Gäste im Sommer kühl haben und in den (selten) kühlen spanischen Winternächten warm. Das supergemütliche Doppelbett, extra Stühle und ein Schlafsofa (das sich zu zwei Einzelbetten ausklappen lässt) bieten Platz genug für eine vier-, notfalls sogar fünfköpfige Familie.

Die geografische Lage ist der Knaller. Zu Fuß nur 20 Minuten entfernt liegt die florierende und überraschend unkonventionelle Stadt Órgiva, Heimat vieler britischer, holländischer und deutscher Auswanderer. Inzwischen ist Órgiva ein Magnet für Menschen auf der Suche nach einem alternativen Lebensstil, und es gibt diverse Bars, Restaurants und Supermärkte sowie einen hervorragenden Wochenmarkt. Genehmigen Sie sich in einem der vielen coolen Cafés einen leckeren marokkanischen M'Hanncha und vergessen Sie nicht zu feilschen.

Olive Tree Yurt garantiert Erholung und Entspannung, und nach einem Aufenthalt dort ist man wieder bereit, den Alltag in Angriff zu nehmen. Wir lieben es dort, und Sie werden es auch lieben.

SPANIEN

olive tree yurt **SPANIEN**

COOL-FAKTOR: Ruhe und Frieden in malerischer Natur.
KOSTEN: März bis Juni, September/Oktober € 83 pro Nacht für 2 Personen. Juli/August € 94. Kinder (bis 12) € 12. Zusätzliche Erwachsene € 25.
AUSSTATTUNG: Eine von Hand gefertigte und vollisolierte Jurte mit Strom. Eigene Dusche, Waschbecken, moderne Toilette. Gut ausgestattete Küche. Gebrauchsfertiger Grill. Großer Swimmingpool. WLAN.
ESSEN UND TRINKEN: Gäste können saisonales Gemüse aus dem Biogarten erwerben. In Órgivas Stadtzentrum befindet sich das stets gut besuchte, stimmungsvolle Baraka (0034 958 785 894). Spezialität sind traditionelle arabische Gerichte. Alkohol wird nicht ausgeschenkt, aber die Säfte sind super. Nicht weit, in der Avenida Gonzales Robles, befindet sich das Almazara El Jardin für leckere Pizza. Garten mit Livemusik.
AKTIVITÄTEN: Eine Stunde mit dem Auto Richtung Norden liegt das prächtige Granada mit der Alhambra (0034 902 441 221). Vorsichtshalber reservieren! Für Familien bietet der Wissenschaftspark (0034 958 131 900) genug Spaß für einen ganzen Tag. Highlights sind ein Puppentheater, das Planetarium und eine Ausstellung über den menschlichen Körper. Informieren Sie sich auf der Website über aktuelle Ausstellungen. Die Strände der Costa Tropical (auch Costa de Granada genannt) liegen 30 Min. entfernt und sind ursprünglicher als die der Costa del Sol. Besonders schön ist Torrenueva mit seinem langen, breiten Strand und einer bezaubernden Promenade.
LAGE: Vom Flughafen Málaga auf der Küstenstraße Richtung Motril, bis Salobrena. Dann den Schildern Richtung Granada ins Landesinnere folgen. Abfahrt 175 und auf der gewundenen Bergstraße nach Órgiva. Von Granada Richtung Motril und nach 20 Min. die Abfahrt nach Lanjaron nehmen. Der Straße durch den Kurort folgen und weiter bis Órgiva.
ÖFFENTLICHE VERKEHRSMITTEL: Ein verlässlicher (und billiger) Busservice verkehrt zwischen den Flughäfen von Málaga und Granada. Sara und Mike holen ihre Gäste gern unentgeltlich von der Bushaltestelle ab. Gegen einen Aufpreis kann man sich auch vom Flughafen abholen lassen.
GEÖFFNET: März bis Oktober.

Olive Tree Yurt, 18400 Órgiva, Granada, Spanien
t 0034 958 347 171   w www.olivetreeyurt.com

camping & bungalows vall de laguar

Bei Costa Blanca und Benidorm denkt man spontan an überfüllte Swimmingpools, laute Bars und von Touristen heimgesuchte Promenaden. Doch die Marina Alta, der nördlichste Abschnitt von Spaniens vielbesuchter Südküste, ist ganz anders. Zwar gehört sie zur Region Alicante (und damit im weitesten Sinne zu Valencia), doch ist diese saftige Berglandschaft erstaunlich unberührt. Hoch oben, im Reich der Wildschweine, befindet sich das Vall de Laguar, ein atemberaubendes Tal, das auch »Perle von Valencia« genannt wird. Diese Region, die bis zu 800 Meter über dem Meeresspiegel liegt, bietet einen unvergleichlichen Blick, der bis zum azurblauen Mittelmeer reicht. Und auch von den Wolkenkratzer-Stellplätzen des Camping & Bungalows Vall de Laguar genießt man eine grandiose Aussicht.

Der erfrischend dezente Campingplatz liegt in Campbell, neben Fleix und Benimaurell eines der drei Dörfer von La Vall. Es gibt 65 Stellplätze, doch dank der genialen Terrassenstruktur fühlt es sich nie voll an. Die Terrassenmauern, eine Anspielung auf alte mediterrane Anbaumethoden, fügen sich nahtlos in die Umgebung ein. Der Platz ist familiengeführt und familienfreundlich, jedoch ohne schrilles Kinderentertainment. Es sei denn, man zählt den Swimmingpool dazu – ein Gottesgeschenk unter dem wolkenlosen Sommerhimmel. Die niedliche Cafébar »La Bruixa de Laguar«, benannt nach der legendären Hexe des Dorfes, serviert einheimische Leckereien, und auf der geräumigen Terrasse finden an lauen Sommerabenden Kinonächte statt.

Bei all dem Augenschmaus, den die Natur hier bietet, überrascht es nicht, dass Vall de Laguar als »Trekking-Hauptstadt« Valencias gilt. Vom Barranco del Infierno (»Höllenschlucht«) zu den prähistorischen Höhlenmalereien von Pla de Petrarcos – an Sehenswürdigkeiten mangelt es nicht. Der Hausherr wird Sie gern mit Karten und allen nötigen Infos versorgen, damit Sie sich nicht verlaufen. Die historische Küstenstadt Dénia ist ebenfalls nur eine kurze Autofahrt entfernt. Der goldene Sand, die traditionellen weißen Häuschen und das nahegelegene Naturschutzgebiet Montgó machen die Gegend zu einem ausgezeichneten Ausflugsziel – vor allem da man jederzeit den Rückzug in die Berge antreten kann, um der Hitze zu entrinnen.

SPANIEN

camping & bungalows vall de laguar SPANIEN

COOL-FAKTOR: Wanderers Traum in wunderschönem Tal, das als »Perle von Valencia« gilt.
KOSTEN: Erwachsene € 5,25 – € 5,90, Wohnwagen € 6,50 – € 7,50, Wohnmobil € 8 – € 8,90, Zelt € 5,25 – € 5,90, Strom € 3,60 – € 3,90. Bei mehreren Nächten Ermäßigungen.
AUSSTATTUNG: 65 Stellplätze, alle mit Strom und Wasser. 2 beheizte Gebäude mit Duschen, Warmwasser, Toiletten und Waschbecken. Waschküche mit Trockner. Kleine Bibliothek. Kleine Cafébar. Swimmingpool mit Chiringuito-Bar und Terrasse. Kostenloses WLAN. Grillmöglichkeiten.
ESSEN UND TRINKEN: Die Cafébar vor Ort bietet eine kleine, aber feine Auswahl an Tapas, Baguettes und Salaten. In den umliegenden Dörfern gibt es tolle Restaurants mit typisch regionaler Kost. Im nächsten Dorf (Campbell) gibt es einen Bäcker und einen Metzger, und donnerstags ist Markt.
AKTIVITÄTEN: Die Strände von Dénia sind mit dem Auto nur eine halbe Stunde (19 km) entfernt. Oder man fährt noch ein Stück weiter die Küste entlang zu den abgeschiedenen Buchten von Xàbia und Calpe. Im Juli findet in Dénia das berühmte einwöchige »Bous a la Mar« (»Stiere ins Meer«) statt, wo Möchtegern-Draufgänger sich von den provozierten Tieren durch die Hauptstraße *Marqués de Campo* bis ins Meer jagen lassen. Valencia, Spaniens drittgrößte Stadt, liegt etwa 100 km entfernt – eine pulsierende Stadt mit beeindruckender zeitgenössischer Architektur, einem charmanten Altstadtviertel und wildem Nachtleben.
LAGE: Von der AP7 die Ausfahrt 62 (in Ondara-Dénia) nehmen und den Schildern nach Oliva, dann nach Orba folgen. In Orba auf der Umgehungsstraße bleiben und den Schildern nach »Fontilles« oder »Vall de Laguar« folgen. Nach 7 Minuten erreicht man Campbell, danach folgt man den Schildern zum Camping Vall de Laguar.
GEÖFFNET: Ganzjährig

Camping & Bungalows Vall de Laguar, Sant Antoni Nr. 24, 03791 La Vall de Laguar, Campell, Alicante, Spanien

| t | 0034 965 584 590 | w | www.campinglaguar.com |

SPANIEN

la fresneda

Stellen Sie sich vor: Der Himmel ist strahlend blau, eine einsame Wolke schwebt wie ein Pinselstrich über dem fernen Horizont. Ein Vogel zieht mit elegant ausgebreiteten Schwingen seine Kreise über einer mit mattweichem Grün gekrönten Bergkuppe. Im terrassenförmig ansteigenden Tal stehen Oliven- und Mandelbäume wie Soldaten Spalier, in der Ferne steigt aus einer gelblich kargen Landschaft eine rote Felswand auf.
Zu schön, um wahr zu sein? Abwarten, es kommt noch besser.

Olivenbäume werfen lange Schatten, die verkünden, dass es später Nachmittag und damit höchste Zeit ist, sich einen Platz unter einem der Sonnenschirme der Terrasse zu suchen. Aus der ziegelgedeckten Bar aus grob behauenen Balken und Natursteinen tritt ein freundlich dreinblickender Mensch mit einem frisch gezapften kalten Bier.

Das holländische Paar, das dieses kleine Paradies geschaffen hat, hat genau begriffen, worum es beim Campen in Spanien geht. Jet Knijn und Joost Leeuwenberg haben das 8 Hektar große Grundstück 2002 gekauft. Für den Bau ihres gemütlichen Wohnhauses nutzten sie Kacheln und Steine aus dem ursprünglichen Gebäude. Wie die Waschräume und die Bar auf dem angrenzenden Campingplatz ist es wärmeisolierend und im Einklang mit der natürlichen Umgebung gebaut.

Während des Bauens haben Jet und Joost in einem Wohnwagen gelebt, ausgestattet lediglich mit einer Solardusche und einer Komposttoilette, eine Erfahrung, die aus den beiden überzeugte Campingpuristen gemacht hat. In La Fresneda gibt es nur 25 Stellplätze und keine festen Bungalows, Hunde sind nicht erlaubt. All das trägt dazu bei, dass die ruhige und entspannte Atmosphäre des Platzes nicht gestört wird. In La Fresneda ist man eher auf den Entdeckertyp als auf den sonnen- und badehungrigen Urlauber eingestellt.

Und zu entdecken gibt es hier einiges. Alte Wege führen durch mittelalterliche Ruinensiedlungen und eine Landschaft von wilder Schönheit mit schroffen Felsenschluchten und bergigen Hängen. Etwa eine Stunde entfernt liegt zwischen Felsen und Wasserfällen ein natürliches Schwimmbecken, das bei der hier üblichen Sommerhitze willkommene Erfrischung bietet. Ein Ausflug mit dem Geländewagen ins Naturschutzgebiet Los Puertos de Beceite bietet Gelegenheit, die vielfältige Flora und Fauna der Gegend näher kennen zu lernen, während die Via Verde, eine stillgelegte, zum Radweg umgebaute Eisenbahnstrecke, dazu einlädt, die abwechslungsreiche Landschaft des Matarraña mit dem Mountainbike oder zu Pferd zu erkunden. Jet hat sich die Mühe gemacht, alle Ausflugsziele und -möglichkeiten in einem kleinen Campingplatzführer zusammenzustellen, es hindert Sie also nichts daran, sich stehenden Fußes in ein sportliches Abenteuer zu stürzen.

Auf dem Zeltplatz wiederum ist die Bar La Roca samt dazugehöriger Terrasse der ideale Platz für Frühaufsteher, um sich mit einem Espresso auf Touren zu bringen. Von Donnerstag bis Sonntag steht Joost in der Küche und bereitet Tapas für seine Gäste, dienstags und mittwochs wird pünktlich zum Sonnenuntergang eine Platte mit köstlichem Ziegenkäse und Wurst aus der Region serviert.

Im November, wenn der Zeltplatz geschlossen ist, ernten Jet und Joost ihre Oliven. Die größten Früchte werden gegessen, den Rest bringen sie zur Ölmühle und füllen das Öl in Flaschen ab: ein schönes Mitbringsel für die Gäste der nächsten Campingsaison. Aber auch ohne das geht hier niemand mit leeren Händen, weil jeder zum Abschied eine Tüte Mandeln aus eigener Ernte bekommt. Ein kleines Stück vom Paradies. In einer Nussschale.

COOL-FAKTOR: Besser kann man das spanische Lebensgefühl nicht erfahren.
KOSTEN: Erwachsene € 5,50, Stellplatz (inkl. Strom) € 14, Kinder unter 9 Jahren € 4, Kinder bis 1 Jahr frei). Ab 7 Tage: € 16 für Stellplatz und 2 Personen (außer Juli und August).
AUSSTATTUNG: Gepflegte, geschmackvoll eingerichtete Sanitärräume, Behindertendusche und -toilette, Waschraum mit Waschmaschinen und Spülbecken, Grillplatz, WLAN, Bar mit Terrasse.

ESSEN UND TRINKEN: In der Bar La Roca servieren die Besitzer 6 Tage die Woche Tapas, Paella und ein 3-Gänge-Menü – auch für Vegetarier.
AKTIVITÄTEN: In der Umgebung bieten sich jede Menge Outdoor-Aktivitäten an: Vogelbeobachtung, ein Besuch des Geier-Observatoriums, Bergsteigen, Mountainbiking, Klettern, Reiten, Expeditionen mit dem Geländewagen, Canyoning und eine Radtour auf stillgelegten, restaurierten Bahngleisen. Außerdem kann man die umliegenden Dörfer besuchen (wie La Fresnada mit seinem mittelalterlichen Gefängnis), das Picasso-Museum in Horta oder die Reisfelder und die Vogelwelt im Ebro-Delta.
LAGE: Im Nordosten der Provinz Teruel, etwa 130 km östlich von Tarragona, zwischen La Fresneda und Valderrobres.
GEÖFFNET: April bis Oktober.

La Fresneda, Partida Vall Del Pi, 44596 La Fresneda, Teruel, Spanien
t 0034 978 854 085 w www.campinglafresneda.com

torre de la mora

Tiene plaza disponible? Auch wenn die Aussprache ungewohnt anmutet, wer es schafft, in der Landessprache nach einem freien Platz zu fragen, kommt garantiert gut an bei den Leuten, die hier arbeiten und sich über jeden radebrechenden ausländischen Touristen freuen. Aber es gibt noch einen anderen Grund, sich mit dem spanischen Abc zumindest ansatzweise vertraut zu machen – die Stellplätze sind mit Buchstaben gekennzeichnet, und es ist gut zu wissen, wie man nach den besten fragt.

Fangen wir mit A und B an. Die etwas höher gelegenen Plätze in diesen Sektoren überblicken den gesamten Strand bis zu der baumbewachsenen Felsenzunge an dessen Ende. Sie sind großzügig bemessen und verfügen über eine Art Bruchsteinterrasse, auf der man es sich gemütlich machen kann. Die Camper in Sektor E haben ebenfalls den Strand vor der Tür. Wenn Sie lieber unter Bäumen nächtigen, empfiehlt sich Sektor K, wo Sie allerdings damit für den Schatten zahlen, dass ständig Pinienzapfen aufs Zeltdach prasseln und Ihnen den Schlaf rauben. Im Übrigen sind die Bäume hier strategisch so günstig am Hang platziert, dass sie den Blick auf eine Ansammlung einstöckiger Häuser verdecken, nicht aber den aufs Meer.

In Torre de la Mora bekommt man Sand und Sonne satt. Der Campingplatz liegt an einem Abschnitt der Costa Dorada, der als Punta de la Mora bekannt ist, einem Naturpark mit Waldstücken, Felsenküste und Bilderbuchstränden. Am ziemlich überlaufenen Hauptstrand bietet sich das übliche Bild eines gut besuchten Strandes: wahre Muskelpakete von Bademeistern, die den Blick über den Horizont schweifen lassen; braungebrannte Girls, die sich lasziv in der Sonne räkeln, Kinder, die knöcheltief im Wasser stehen und Sandburgen bauen, Volleyballspieler, die enthusiastisch dem Ball entgegenhechten. An der Strandpromenade reihen sich Cafés und ein paar angenehm unaufdringliche Bars aneinander. Wenn Letztere es Ihnen angetan haben, denken Sie daran, dass die Strandzugänge zum Zeltplatz um 22 Uhr geschlossen werden. Danach muss man über den Zaun klettern oder um den Platz herum zum Haupteingang laufen.

Angesichts dieses Rummels ist man dankbar für den Strandabschnitt, der sich südwestlich Richtung Tarragona anschließt. Hier findet man das letzte Refugium ursprünglicher Mittelmeerküstenvegetation – ein wahres Paradies für Naturfreunde.

Zu den bestgehüteten Geheimnissen dieses Küstenstreifens gehört die Cala Waikiki, eine stille kleine, von Felsen und Wald umgebene Bucht. Waikiki klingt nach einem Südseeparadies, tatsächlich belegt die Bucht aber unter den schönsten Stränden Spaniens den 8. Platz. Schwer zu sagen, ob dies so ist, weil oder obwohl es ein Nacktbadestrand ist.

Jedenfalls brauchen Sie keine Angst zu haben, hier gibt es keine Modewächter; Sie dürfen getrost Ihre Badehose anlassen.

Kulturliebhaber kommen in Tarragona auf ihre Kosten. In der reizvollen Altstadt gibt es jede Menge Straßencafés, in denen die Katalanen essen, trinken und sich prächtig amüsieren. Hier bietet sich Ihnen auch die Gelegenheit, Ihr mittlerweile tolles Spanisch aufzupolieren. Oder wenn Sie es eher mit der humanistischen Bildung halten, begeben Sie sich zum römischen Amphitheater und testen Sie Ihre Lateinkenntnisse. Sollte das alles Ihnen aber zu schwierig klingen, können Sie ja immer noch auf Spanisch buchstabieren.

COOL-FAKTOR: Direkt am Strand mit Bademeistern, Volleyball, Bars und allem Drum und Dran.
KOSTEN: Preisliste im Internet.
AUSSTATTUNG: Luxuriös mit Swimmingpool, Sportangeboten, Bar, Restaurant, Supermarkt und eigenen gepflegten Sanitäranlagen für jeden Sektor. Spielangebote und schöner Spielplatz für Kinder.
ESSEN UND TRINKEN: Für einen Snack, eine Erfrischung oder ein Frühstück sind die Bars an der Strandpromenade die ideale Anlaufstelle. Wer etwas Stilvolleres sucht, ist in La Taverna im nahegelegenen Tarragona (Plaça de la Font 31, 0034 977 249 540) richtig.
AKTIVITÄTEN: Besuchen Sie das römische Amphitheater im Hafenviertel von Tarragona oder machen Sie einen Tagesausflug nach Barcelona und besichtigen Sie Gaudís berühmte Kathedrale Sagrada Família.
SONSTIGES: Gönnen Sie sich einen abendlichen Besuch in Barcelonas beliebtester Tapas-Bar Cal Pep (Plaça de los Olles 8, 0034 933 107 962). Sie erkennen die Kneipe schon von Weitem an den vielen Leuten, die vor der Tür Schlange stehen. Das Warten lohnt sich.
LAGE: An der Costa Dorada zwischen Tarragona und Vilanova.
ÖFFENTLICHE VERKEHRSMITTEL: Mit der Bahn (RENFE) von Barcelona nach Tarragona, von hier weiter mit dem Bus nach La Mora.
GEÖFFNET: April bis November.

Camping Playa Torre de la Mora, Ctra. N-340, km 1171, 43008 Tarragona, Spanien

| t | 0034 977 650 277 | w | www.torredelamora.com |

SPANIEN

SPANIEN

forest days

Als John und Montse der hektischen Geschäftswelt Londons vor einigen Jahren den Rücken kehrten, hatten sie mehr im Sinn als ein Häuschen mit Garten. Sie kehrten zu Montses Wurzeln im schönen Katalonien zurück und tauschten die Wolkenkratzer der City gegen die zerknitterten Gipfel der Pyrenäen, die trübe Themse gegen das Vall d'Ora, ein Paradies mit rauschenden Wasserfällen.

Autos, U-Bahn und Doppeldeckerbusse sind nur noch blasse Erinnerung und wurden in ihrem ländlichen Idyll – ein wunderschöner Bauernhof zwischen fruchtbarem Ackerland und steilen, von Pinien bedeckten Bergen – durch Traktoren und Fahrräder ersetzt. Der nagelneue Campingplatz unter schattenspendenden Bäumen steht für alles, was einen anständigen Glamping-Urlaub ausmacht. Das Dach aus Pinien und der Blick über die sanften Hügel machen es zu einem idealen Ort für alle, die einfach mal abschalten und nichts tun wollen, und für alle, die unternehmungslustiger sind, gibt es den Fluss, einen See und eine Menge charmanter alter Städte.

Der Platz selbst besteht aus vier voll ausgestatteten Zelten auf Holzpodesten, die weit genug auseinanderstehen, um die Privatsphäre der Gäste zu wahren. Darin befinden sich jeweils ein großes Doppelbett, umrahmt von Nachttischen (aus Baumstämmen) mit bezaubernd altmodischen Lampen, zwei Stühle und in den kälteren Monaten ein Holzofen.

Draußen haben die Gäste ihren eigenen Bereich und ein oder zwei Hängematten zum Lesen und Entspannen. An besonders heißen Tagen kann man auch den unteren Teil der Rundzelte hochrollen, um mit einer leichten Brise für Abkühlung zu sorgen.

Während die Rundzelte ein angrenzendes Bad besitzen (mit Kompostklo und auf Wunsch Solardusche), gibt es beim Hauptgebäude eine weitere Sanitäranlage mit WCs, Duschen und Steckdosen. Beim Haus gibt es außerdem WLAN, und man kann sich bei einem Plausch mit John und Montse über die Umgebung informieren. Normalerweise empfehlen sie als Erstes einen Spaziergang zum Fluss, wo aus der alten Schleuse ein Wasserfall entstanden ist. Auf beiden Seiten kann man hervorragend schwimmen.

Wer sich durch den wundervollen Blick auf die Landschaft jenseits des Campingplatzes angelockt fühlt, fährt auf die C-26, die sich zur Altstadt von Solsona hinunterschlängelt. Unterwegs macht man einen Zwischenstopp für ein Bad im Pantà de Sant Ponç, oder man fährt direkt in das gut erhaltene Stadtzentrum, das *Clos Antic*. Trotz der hoch aufragenden katalonischen Kathedrale und einem Haufen guter Restaurants ist Solsona nur die Spitze des Eisbergs. Eine Schar weiterer kleiner historischer Städtchen würzen die Umgebung.

SPANIEN forest days

COOL-FAKTOR: Wohltat für die Seele, wenn man abschalten will, und gleichzeitig alles, was man braucht, um die Natur zu erkunden.
KOSTEN: Ab € 75 pro Nacht für 2 Personen inklusive Frühstück.
AUSSTATTUNG: 4 Rundzelte für je 2 Personen mit großem Doppelbett (Bettwäsche inbegriffen). Bei Bedarf 2 zusätzliche Kinderbetten. Ebenfalls beim Haus gibt es eine Selbstbedienungsbar und WLAN. Grill- und Kochbereich zur freien Verfügung.
ESSEN UND TRINKEN: Jeden Morgen wird im Zelt ein kontinentales Frühstück serviert, auf Wunsch auch Abendessen.
AKTIVITÄTEN: Machen Sie einen Spaziergang zum Wasserfall von Vall d'Ora – ein idyllischer Ort zum Baden. Oder fahren Sie auf der C-26 Richtung Solsona und machen Sie am Pantà de Sant Ponç Halt, ein schöner See, ebenfalls perfekt zum Baden. Die Umgebung bietet ausgezeichnete Wanderwege, und die kleinen Straßen um den See sind wenig befahren – ideal zum Fahrradfahren. Kajak fahren kann man hier auch – erkundigen Sie sich bei John und Montse.
LAGE: Bitten Sie bei der Buchung um eine Wegbeschreibung.
ÖFFENTLICHE VERKEHRSMITTEL: Es fahren täglich etwa 4 Busse von Barcelona nach Solsana, von wo man sich abholen lassen kann.
GEÖFFNET: Ganzjährig

Forest Days, Navès, 25286, Solsonès – Lleida, Katalonien, Spanien
t 0034 722 394 264   w www.forestdaysglamping.com

forest days SPANIEN

SPANIEN

cala llevadó

Wer sagt, dass größer nicht unbedingt besser ist? In Cala Llevadó gibt es sehr viel Platz und sehr viele Camper, aber wenn Sie Ihr Zelt in dem Pinienwäldchen oberhalb der Klippen aufstellen, haben Sie das Gefühl, den Blick auf das Mittelmeer ganz für sich allein zu haben.

Dieses Gefühl der Abgeschiedenheit verdankt sich der Lage: ein malerisches, zum Meer hin abfallendes, mit Eichen und Pinien bestandenes Stück Land. Am Küstenstreifen wechseln sich steil aufragende Klippen aus rotem Gestein mit vier Sandstränden ab, die alle sehenswert sind. Diese Buchten oder *calas* sind keineswegs überlaufen, sondern ähneln eher verschwiegenen, zwischen Felsen verborgenen Piratenstränden, die man erst wahrnimmt, wenn man mit den Zehen im feinen Sand wühlt und fast erwartet, auf einen vor langer Zeit hier vergrabenen Silberpeso zu stoßen.

Die Cala Llevadó selbst liegt versteckt am Ende eines gewundenen Pfades, an dem Kinder mit Eimern und Schaufeln zwischen Felsen herumklettern und nach Seeigeln suchen. In der Cala d'en Carlos hat sich ein ganzer Friedhof alter, von den Sommerwellen umspülter Boote angesammelt, und eine kleine Strandbar lädt zu Erfrischungsgetränken ein. Die Cala Figuera ist kleiner und bietet für alle, die gern nackt baden, ein vor Blicken geschütztes Plätzchen. Platges de Llorell wiederum wird Ihnen gefallen, wenn Ihnen der Sinn eher nach sportlichen Aktivitäten wie Tauchen, Surfen und Wasserski steht.

Wenn Sie auf der Suche nach dem schönsten Stellplatz für Ihr Zelt sind, sollten Sie einen mit Strandblick nehmen. Allerdings sind diese Stellplätze auch bei allen anderen Besuchern begehrt. Es lohnt sich also, früh anzukommen. Am schönsten sind die von Pinien überschatteten Plätze A 67–87 oberhalb der Cala Llevadó.

Wenn Sie glücklich einen dieser Plätze ergattert haben, brauchen Sie nur noch ein paar Liegestühle und vielleicht das ein oder andere Bier, und schon sitzen Sie in der ersten Reihe, wenn die Sonne in einem Meer aus blutroten Farben am Horizont untergeht.

Obwohl der Zeltplatz überhaupt kein Ende zu haben scheint, gelingt ihm auf angenehme Weise die Balance zwischen der Pflege seiner natürlichen Vorzüge und einem überreichen Angebot an Aktivitäten aller Art. Wenn Sie einmal genug von Sand und Salzwasser haben, können Sie zwischen Swimmingpool, Spielplatz, Kneipenterrasse oder einer Partie Tennis, Basketball oder Volleyball wählen.

Und wenn Sie Lust haben, einmal etwas anderes zu sehen, fahren Sie ein Stück an der Costa Brava entlang. Was Sie dort antreffen, ist ein Gemisch aus Touristenhochburgen wie Lloret de Mar und ruhigen Fischerstädtchen wie Sant Feliu de Guixols. Die kurvenreiche Küstenstraße zieht sich von einem Ort zum nächsten hin und gibt zwischen eichenbestandenen Hängen immer wieder den Blick frei auf das großartige Meerespanorama. Zahlreiche Aussichtspunkte am Wegesrand, an denen man einen besonders schönen Blick hat, laden zum Verweilen ein. Landeinwärts liegt die Stadt Girona, die nicht nur den Zielflughafen für alle Billigflieger in die Region zu bieten hat, sondern auch einen sehenswerten historischen Stadtkern samt überdimensionaler Kathedrale sowie das alte jüdische Viertel am Fluss. Interessant ist auch Figueres, die Geburtsstadt von Salvador Dalí, dem exzentrischen Vater des Surrealismus und Spaniens berühmtestem Exportschlager.

Die Sagrada Familia von Antonio Gaudí in Barcelona, eine Autostunde entfernt, ist ein Beispiel für die ausgefallene Architektur dieses Jugendstilarchitekten, das man gesehen haben muss. Kunsthistoriker behaupten, dass Gaudí sich vor allem von der Natur inspirieren ließ. Wer weiß? Vielleicht hat er auch einmal unter Pinien gezeltet, mit einem grandiosen Blick auf das Mittelmeer ganz für sich allein.

COOL-FAKTOR: Vier herrliche Strände in unmittelbarer Nähe.
KOSTEN: Erwachsene € 5,75 – € 9,25, Kinder (4–12) € 0 – € 5,75. Zeltstellplatz € 14,95 – € 31,10. Wohnwagen € 16,25 – € 33,50. Wohnmobil € 13,95 – € 27,25. Holzhütten ab € 85 pro Nacht. Standard-Bungalows € 45 – € 75 pro Nacht. Öko-Bungalows ab € 115 pro Nacht.
AUSSTATTUNG: Etwa 400 Stellplätze für Zelte und Wohnwagen, plus 30 Öko-Bungalows in einem abgetrennten Bereich, 6 Glamping-Waldhütten und 34 Standard-Bungalows. Die Öko-Bungalows sind aus Holz und Kork und auf geringen Energieverbrauch ausgelegt. Manche haben Meerblick, andere blicken auf den Wald der Cadiretes. Es gibt 4 Sanitärgebäude mit Toiletten, Badewannen und Duschen, Waschküche und Bügelmöglichkeit. Swimmingpool (und Kinderbecken), Spielplatz, Spiele, Friseur, Supermarkt, Basketballplatz, Post und Internet-Café.
ESSEN UND TRINKEN: Vor Ort gibt es eine Bar und ein Café-Restaurant im Freien mit traditionellen Gerichten und einer besonders guten Paella. Appetit kann man sich bei einem Spaziergang nach Tossa del Mar holen, wo es diverse Restaurants mit regionaler Küche gibt.
AKTIVITÄTEN: Am Llorell-Strand wird in der Hauptsaison ein Animationsprogramm für Kinder angeboten. Auch ein Besuch in Tossa de Mar, einer schönen alten Stadt mit noch weitgehend intakten Festungsmauern aus dem 12. Jh., lohnt sich. Wenn Sie ein bisschen Bewegung brauchen, bietet sich der ausgeschilderte, 9 km lange Wanderweg von Tossa de Mar nach Lloret de Mar an, zu dessen Sehenswürdigkeiten die iberische Ausgrabungsstätte Puig de Castellet aus dem 3. Jh. v. Chr. gehört.
LAGE: An der Costa Brava zwischen Tossa de Mar und Lloret de Mar.
ÖFFENTLICHE VERKEHRSMITTEL: Es gibt einen regelmäßigen Buspendelverkehr zwischen Tossa, Lloret, Barcelona und Girona.
GEÖFFNET: April bis Ende September.

Cala Llevadó, GI-682 zwischen Tossa und Lloret, km 3, Postfach 34, 17320 Tossa de Mar, Spanien
t 0034 972 340 314 w www.calallevado.com

mas de la fargassa

Besitzer eines bäuerlichen Betriebes, die vom Verkauf ihrer Bioerzeugnisse – Pflaumen, Äpfel, Erdbeeren, Stachelbeeren, Himbeeren und 120 Kilo Brot pro Woche – leben wollen, benötigen Hilfe, und die britisch-holländischen Eigner bekommen sie, indem sie Menschen jeglichen Alters Arbeit gegen Kost und Logis anbieten. So wird das Land bestellt, die Esel werden bewegt, gestriegelt und gefüttert, der Teig für das Brot, das man samstags in Céret auf dem Markt verkauft, wird freitags geknetet, und abends wird das Feuer angezündet.

Das bunte Gemisch von Leuten aus aller Welt, die hier so gut gelaunt und entspannt zusammen arbeiten und ihre Freizeit verbringen, verleiht dem Ort eine coole Globetrotteratmosphäre. Aber selbst weit gereiste Besucher werden beeindruckt sein von der Strecke, auf der man zu dem Anwesen gelangt. Die einen werden die Ausblicke auf die Mondony-Schlucht als den Höhepunkt ihrer Reise bezeichnen, andere wiederum werden bereuen, je in ihre Tiefen hinuntergeschaut zu haben. Positiver ausgedrückt: Je kleiner Ihr Auto, umso weniger Höhenangst werden Sie haben (für Wohnwagen ist die Straße definitiv nicht geeignet).

Jeroen und Madhu sind zwei Jahre lang herumgefahren, bevor sie ihr Traumhaus gefunden haben. Eines Tages im Jahr 1998 entdeckten sie dann Rauch, der von einem Schornstein zwischen Bäumen aufstieg. Das dazugehörige Haus war nicht zu verkaufen, aber daneben stand eine ehemalige Schmiede, die seit den 1930er Jahren nicht mehr in Betrieb war. Die beiden kauften das Gebäude samt den 260 Hektar Land, die dazugehörten, und machten sich daran, eine Ruine in vollwertige, moderne Wohnunterkünfte zu verwandeln. Inzwischen vermieten sie ein Chalet, eine Ferienwohnung und ein Häuschen, das an das Haupthaus angebaut ist. Insgesamt bieten die Unterkünfte Platz für 18 Personen.

Vier Jahre später kauften die beiden 6 Albatros-Zelte der holländischen Marke De Waard, bauten sie am Fluss oder etwas weiter oben mit Blick über den Garten auf, richteten sie ein, benannten sie nach den Bäumen, die ihnen am nächsten standen (Stechpalme, Pflaume usw.) und nahmen den Campingbetrieb auf. Sie richteten einen überdachten Essbereich im Freien ein, wo sich schon bis zu 50 Personen zum vegetarischen Abendessen an langen Tischen versammelt haben. Man kann im Fluss baden, Staudämme bauen oder einfach faulenzen und Marshmallows über dem Feuer rösten.

Es ist ein abenteuerliches Gefühl, mitten im Wald der spanischen Grenze so nah zu sein, ein kleiner Fußmarsch, und man ist in einem anderen Land. Geführte Wanderungen von 2 oder 5 Stunden werden angeboten, und wenn man mit dem Geländewagen gekommen ist, kann man über holprige Wege zur Grenze fahren und unterwegs vielleicht sogar dem einen oder anderen Wildschwein begegnen. Madhu organisiert regelmäßig Gruppenwanderungen, die mit einem Abendessen in einem spanischen Restaurant enden. Danach wird man zum Glück mit dem Auto zurückkutschiert. Diese Unternehmungen finden großen Anklang, weil es gut ist, sich von Zeit zu Zeit die Füße zu vertreten, ohne dass man befürchten muss, sich im Wald zu verlaufen.

Seit der Fertigstellung des zweiten Schweinestalls (ein Einzimmerapartment für zwei Personen) kümmert Jeroen sich um Restaurierung und Erweiterung des Mas. Unter anderem ist ein zweites Häuschen geplant, mit Blick auf den Fluss. Derweil genießen Madhu und Jeroen das friedliche Leben mit ihren sechs Kindern, die zu Hause unterrichtet werden.

COOL-FAKTOR: Nachhaltiges Leben und Baden im Fluss.
KOSTEN: Eingerichtete Zelte (4–5 Personen) € 450, Chalet (5–6 Personen) € 550, Häuschen (2 Personen) € 350 und Ferienwohnung (8–10 Personen) € 1025 pro Woche. Camper mit eigenem Zelt zahlen € 9 pro Person pro Tag, Familien € 25.
AUSSTATTUNG: Es gibt Warmwasserduschen, einen Spiel- und einen Grillplatz. Tiere dürfen nicht mitgebracht werden, aber es gibt hier Katzen, Hunde, Hühner, Esel und Pferde.
ESSEN UND TRINKEN: Selbstgebackenes Brot, Marmelade, Biogemüse und -obst finden Sie direkt vor Ihrer Nase. Im Laden vor Ort werden Dinge wie Brot, Milch und Kaffee verkauft.
AKTIVITÄTEN: Von Madhu geführte Ausritte mit den hauseigenen Eseln und Pferden. Fahren Sie zu einer der katalanischen Fiestas mit fröhlich bunten Umzügen und viel Tanz und Gesang, die im Sommer im näheren Umkreis stattfinden.
LAGE: Bei Amélie-les-Bains an der französisch-spanischen Grenze, etwa 50 km südwestlich von Perpignan (genaue Wegbeschreibung in Deutsch auf der Homepage).
GEÖFFNET: Zeltplatz Mitte März bis Ende Oktober, die anderen Unterkünfte ganzjährig (Reservierung wird empfohlen). Der Mai ist wegen der Kirschblüte in Céret besonders schön.

Mas de la Fargassa, Montalba, 66110 Amélie-les-Bains, Frankreich
t 0033 468 390 115   w www.fargassa.com

belrepayre trailer park

Mit seiner Knubbelnase, der lebendigen Mimik und der typischen Halbglatze sieht Perry aus wie ein Clown. Es wird Ihnen also nicht vollkommen abwegig erscheinen zu hören, dass er früher einmal im Zirkus gearbeitet hat, und zwar bei Gerry Cottle, einem der bekanntesten Zirkusdirektoren Großbritanniens. Er ist der Sohn eines bekannten Schauspielers, er ist ungeheuer schlagfertig und er besitzt eine gigantische Sammlung von Memorabilien zur Geschichte des Londoner Nahverkehrs. Und er hat zusammen mit seiner Frau einen Traum wahr gemacht – den ersten Airstream-Wohnwagen-Park Europas.

Wie tritt man als Sohn in die Fußstapfen eines Multitalents wie Michael Balfour, der sich als Schauspieler, Maler und Bildhauer und als Clown einen Namen machte? Ganz einfach. Schon als Kind wurde Perry Mitglied in der Clowntruppe des Vaters – den Hazzards. Zusammen mit seinem Vater und seinem Bruder tingelte er, wann immer Michael eine Pause zwischen den Dreharbeiten hatte, in einem 90 Jahre alten Wohnwagen durchs Land. Später, als er seine eigene Familie hatte, legte er sich einen Doppeldecker zu. Die Kindheit zwischen illustren Schauspielerkreisen und Zirkusromantik hat Perrys Leben geprägt.

Ebenso nachhaltig haben ihn die 70er Jahre beeinflusst. Den Rat seines Vaters im Ohr, der Zeit entweder einen Schritt voraus zu sein oder ein paar Schritte hinterherzuhinken, wurde er mit seiner Frau Coline sesshaft und begann, ein idyllisches Fleckchen Erde im Département Ariège am Fuße der Pyrenäen in einen Nostalgietrailerpark zu verwandeln – eine echte Pioniertat.

In den vergangenen zwei Jahrzehnten haben Perry und Coline nach und nach 15 Airstream-Wohnwagen aufgetrieben, liebevoll restauriert und authentisch mit Flohmarktfunden ausgestattet. Abgesehen von dem Airstream-Imbisswagen, den sie am Fuß des Eiffelturms entdeckt und zur Appollo-Lounge gemacht haben, stammen alle Trailer aus den Vereinigten Staaten: ein 1972er Sovereign von einem Nudistencamp in Florida, ein 1970er Tradewind aus New Mexico und ein sehr seltener 1950er Silver Streak Clipper aus Arizona beispielsweise.

Das Innere eines Airstream-Trailers vergleicht Perry gern mit dem Mutterleib: Man fühlt sich darin sicher und geborgen wie in einem Kokon. Und es ist so retro, wie es nur sein könnte: Spiralmuster, Häkelkissen und 70er-Jahre-Design, wohin man auch blickt. Jeder Wagen verfügt über ein eigenes kleines Bad, eine Einbauküche und Kleiderschränke, einen antiquierten Schwarzweißfernseher, ein Achtspur-Ton-

belrepayre trailer park **FRANKREICH**

bandgerät, einen Videorekorder (in unserem war *The Avengers* eingelegt) und ein Gärtchen mit Fransensonnenschirm und Liegestühlen vor der Tür.

Viel mehr gibt es hier nicht, außer einer Spielwiese, einem nahgelegenen Wald und einem kleinen Laden an der Rezeption. Abends konzentriert sich das Geschehen auf die Apollo Lounge, wo Coline leckere französische Gerichte und Wein serviert, und Perry, verkleidet als DJ Bobby Lotion, Vinyl von Motown bis Rock'n'Roll und Disco auflegt. Wenn sich je ein Campingplatz für eine Reise in die Vergangenheit geeignet hat, dann dieser.

COOL-FAKTOR: Europas erster Retro-Airstream-Wohnwagen-Park, im Vorland der Pyrenäen.
KOSTEN: Nebensaison € 20, Hauptsaison € 30 für einen Stellplatz und 2 Personen (Retrozelte und -wohnwagen bevorzugt). Airstream-Trailer € 540 – € 690 pro Woche in der Neben-, € 630 – € 870 in der Hauptsaison. Für Bettwäsche, Handtücher und Reinigung werden zusätzliche Gebühren erhoben. Wer im eigenen Oldtimer kommt, zahlt 10 % weniger.
AUSSTATTUNG: 11 möblierte Airstreams mit Küche. Ein etwas altmodisches, aber gepflegtes Sanitärgebäude mit 3 Toiletten und 3 Duschen. Feld neben der Rezeption für Zelte und VWs. Musik, gutes Essen und Drinks in der Retro-Apollo-Lounge.
ESSEN UND TRINKEN: Abends Biokost und regionale Erzeugnisse in der Apollo Lounge. Auch das Angebot an Bier und Wein kann sich sehen lassen. In den Airstreams besteht die Möglichkeit zu kochen. In Mirepoix findet jeden Montag auf der Place du Maréchal Leclerc ein Wochenmarkt statt.
AKTIVITÄTEN: Wandern und Mountain-Biking. Räder vor Ort mieten oder bringen lassen (0033 631 942 491). In der Nähe gibt es mittelalterliche Burgen wie Château de Montségur (0033 561 010 694, monsegur.fr). Entdecken Sie Ariège mit einem Ultraleichtflugzeug (0033 688 506 085, partagair.jimdo.com). Gönnen Sie sich ein Bad im Freien zu zweit mit Blick auf die schneebedeckten Berge, anschließend eine Massage und als krönenden Abschluss eine Flasche Champagner unter dem Sternenhimmel (Hot Tub für 2 Personen € 30, Massage € 60).
LAGE: Von Toulouse auf der A66 Richtung Süden. Bei Pamiers abfahren und dann auf der D119 nach Mirepoix. Von Montpelliers der A61 folgen und bei Bram Richtung Mirepoix abfahren.
ÖFFENTLICHE VERKEHRSMITTEL: Mit dem Zug nach Pamiers oder Toulouse, dort ein Auto mieten oder sich von Perry abholen lassen.
GEÖFFNET: Mai bis September.

BelRepayre Airstream & Retro Camping, 09500 Manses, Midi-Pyrénées, Frankreich

| t | 0033 561 681 199 | w | www.airstreameurope.com |

tipis indiens

Alle Jungs spielen irgendwann im Leben Cowboy und Indianer und üben im Garten Indianergeheul und indianische Regentänze. Bei manchen reicht die Faszination über die Pubertät hinaus. Spätestens wenn Sie als 16-Jähriger noch jede freie Minute nutzen, um mit Pfeil und Bogen auf Kriegspfad zu gehen, ist klar, dass aus Faszination Besessenheit geworden ist. Wenn Sie aber Jahre später Ihr eigenes Tipidorf eröffnen und sehen, wie viel Freude Ihre Besucher daran haben, wissen Sie, dass die Zeit nicht verschwendet war.

Francis Caussieu ist im Barèges-Tal in den Pyrenäen geboren und aufgewachsen und ein bisschen in der Welt herumgereist, bevor er zwei Scheunen in der Nähe des kleinen Örtchens Gèdre erbte, die er dann restaurierte und als Urlaubsdomizil vermietete. Für sich selbst baute er ein Häuschen im etwas tiefer gelegenen Dorf Esterre, wo er fürderhin saß und das Kommen und Gehen der Jahreszeiten betrachtete. Und während er darüber nachdachte, wie er als Kind tagsüber durch die Bergwälder gestreift war und sich abends Italowestern im Fernsehen angesehen hatte, kam er auf die Idee, dass er, wenn er schon nicht Clint Eastwood oder Burt Lancaster war, doch wenigstens sein eigenes Filmset bauen konnte.

Im Januar 2004 begann er nach einem Handwerker Ausschau zu halten, der ihm beim Bau von Tipis helfen sollte. Im Département Alpes-de-Haute-Provence fand er einen Mann, der seine Leidenschaft teilte. Gemeinsam entschieden sie sich für eine relativ unkomplizierte, aber robuste Bauweise. Nun brauchten sie nur noch einen Holzfäller, der das richtige Holz dafür auswählte. Im Juni 2006, einen Monat, bevor die ersten Gäste erwartet wurden, war Francis schließlich stolzer Besitzer von sechs Tipis.

Jedes Tipi ist mit einem Doppelbett, einem kleinen Schlafsofa, weichen Federdecken, einer schweren Truhe, einem Tisch und sicherheitshalber noch mit etwas indianischer Folklore ausgestattet. Die Tipis sind urgemütlich, zumal das Bett fast den gesamten Raum einnimmt. Es gibt ein behagliches Gemeinschaftshaus, in dem man Sachen aufbewahren, duschen, kochen, am Kaminofen fernsehen oder an großen Tischen essen kann. So hat man das Beste von beiden Welten: Man wohnt wie ein Indianer und speist wie ein König.

Die meisten Gäste verbringen den Abend am liebsten auf dem Campingplatz, mit Blick auf die Berge im Kreis ihrer Freunde am Lagerfeuer sitzend. Der Blick auf den Cirque de Troumouse ist atemberaubend, und in der Umgebung tummeln sich Ziegen und Murmeltiere. In Gèdre gibt es eine Schlittschuh- und eine Bobbahn, die beide während der Sommersaison geöffnet sind. Hier kann man

FRANKREICH

auch vorzüglich essen, vor allem im La Brèche de Roland, wo Sie gleich zu Beginn des Urlaubs einen Tisch reservieren sollten, weil Sie das Rinderfilet mit Schafskäsesauce vielleicht verlockt, noch einmal wiederzukommen.

Von Gèdre aus fährt man an einem wirklich spektakulären Panorama vorbei. Da gibt es das Skidorf Luz-Saint-Sauveur im Norden, wo sich am Fluss die Straßencafés unter bunten Wimpelketten reihen, oder den Cirque de Gavarnie, wo die höchsten Wasserfälle Frankreichs zu bestaunen sind. Wenn Sie außerhalb der Hauptsaison hier sind, können Sie oben parken und eines der schönsten natürlichen Amphitheater Europas betreten, und was Sie dann erwartet, ist ganz sicher kein Indianergeheul, sondern eine geradezu ohrenbetäubende Stille.

COOL-FAKTOR: Hoch in den Bergen leben wie ein Indianer.
KOSTEN: Tipi (für 4 Personen) im Juli/August: € 540 pro Woche; Mai, Juni und September: € 400 pro Woche, erste Juliwoche und letzte Augustwoche: € 500.
AUSSTATTUNG: Gemeinschaftshaus mit TV, Sofas, Küche mit Raclette- und Fonduetopf, Waschmaschine, Bügeleisen, 2 Duschen. Bettwäsche muss mitgebracht werden, man kann sie aber auch vor Ort für € 5 pro Bett ausleihen.
ESSEN UND TRINKEN: In der Boutique des Cirques in Gèdre (an der Place de la Fontaine) kann man regionale Produkte aller Art kaufen, das La Brèche de Roland im Ortszentrum (0033 562 924 854) hat die besten Steaks weit und breit.
AKTIVITÄTEN: Kinder können gar nicht genug kriegen von den Ziegen, die eigens für die Touristen angeschafft wurden. Im 5 Autominuten entfernten Gèdre gibt es ein Freibad, eine Schlittschuhbahn (geöffnet Juli und August) und eine Bobbahn (geöffnet Juli bis September). Ein Besuch des Cirque de Gavarnie bei Sonnenaufgang. Sie werden garantiert sprachlos sein. Oder nehmen Sie für eine Nacht ein Zimmer mit Bergblick im Hotel Vignemale in Gavarnie (0033 562 924 000, www.hotel-vignemale.com). Wenn Sie morgens auf den Balkon treten, haben Sie den gleichen Effekt.
LAGE: Im Département Hautes-Pyrénées im Nationalpark Pyrenäen bei Gèdre, etwa 30 km südlich von Lourdes
ÖFFENTLICHE VERKEHRSMITTEL: Bis Lourdes mit dem Zug, weiter mit dem Bus nach Luz-Saint-Sauveur. Dort können Sie bei Caussieu (Francis' Bruder) ein Taxi bestellen (0033 562 929 756).
GEÖFFNET: Mai bis September.

Tipis Indiens, 8, Rue des Carolins, 65120 Luz-Saint-Sauveur, Frankreich

| t | 0033 615 413 329 | w | www.tipis-indiens.com |

tipis indiens FRANKREICH

FRANKREICH

glisten camping – col d'ibardin

Eine Art außerirdischer Kapseln sind im Labourd gelandet – mit geodätischer Form und leuchtend weißer Außenhülle. Die einzigartigen Glamping-Unterkünfte des Kuppeldorfs im sonnigen Südwesten Frankreichs sind ein ganz neues Urlaubserlebnis.

Wie die Kuppeln selbst, ist das Konzept einfach. Glisten, eine Erfindung des in Cornwall lebenden Camping-Freaks Simon Thomason, wählt die besten Standorte im Südwesten Frankreichs aus und baut dann diese unverwechselbaren geodätischen Kuppeln auf, in denen eine sechsköpfige Familie Platz hat. Wie Simon so treffend formuliert: »Das schöne Draußen verdient ein schönes Drinnen.« Von innen sind die Kuppeln ein Triumph ergonomischen Designs. Die stylischen Kapseln haben unterteilte Schlafzimmer, Doppelbetten und richtige Matratzen, Hängebetten für Kinder und superbequeme Fatboy-Sitzsäcke. Außerdem gibt es einen ebenso coolen wie praktischen Plancha-Gaskocher und eine geräumige überdachte Essecke im Freien für ausgedehnte Urlaubsmahlzeiten. So schick wie diese cleveren Domizile sind, würde uns kaum überraschen, wenn der Jetset von Saint-Tropez westwärts ziehen würde.

Col d'Ibardin, der erste Campingplatz mit den Glisten-Kuppeln, ist ein entspannter, familienfreundlicher Ort mit allen Schikanen, die man von Campingplätzen in diesem Teil der Welt mittlerweile erwartet (saubere, moderne Sanitäranlagen, Swimmingpools, Bar/Restaurant). Dieser idyllische baskische Unterschlupf in den Ausläufern des La Rhune eignet sich perfekt dafür, alles zu erkunden, was die Region zu bieten hat.

Angesichts der goldenen Strände, herrlichen Pinienwälder und traditionellen Bergdörfer versteht man, warum das Baskenland so ein Magnet für Camper ist. Zwar zählt es auch zu den wärmsten Regionen Europas, doch die kühle Brise von der atemberaubenden Atlantikküste sorgt dafür, dass Sie sich höchstens den Kopf darüber zerbrechen müssen, welche Ecke Sie als Nächstes erkunden wollen.

COOL-FAKTOR: Futuristische Kuppeln mit großem Komfort.
KOSTEN: Mindestaufenthalt 2 Nächte, der Preis für eine Übernachtung beginnt bei € 75 in der Nebensaison. 1 Woche zwischen € 399 in der Nebensaison und € 856 in der Hauptsaison.
AUSSTATTUNG: 6 geodätische Kuppeln für bis zu 6 Personen. Swimmingpools, Spielbereich, Bar/Restaurant, Kids Club, kleiner Bauernhof und jede Menge Spielmöglichkeiten (z. B. Petanque, Tischtennis, Basketball).
ESSEN UND TRINKEN: Bei den an Reichtum köstlichen Erzeugnissen aus der Region (wie Bayonne-Schinken und Gâteau Basque) entscheiden sich die meisten Gäste dafür, auf dem vorhandenen Plancha-Grill selbst zu kochen. La Kantina – die Restaurant-Bar auf dem Platz – bietet gute, preiswerte Gerichte und regionale Spezialitäten wie Axoa. Grundnahrungsmittelerhält man auch im Laden vor Ort. Wer sich etwas Besonderes gönnen möchte, fährt ins Feinschmeckerparadies San Sebastián.
AKTIVITÄTEN: Erkunden Sie die umliegenden Hügel und Wälder oder unternehmen Sie eine Radtour – Glisten kann Leihräder für die ganze Familie organisieren, ebenso Surf-Ausrüstung oder -Unterricht. Wer's gern gemütlicher hat, nimmt den altmodischen Zug Train de la Rhune (rhune.com) zum ersten Gipfel der Pyrenäen – der Blick aus über 900 m Höhe ist spektakulär. Es stehen jede Menge Strände zur Auswahl – die schönsten in der Nähe sind Saint-Jean-de-Luz, Socoa und Hendaye. Das Baskenland bietet die spektakulärsten Orte Südwestfrankreichs und Nordspaniens. Auf der anderen Seite der Grenze warten das glamouröse Biarritz und das mondäne San Sebastián.
LAGE: Von Norden die RN10 und die A63, Ausfahrt 2 (Saint-Jean-de-Luz Süd – Urrugne – Col d'Ibardin). Beim Kreisverkehr die Ausfahrt nach Urrugne, dann links auf die D4 Richtung Ibardin. Nach 4 km bei der Kreuzung geradeaus weiter Richtung Ascain. Der Campingplatz liegt nach 200 m auf der rechten Seite.
GEÖFFNET: April bis September.

Glisten Camping – Col d'Ibardin, 220 Route d'Olhette, 64122 Urrugne, Frankreich

t 0033 844 344 0196   w www.glistencamping.com

gîtsfen camping – col d'bardin FRANKREICH

FRANKREICH

camp laurent

Die Charente mag nicht der längste oder berühmteste Fluss Frankreichs sein. Sie hat nicht den Kultstatus einer Rhône oder Loire mit ihren Weintälern. Doch dieses träge mäandernde Gewässer besitzt einen ganz eigenen Charme. Einst von keinem Geringeren als dem französischen Monarchen Franz I. zum »schönsten Strom des Königreichs« erklärt, schlängelt es sich durch die historischen Provinzen Südwestfrankreichs. Und Besucher dieses bezaubernden Landstrichs finden hier auch den neusten und schönsten Campingplatz der Region: Camp Laurent.

Als die Auswanderin Tracey Poitou-Charentes zum ersten Mal erblickte, war es Liebe auf den ersten Blick. Im Sommer 2013 schlug sie dann (buchstäblich) ihr Lager hier auf, ein friedliches Refugium im Sinn – nur für Erwachsene. Gelegen auf 3 unberührten Hektar Land am Rande des verschlafenen Dorfes Saint-Laurent-de-Céris, bietet Camp Laurent Platz für 10 Stellplätze mit 6 Stromanschlüssen. Man überblickt den Fluss und das Tal, ansonsten beherrschen Schmetterlinge, Kaninchen und gelegentlich Rehe das Bild.

Die Sanitäranlagen sind mehr als ausreichend: Nasszellen mit warmen Duschen, moderne Toiletten, Waschküche und eine Spüle neben der 200 Jahre alten Scheune. Da der Fluss direkt vor der Tür fließt, wäre es verzeihlich, den neuen Pool zu vernachlässigen, der aber genau das Richtige ist, um sich in Frankreichs zweitsonnigster Region abzukühlen.

Mit 400 Meter Flussufer ist der Platz ideal, um Forellen, Karpfen, Hechte, Barsche und Aale zu angeln. Eine gemütliche Kanutour oder eine Fahrt mit einem der zahlreichen Vergnügungsboote sind eine tolle Möglichkeit, die idyllischen umliegenden Städte und Dörfer zu erkunden. Man begegnet so berühmten Namen wie Angoulême und Cognac. Einigen Sie sich nur vorher, wer auf der Rückfahrt die Rolle des Skippers übernimmt.

COOL-FAKTOR: Idyllischer Campingplatz direkt am Fluss in einem relativ unbekannten Teil Frankreichs – nur für Erwachsene.

KOSTEN: Stellplatz € 25 pro Nacht für 2 Personen (€ 20 ohne Strom). Jede weitere Person (höchstens 4 pro Stellplatz) zahlt € 5.

AUSSTATTUNG: 10 Stellplätze. Swimmingpool. Stromanschlüsse. Moderne Sanitäranlage mit warmen Duschen, Spüle, Waschmaschine.

ESSEN UND TRINKEN: Das nächste Restaurant ist Le Marronnier (0033 545 306 853) in Saint-Laurent-de-Céris, etwa 4 km entfernt. Auch in den zahlreichen Dörfern der Umgebung ist das authentisch-französische kulinarische Erlebnis garantiert. Diverse große Supermärkte gibt es in Roumazières-Loubert und Confolens. Mit dem Auto etwa 40 Min. entfernt liegt Angoulême, die Hauptstadt der Region, mit einem vielseitigen Angebot trendiger Lokale. La Ruelle (0033 545 951 519, laruelle-angouleme.fr) ist ein exzentrisch eingerichtetes Restaurant in einer ehemaligen Lagerhalle für modern angehauchte, raffinierte französische Küche.

AKTIVITÄTEN: Jede Menge Wander- und Radwege in der Umgebung, darunter die Route 48, direkt vor der Tür. Die Charente bietet Aktivitäten wie Kanufahren, Angeln oder eine gemütliche Fahrt mit dem Ausflugsdampfer. Ebenso viel Spaß hat man an den Lacs de Haute Charente und an der Vienne, wo es sogar einen Strand gibt. Jedes Jahr im August findet in der geschichtsträchtigen Stadt Confolens ein 5-tägiges Weltmusikfestival statt. Auch das Château de Rochechouart (musee-rochechouart.com) lohnt einen Besuch, ebenso wie der interaktive Freizeitpark Futuroscope (futuroscope.com).

LAGE: Von Angoulême nimmt man die N2141 Richtung Norden und fährt dann links auf die D951 nach Saint-Claud. Hinter Saint-Claud links auf die D15 und dann auf die D345 Richtung Norden bis zum Campingplatz.

GEÖFFNET: Mitte Mai bis Ende September.

Camp Laurent, Le Fournet, Saint-Laurent-de-Céris, Charente 16450, Frankreich

t 0033 602 223 715   w www.camp-laurent.com

tipis in folbeix

Nicht weit von hier, im Osten, liegt die Kleinstadt Treignat, die von sich behauptet, die geografische Mitte Frankreichs zu sein. Allerdings gibt es Dutzende anderer Dörfer, Felder und Hügel, die dasselbe von sich sagen. Denn die Berechnung der geografischen Mitte Frankreichs ist kompliziert und hängt ganz davon ab, wie man die Grenzen Frankreichs definiert, ob man beispielweise Korsika dazuzählt oder nicht. Jedenfalls befindet man sich unbestreitbar im Herzen Frankreichs, wenn man in einem der Tipis von Nigel und Sheila Harding in Folbeix übernachtet.

Jahrhundertelang war diese Gegend so düster und dichtbewachsen, dass Straßen, Handel und moderne Entwicklungen buchstäblich daran vorbeigingen. Seit den Römern hatte sich niemand mehr hinein gewagt. Sogar die deutsche Besatzungsmacht war im Zweiten Weltkrieg schlau genug, das undurchdringliche Gebiet zu meiden. Sie sperrten es lediglich ab, sodass niemand hinein oder heraus konnte, obwohl einige tapfere Briten, die mit Fallschirmen über einem Feld abgesprungen waren, trotzdem versuchten, Kontakt mit der Résistance aufzunehmen. Was daraus wurde, ist nicht ganz klar, doch Nigel fand einen alten Revolver auf dem Dachboden vom Bauernhaus, also wollten sie wohl nicht nur im Wald spazieren gehen oder den Käse aus der Region probieren.

Als die erste Auflage von *Cool Camping Frankreich* erschien, hatte der Platz gerade seine erste Saison hinter sich, und Nigel stand quasi noch mit dem Hammer auf der Leiter. Jetzt ist alles fertig und noch beeindruckender geworden.

Neben dem efeuberankten Bilderbuch-Bauernhaus stehen in einem Waldstück die sechs Tipis für bis zu fünf Personen (zwei Erwachsene und drei Kinder), wobei eines der Tipis, das am weitesten von den anderen entfernt steht, für Pärchen reserviert ist. So bezaubernd ist dieser Ort, dass er sich bei Familien zu einem Hit gemausert hat. Die natürlichen Grenzen machen ihn perfekt für Kinder, die sich hier mal so richtig austoben und schmutzig machen können. Wer Cowboy und Indianer spielen möchte, bekommt von Nigel sogar Pfeil und Bogen. Außerdem unternimmt er mit den Kids aufregende Nachtwanderungen durch den dunklen Wald.

Trotz der vorrangigen Ausrichtung auf Familien ist der Platz weiterhin ein Vorreiter in Sachen Umweltbewusstsein. Sonnenenergie und Kerzen sorgen für Licht, Abfälle werden kompostiert und recycelt und, wenn möglich, biologisch abbaubare Produkte verwendet. Derweil kümmert sich Sheila ums Tagesmenü und serviert in der restaurierten Scheune ein Spitzenabendessen. Und seien Sie darauf vorbereitet, dass sie Ihnen zusätzlich zu dem Drei-Gänge-Menü mit

Wein und fantastischer Käseauswahl auch noch einen ihrer selbstgemachten Schnäpse anbietet. Besonders beliebt sind Erdbeer- und Walnussschnaps, der laut Sheila schmeckt wie Weihnachten im Glas. Könnte man die Essenz eines fantastischen Campingplatzes in einen einzigen Schnaps destillieren, würde er jedenfalls so schmecken.

COOL-FAKTOR: Naturnähe, Abgeschiedenheit und nachhaltige Lebensweise in einer wunderschönen Waldlandschaft.
KOSTEN: 3 Nächte je nach Saison ca. € 135/170/225 oder € 270/350/435 pro Woche. Die Preise gelten für 2 Erwachsene. Kinder zahlen € 5 pro Nacht oder € 30 pro Woche. Frühstück inklusive.
AUSSTATTUNG: Bettwäsche ist inbegriffen, Handtücher muss man mitbringen. Es gibt getrennte Waschräume für Männer und Frauen, außerdem eine praktische Küche und einen Gemeinschaftsraum in der restaurierten Scheune. Außerdem gibt es einen Entspannungsraum mit gemütlichen Sesseln und Kissen. Im Garten wachsen Kräuter, die man pflücken darf, und im Haus bekommt man Marmeladen, Chutneys und selbstgebrautes Bier. Es gibt zwei Feuerstellen und Grillkuhlen aus Stein. Verleih von Mountainbikes und Kanus. Spiele stehen umsonst zur Verfügung.
ESSEN UND TRINKEN: Hier ist vor allem Selbstversorgung mit regionalen Produkten angesagt. Was man dafür braucht, bekommt man auf dem Wochenmarkt, der freitags in Châtelus-Malvaleix stattfindet, wo es auch einen Metzger und einen Bäcker gibt. Zum Ausgehen empfiehlt sich La Bonne Auberge in Nouzerines. Oder man isst Sheilas Tagesmenü (freitags und sonntags; € 15 für Erwachsene und € 10 für Kinder ab 3). Weiter weg gibt es im mittelalterlichen Teil von Montluçon jede Menge Restaurants, besonders in der Rue Grande, die zur Burg hinauf führt. Wir empfehlen L'Eau à la Bouche (0033 470 038 292), dessen Besitzer auch eine schlüpfrige Cabaret-Revue-Bar namens Le Royal Avenue führt. Immerhin ist sie billiger als das Moulin Rouge.
AKTIVITÄTEN: Flusspferd am Schlammloch spielen.
LAGE: Im Limousin, 100 km nordöstlich von Limoges, an der D990 bei Folbeix zwischen Châtelus-Malvaleix und Ladapeyre.
ÖFFENTLICHE VERKEHRSMITTEL: Mit dem Zug bis Guéret, von dort werden Sie nach Vereinbarung abgeholt.
GEÖFFNET: Mai bis September.

Vacances de Tipi en France, Folbeix, 23270 Ladapeyre, Frankreich
t 0033 555 809 026 w www.vacanesdetipienfrance.com

les ormes

Sie schaffen es dieses Jahr nicht nach Afrika? Dann nehmen Sie doch ersatzweise Les Ormes. 2003 machten zwei holländische Paare eine Marktlücke aus, schmissen ihre Bürojobs hin und importierten Wüstenzelte aus Südafrika für ihr soeben erworbenes Grundstück im Département Lot-et-Garonne in Aquitanien. *Jenseits von Afrika* trifft Ibiza-Schick in diesem Ausbund an gutem Geschmack. Einen stylischeren Campingplatz kann man sich schwerlich vorstellen, doch lassen Sie sich von der coolen Bar mit glänzenden Chromhähnen, den grauen Tischen, dem Ben-and-Jerry's-Kühlschrank und der grünen Piazza nicht täuschen. Abgesehen von den Luxuszelten, gibt es 100 tolle Stellplätze für Zelte zum traditionellen Campen auf schattigen Wiesen.

Wer mag, kann natürlich ein bisschen in Glamping schwelgen, und wer könnte es Ihnen verübeln, bei der Auswahl an 25 Safarizelten, alle individuell eingerichtet, versteckt im Wald gelegen, und einsam genug, um sich Robert-Redford-und-Meryl-Streep-Fantasien hinzugeben.

In einem Ulmenwald (*Orme* ist das französische Wort für Ulme), der mit etwas Fantasie einem kongolesischen Dschungel gleicht, haben die Betreiber 25 Zelte großzügig verteilt. Es gibt 4 verschiedene Modelle: das Modell »Gibson« hat eine große überdachte Veranda und in einigen Fällen ein zusätzliches Baumhaus für Kinder; »Takla Makan« ist ein Zelt für 2 Personen mit getrenntem Schlaf- und Wohnbereich; von den »Mojave«-Zelten wiederum hat man einen herrlichen Talblick. Auf einer kleinen Erhebung neben dem Restaurant sind Hängematten zwischen den Bäumen gespannt, damit man die spektakulären Sonnengänge voll auskosten kann. Die Camper sind meist so um die 40, die Atmosphäre ist locker. Vielleicht hat das etwas mit der chilligen Musik zu tun, die zusammen mit dem Duft nach gegrilltem Essen herüberweht. Der Platz hat so viel zu bieten, dass man ihn eigentlich nie verlassen muss. Nach einem pseudo-afrikanischen Sonnenaufgang und köstlichem Frühstück im wolkenweißen Café kann man Tennis oder Volleyball spielen, am Teich angeln oder einen Abstecher zum Streichelzoo machen ... okay, das ist jetzt ein bisschen dick aufgetragen. Dabei habe ich noch nicht einmal den Granit-Swimmingpool erwähnt, mit dem hippen silbernen Bus, der als Snackbar dient.

Kinder sind hier in ihrem Element, vielleicht weil der Platz riesig, aber sicher ist, sodass die Eltern sich entspannen können. Außer einem Kinderschwimmbecken gibt es Schaukeln und Klettergerüste und einen alten Ulmenwald – von dem der Platz seinen Namen bezieht – zum Durchstreifen. Es gibt sogar ein extra Restaurant für Kinder, wo diese unbehelligt mit ihren neuen Kumpels essen können. Und zu allem Überfluss gibt es auch noch eine schicke Boutique, wo man Schmuck und Pashminas kaufen kann, falls einem romantisch zumute wird oder man den Geburtstag seiner besseren Hälfte vergessen hat.

Ja, wenn Carlsberg Campingplätze machen würde, sähen sie wahrscheinlich ungefähr so aus. Für einen Haufen holländischer Traveller, die sich auf ihren Reisen durch Indonesien und Fernost kennengelernt haben, ist Camping les Ormes eine reife Leistung – ein herrlicher Ort, der die Messlatte für Service und Design hoch legt.

COOL-FAKTOR: Mit seinem lässigen Ambiente, der hochwertigen Ausstattung und generellen Extravaganz definiert Les Ormes Camping neu.
KOSTEN: Stellplatz und Pkw: € 12, Personen ab 8 Jahren € 8, Kinder unter 8 Jahren € 4,50. Safarizelte je nach Modell zwischen € 300–€ 475 pro Woche (Mai/Juni), € 660–€ 1000 (Juli/August).
AUSSTATTUNG: Es gibt alles, was man braucht: Restaurant, Rezeption, Tennisplatz, Tischtennisplatten, Boulebahn, See mit Angelmöglichkeit, Streichelzoo, Pool mit Liegeterrasse und Poolbar und in der Nähe einen 18-Loch-Golfplatz.

ESSEN UND TRINKEN: Étincelles (0033 553 740 879, gentilhommiere-etincelles.com) im nahegelegenen Dorf Sainte-Sabine-Born hat einen Michelin-Stern und wird für seine authentisch französische Küche gerühmt. Aber ehrlich gesagt hat das Restaurant vor Ort eine ausgezeichnete Karte, und im Grunde kann man genauso gut dort essen.
AKTIVITÄTEN: In der Nähe gibt es eine Reihe mittelalterlicher Dörfer (bastides), darunter Villeréal, Monflaquin und Monpazier, alle typisch französisch mit ihren Dorfplätzen und Wochenmärkten. Im August besinnt man sich beim

Kostümfest des Vallée du Dropt (medieval.dropt.org) seiner mittelalterlichen Vergangenheit. Wer an einer Weinverkostung in schöner, historischer Kulisse interessiert ist, probiert den süßen Weißwein des Château de Monbazillac (0033 553 636 500, www.chateau-monbazillac.com). Außerdem gibt es neben dem Campingplatz einen 18-Loch-Golfplatz.
LAGE: Im Département Lot-et-Garonne, etwa 40 km südwestlich von Bergerac bei Saint-Étienne-de-Villeréal (von dort aus ist der Zeltplatz ausgeschildert).
GEÖFFNET: Anfang Mai bis Mitte September

Camping Les Ormes, 47210 Saint-Étienne-de-Villeréal, Frankreich

t 0033 553 366 026   w www.la-parenthese-camping-les-ormes.com

camping fans

Um es mit Björk zu sagen: »It's, oh, so quiet.« Ja, wir befinden uns im Herzen des Aveyron, eines der größten, bevölkerungsärmsten – und schönsten – Départements Frankreichs. Dennoch begegnet man hier kaum einer Menschenseele. Dabei ist Hochsaison. Eine Zeit, in der die Straßen in den meisten Touristenhochburgen verstopft sind und die Tische in den Cafés von hungrigen Horden belagert.

In Belcastel jedoch genießt man ein Stück Frankreich, das vom Massentourismus ganz unbeleckt ist. Die legendenumwobene mittelalterliche Siedlung mit nur 200 Einwohnern liegt am friedlichen Ufer des Aveyron. Die Burg aus dem 11. Jahrhundert und die Kopfsteinpflasterstraßen mit den alten Häuschen schmiegen sich an bewaldete Hänge. Es leuchtet sofort ein, warum das Dorf offiziell zu einem der schönsten Frankreichs gewählt wurde.

Von Belcastel ein Stück die Straße hinunter, im idyllischen Weiler desselben Namens, liegt inmitten friedlicher Flussauen Camping Fans. Der malerische, familienfreundliche Campingplatz ist der ganze Stolz seiner wunderbaren Betreiber Pieter und Marcelline Quartero. Eigentlich ist es die Geschichte zweier Campingplätze: *Aire Naturelle* richtet sich an das Gros der Camper, während *The Secret Valley* mit nur 8 Stellplätzen, darunter auch voll ausgestattete Baumwollzelte, abgeschieden zwischen den bewaldeten Hängen des Tals liegt. Die Stellplätze als großzügig zu bezeichnen wäre noch untertrieben – die Größe beträgt zwischen 200 und 350 Quadratmetern. Selbst mitten im Sommer fühlt es sich hier nie voll an.

Die Hauptattraktion ist jedoch unbestreitbar der Fluss. Das langsam fließende Gewässer ist sicher für alle Kinder, die einigermaßen schwimmen können, und es gibt einen Sandstrand. Im Hochsommer steht ein stetiger Strom sonnenverbrannter Camper Schlange, um vom Steg ins erfrischende Wasser des friedlichen Aveyron zu springen. Und der Fluss strotzt vor Tieren: Reiher, Biber, Forellen und köstlicher *Écrivisse* (oder Flusskrebs) – die perfekte Beilage für einen Sommersalat.

Das Leben spielt sich hier in einem angenehm trägen Tempo ab. Man verzichtet auf Animation für Kinder (»wir glauben, Kinder können sich sehr viel besser selbst beschäftigen als wir Erwachsene«), und Pieter und Marcelline legen großen Wert auf ihre tägliche Mittagsruhe. In der Hauptsaison liefert die *Boulangerie* aus dem Dorf jeden Morgen frisches Brot und Croissants – die perfekte Beilage zu dem ausgezeichneten Kaffee, den es im Gemeinschaftsraum in der Scheune gibt.

Camping Fans – der Name ist Programm! Pieter und Marcelline wissen genau, was Camper von einem Aveyron-Urlaub erwarten.

FRANKREICH camping fans

COOL-FAKTOR: Camping am Fluss in der unberührten Natur des Département Aveyron.

KOSTEN: € 5,50 pro Zeltstellplatz. Kleines Zusatzzelt € 2,75. Erwachsene € 6, Kinder unter 9 € 3. Strom € 2,50.

AUSSTATTUNG: 33 Stellplätze, verteilt auf 2 aneinander grenzende Plätze (The Secret Valley und Aire Naturelle). Im Secret Valley gibt es keinen Strom, Aire Naturelle hat 17 Anschlüsse (2 Ampere). Sanitäranlagen mit Duschen. Kühlschrank und Waschmaschine vorhanden. Kostenloses WLAN im Café in der kleinen Scheune. The Secret Valley bietet außerdem 2 voll ausgestattete Baumwollzelte (für je 4 Personen).

ESSEN UND TRINKEN: In der Hauptsaison frisches Brot und Croissants. 2-mal pro Woche gibt es selbst gekochte Gerichte. In Rignac gibt es jeden Dienstag einen kleinen Markt. Man kann sich auch im Dorf Pizza bestellen. Das Hotelrestaurant Du Vieux Port in Belcastel (0033 565 645 229, hotelbelcastel.com) bietet einen atemberaubenden Blick und feine französische Küche. Wenn es ein bisschen bescheidener sein soll, gibt es auf der herrlichen Terrasse des Chez Anna (0033 565 639 561) einfache, aber leckere Gerichte. Das berühmte Weinanbaugebiet Marcillac liegt nur 20 km nordwestlich von Rignac. Man sollte an einem Sonntagmorgen zum Markt hinfahren, eine schöne Flasche Rotwein kaufen und diese zur örtlichen Spezialität *Tripou* (gefüllte Schafskutteln) genießen.

AKTIVITÄTEN: Aveyron ist ein Traum für Outdoor-Fans. Es gibt einen Kanuverleih (nur eine Stunde von Camping Fans entfernt) und jede Menge schöne Wanderrouten, z. B. die Grande Randonnée 62B, die direkt am Platz vorbeiführt. Das bezaubernde Dorf Belcastel ist nur einen Katzensprung entfernt. Jeden Freitagabend findet dort der *Marché nocturne* statt mit unzähligen Buden zum Essen, Trinken und Feiern. In Villefranche-de-Rouergue gibt es jeden Donnerstag einen Markt. Im bezaubernden alten Rodez ist samstags Markt. Das stimmungsvolle mittelalterliche Dorf Peyrus-le-Roc mit Burgruine lohnt ebenfalls einen Besuch. Eine gute Stunde entfernt liegt am Tarn die Stadt Albi mit seiner zum UNESCO-Kulturwelterbe ernannten Kathedrale und dem bekannten Musée Toulouse Lautrec (muséetoulouselautrec.net).

LAGE: Auf der A75 von Paris kommend, folgt man den Schildern nach Clermont-Ferrand. Weiter in Richtung Montpellier und bei Sévérac-le-Château abfahren. Dann auf der N88 den Schildern nach Rodez folgen, und dann bei allen Kreisverkehren Richtung Mantauban. Nach knapp einer halben Stunde kommt man an einen Kreisverkehr namens Giratoire de Rignac-Centre. Dort links auf die D997 Richtung Colombiès und Belcastel (nicht nach Rignac reinfahren). Nach etwa 5 km erreicht man Le Pont Neuf. Kurz vor der Brücke sieht man eine schmale Straße, die scharf rechts abgeht, mit Schildern nach Fans bzw. Camping de Fans.

ÖFFENTLICHE VERKEHRSMITTEL: Der nächste Bahnhof ist in Rodez oder Villefranche-de-Rouergue. Allerdings gibt es in dieser Region praktisch keine öffentlichen Verkehrsmittel, und Taxis sind folglich recht teuer. Man sollte also unbedingt mit dem Auto anreisen.

GEÖFFNET: Anfang Mai bis Ende September

Camping Fans, Lieudit Fans, 12390 Rignac, Frankreich

| t | 0033 565 644 956 | w | www.camping-fans.com |

camping fans FRANKREICH

domaine de pradines

Wer Campingplätze mit einer ordentlichen Prise Geschichte mag, sollte Domaine de Pradines ausprobieren. Es ist amtlich dokumentiert, dass der Platz einst einem gewissen Monsieur Cambacères gehörte, ein hoher Amtsträger in Napoleons Regierung. Angeblich soll Napoleon sogar hier übernachtet haben, weshalb Cambacères als Willkommensgeste einige Bäume im Umriss des Reichsadlers pflanzen ließ. Nicht beeindruckt? Nun, die Architektur beweist, dass der Platz mindestens bis zu den Tempelrittern zurückreicht. Immer noch nicht genug? Na gut – wie wär's mit dem Fund einer römischen Münze aus dem 4. Jahrhundert v. Chr. auf dem Gelände?

Heute befindet sich der Campingplatz in den kompetenten Händen von Virginie (aus Frankreich) und George (aus Schottland), die ihn seit 2006 gemeinsam mit ihren Familien betreiben. Gelegen zwischen dem Parc National des Cévennes und dem Parc Régional des Grands Causses, bietet Pradines turkmenische Jurten, einige Häuschen aus dem 13. Jahrhundert, Holzhütten und 150 Hektar weitgehend unberührte Natur.

Camper können einen der riesigen Stellplätze um die Peripherie des Feldes wählen oder sich irgendwo im Wald verlieren. So oder so ist es unwahrscheinlich, dass man von seinen Nachbarn gestört wird, es sei denn, sie benutzen ein Megaphon. Die etwas herbe Atmosphäre mag nicht jedermanns Sache sein, doch für Naturliebhaber, denen der Sinn nach Abenteuer steht, ist es perfekt. Und ganz so spröde ist es hier auch wieder nicht – zu den Annehmlichkeiten gehören Duschen in einem charmanten alten Steingemäuer, ein Kinderspielplatz, ein Pool, ein Restaurant, eine Rezeption mit gut sortiertem Laden – und bei Bedarf gibt es sogar WLAN.

Der Fokus liegt jedoch woanders – eine unvergessliche Wanderung beispielsweise oder für Adrenalin-Junkies eine Floßfahrt durch eine der nahen Schluchten (Tarn, Jonte und Dourbie) und andere Outdoor-Aktivitäten wie Klettern, Kajakfahren, Rafting, Canyoning und sogar Paragliding, wenn man die Gegend aus der Vogelperspektive sehen möchte. Oder man erkundet ganz in der Nähe Wälder, Granitberge, fantastische Höhlen und charmante Orte wie Meyrueis oder Millau, Heimat des grandiosen Viadukts von Millau, der höchsten Brücke der Welt.

Und dann ist da noch das ausgedehnte Gelände des Campingplatzes, wo man Wildblumen (darunter diverse seltene Orchideen), Vögel und Schmetterlinge entdecken kann. Vielleicht finden Sie ja etwas, das noch älter ist als die Münze aus dem 4. Jahrhundert v. Chr. Vielleicht den Fußabdruck eines Dinosauriers?

FRANKREICH — domaine de pradines

COOL-FAKTOR: Campen in gefühlter Wildnis inmitten zweier toller Nationalparks.

KOSTEN: Zelte: 2 Erwachsene € 12 – € 16 (Strom € 3). Große Jurten (für 4 Personen) € 350 – € 550 pro Woche. Kleine Jurte (für 2 Personen) € 170 – € 280 pro Woche. Rundzelte (für 4 Personen) € 55 pro Nacht, in der Hauptsaison mindestens 3 Nächte. Auch Häuschen und Blockhütten (für bis zu 6 Personen).

AUSSTATTUNG: 3 Gemeinschaftsgrillplätze, 50 riesige Stellplätze. Zur Sanitäranlage gehören 2 kalte und 9 warme Duschen (eine davon behindertengerecht), Waschbecken, Spülbecken, Waschmaschine und Trockner. Schwimm- und Planschbecken, 2 Tennisplätze, Boules-Platz, Spielplatz. Laden, WLAN, Volleyball- und Badmintonplätze. Lagerfeuer verboten.

ESSEN UND TRINKEN: Das platzeigene Restaurant in einem alten Gemäuer mit beeindruckendem Deckengewölbe (eine ehemalige Templerkapelle) und netter Terrasse ist im Juli und im August geöffnet. Der kleine Laden hat täglich frisches Brot. In Lanuéjols gibt es ein familiäres Hotel-Restaurant mit Bar – Hôtel Bel Air (0033 467 827 278). In Meyrueis ist im Sommer viel los: Wochenmarkt, Läden, diverse Cafés, Restaurants und Bars. Empfehlenswert sind die Ferme Auberge de la Tindelle (0033 565 591 839) oder das wunderbare Lou Puech in Saint-André-de-Vézines mit ausgezeichneter, deftiger Küche.

AKTIVITÄTEN: Da sind die Grotte de Dargilan (grotte-dargilan.com) sowie die Höhlen, wo der Roquefort-Käse hergestellt wird (visite-roquefort-societe.com). Das Micropolis Insectarium (micropolis-aveyron.com) wird Fans von Krabbelgetier begeistern. Fremyc (0033 658 134 848) in Meyrueis veranstaltet Rafting, Kanufahrten, Wanderungen, Radtouren und Höhlenerkundungen. Airzone Parapente (0033 660 847 623, parapentemillau.com) organisiert Tandem-Paragliding über Millau und den Grands Causses. Randals Bison (0033 467 827 374, randals-bison.com) bietet Cowboyreiten auf seiner Bison-Farm an.

LAGE: Pradines liegt 35 km östlich von Millau. Von Millau aus nimmt man die D991 Richtung La Roque-Sainte-Marguerite und dann die D41 Richtung Lanuéjols. Pradines liegt 4 km außerhalb des Dorfes.

GEÖFFNET: Anfang Juni bis Mitte September. Je nach Wetter manchmal auch schon im Mai. Jurten können von Mitte April bis Mitte Oktober gemietet werden, Häuschen und Blockhütten ganzjährig.

Domaine de Pradines, Route de Millau, 30750 Lanuéjols, Frankreich

t 0033 5467 827 385 | w www.domaine-de-pradines.com

domaine de pradines FRANKREICH

FRANKREICH

cosycamp

Man stelle sich folgende Szene vor: ein französischer Sommerabend, Sonnenuntergang, der intensive Duft wilder Kräuter und Blumen in der Luft, ein Glas gekühlter Chenin Blanc in der Hand und das leise Plätschern der nahen Loire als Untermalung dieser idyllischen Szene. Dazu eine Auswahl skurriler Unterkünfte neben traditionellem Camping – und fertig ist der superluxuriöse Campingplatz.

Le CosyCamp eröffnete im Mai 2013 und hat sich zu einem der besten Ökoplätze im Loire-Tal gemausert. Er liegt traumhaft – direkt am Fluss im malerischen Dorf Chamalières-sur-Loire, einem geschichtsträchtigen Ort mit romanischer Kirche aus dem 12. Jahrhundert. Die friedlichen Dörfer, die das üppige Tal schmücken, sind von Hochebenen und Felsschluchten umgeben, die Spaziergänger und Outdoor-Freaks anziehen. Man kann durch die unberührte Natur wandern, Rad fahren oder klettern. Auskünfte über Routen und Preise erhält man an der Rezeption.

Man kann zwischen Safari- und kanadischen Zelten, Zigeunerwagen und Baumhäusern wählen, doch Hauptattraktion ist die wundervolle Umgebung. Der Platz ist von den aufmerksamen Betreibern ganz auf Erholung ausgerichtet worden. Von den verschiedenen Gärten (Blumen, Gemüse, Obst, ein Irrgarten und sogar ein »Aromagarten«) bis zu den Vogelschutzgebieten und dem »Wellness-Center« – ein Aufenthalt im CosyCamp lädt Ihre Batterien garantiert wieder auf.

COOL-FAKTOR: Campen direkt am Ufer der geschichtsträchtigen Loire.
KOSTEN: Einfacher Zelt-Stellplatz + 2 Personen € 15,50–€ 27, zusätzlicher Erwachsener € 3–€ 4, zusätzliches Kind (3–6 Jahre) € 2–€ 3. Safarizelte ab ca. € 245 pro Woche, Zigeunerwagen ab € 335 pro Woche, Hütten ab € 400 pro Woche.
AUSSTATTUNG: 63 Stellplätze, 1 Zigeunerwagen, 2 Baumhäuser, 10 Safari-Lodges, 10 kanadische Zelte und 5 Hütten. 2 Dusch- und Toilettengebäude. Waschküche, Wickeltische, Stromanschluss. Beheizter Swimmingpool und Planschbecken. Angelausrüstung kann geliehen werden. Abends Lagerfeuer im ausgewiesenen Bereich.
ESSEN UND TRINKEN: Die Snackbar vor Ort bietet schlichte regionale Gerichte, wenn möglich Bio und Fairtrade. Außerdem gibt es jeden Abend eine Tageskarte und Events wie »Pfannkuchen-Partys« und Burger vom Grill. Frühstück und Picknicks können auf Wunsch organisiert werden. In der Gegend gibt es viele Läden, die im Sommer auch abends geöffnet haben, was das Einkaufen erleichtert. In Chamalières-sur-Loire gibt es 3 Bars und Restaurants, darunter das ausgezeichnete Le Cham's (0033 4 71 037 144, le-chams.fr) mit einer Auswahl preisgünstiger Gerichte.
AKTIVITÄTEN: Für Unerschrockene gibt es 19 km entfernt in Pertuis die Via Ferrata des Juscles. Les Ravins de Corbœuf, auch »Le Petit Colorado de Auvergne« genannt, sind eine geologische Kuriosität bunter Erdschichten. Außerdem gibt es 17 km entfernt den Vergnügungspark Le Neyrial Yssingeaux (0033 471 590 462, leneyrial.com) mit Quads, Trampolinen, Minigolf, Bogenschießen u.v.m.
LAGE: Von Le Puy-en-Velay auf der N88 nach Norden Richtung Saint-Etienne. Von Yssingeaux links auf die D103, die Straße an der Loire, bis nach Retournac. Dann über die Brücke und rechts nach Chamalières-sur-Loire.
ÖFFENTLICHE VERKEHRSMITTEL: Der Bahnhof von Chamalières-sur-Loire liegt nur 300 m vom Campingplatz entfernt.
GEÖFFNET: Anfang März bis Anfang Oktober.

CosyCamp, Les Ribes, 43800 Chamalières-sur-Loire, Frankreich
t 0033 471 039 112   w www.cosycamp.com

FRANKREICH

le grand bois

Wenn man durch die Bäume dieses Waldstücks im Naturschutzgebiet späht, erblickt man eine Gruppe riesiger Safarizelte. Die Siedlung aus robusten Zelten auf Holzdecks im Wald hinter einem Gasthof aus dem 18. Jahrhundert – mitten in der Kalksteinkulisse des Park Régional du Vercors – hebt Glamping auf ein neues Level. Diese Konstruktionen sind einfach riesig. Man vertritt sich schon die Beine, wenn man nur ein Glas Wasser holt, und Familien können sich den ganzen Tag darin aufhalten, ohne dass ihnen die Decke auf den Kopf fällt. Nachdem man sich entschieden hat, ob man eine überdachte oder nicht überdachte Veranda bevorzugt, schlägt man die Zeltklappen zur Seite und betritt den offenen Raum mit Doppel- und Etagenbetten und richtigen Schränken. Durch den offenen Eingang blickt man in den Urwald. Wer es billiger haben möchte, bucht ein Tunnelzelt für bis zu 5 Personen mit Vordach, Bettzeug, Handtüchern und Gasofen oder schlägt sein Zelt auf der Campingwiese in der Nähe von Pool, Snackbar, Restaurantterrasse und Waschblock auf. Sobald man sich akklimatisiert hat, kann man den Park erkunden – zu Fuß oder mit dem Fahrrad oder Motorrad. Ansonsten genießen Sie einfach Ihr Haus im Wald – es ist zu schön, um es zu lange allein zu lassen.

COOL-FAKTOR: Hebt Campen im Wald auf ein neues Level!
KOSTEN: 2 Erwachsene mit Zelt € 19, Kinder (2–7 Jahre) € 6, zusätzliche Erwachsene € 8. Safarizelte € 350 – € 770 pro Woche, € 50 – € 75 pro Nacht (nicht im Juli/August). Strom €3,50. B&B € 55 – € 85. Ferienwohnung € 560 – € 725 pro Woche, € 85 pro Tag. Tagesmenü € 25.
AUSSTATTUNG: 40 Stellplätze mit Strom für Zelte, Wohnwagen und Wohnmobile, einige auf der sonnigen Wiese, die meisten aber im Wald. Le Grand Bois bietet 10 voll ausgestattete Luxus-Safarizelte an. Swimmingpool, Spielplatz, Volleyball, WLAN und Brot-Service. Bar 16.00–22.00 Uhr. Grillen und Lagerfeuer verboten.
ESSEN UND TRINKEN: Es gibt ein Tagesmenü, Pizza und Frühstück. Gefüllte Ravioli sind die Spezialität der Gegend, und zum Probieren bietet sich die Auberge de l'Estang (0033 475 760 570, l'aubergedelestang.fr) in Saoû an.
AKTIVITÄTEN: Man kann sich mit dem Mountainbike an Mont Ventoux und Vercors wagen, berüchtigte Auffahrten der Tour de France.
LAGE: Von der A7 nimmt man die Ausfahrt 18 nach Montélimar Sud und folgt der D540 nach Dieulefit und Bordeaux. Dann folgt man den Schildern nach Vers Pascalin und Le Grand Bois auf die D233. Bis zum Campingplatz sind es 250 m.
ÖFFENTLICHE VERKEHRSMITTEL: TGV nach Valence oder Montélimar, dann den Zug nach Crest oder den Bus nach Dieulefit nehmen.
GEÖFFNET: Anfang Mai bis Mitte September.

Le Grand Bois, Col de Boutière, D233, 26460 Le Poët-Célard, Frankreich
t | 0033 475 533 372 | w | www.legrandbois.de

camping du brec

Die französischen Alpen gehören zu den ehrfurchteinflößendsten Landschaften Europas, und die Seealpen im südöstlichsten Winkel des Landes sind ein unvergesslicher Anblick. Als südlichster Zipfel der mächtigen Gebirgskette erstrecken sie sich über die Grenze zwischen Frankreich und den italienischen Regionen Piemont und Ligurien – eine epische Landschaft mit opulenten, zerklüfteten Bergen und weiten Schluchten, geschmückt mit glitzernden Seen. Inmitten dieser atemberaubenden Kulisse, an einem bezaubernden See, befindet sich in allerbester Lage Camping du Brec.

Geführt von den wunderbaren Betreibern Clare und Eric Rondeau steht Camping du Brec für 3 Hektar Familienidylle. Neben schattigen Stellplätzen für Zelte, Wohnmobile und Wohnwagen (sowie die obligatorischen französischen Camping-Bungalows) bietet der Platz jede Menge Luxus mit erfrischend unkommerziellem Touch. Nachdem man die Serpentinenstraßen geschafft hat, erscheint Camping du Brec bei der Ankunft wie eine Oase – Wasser, Sand und alles, was das Herz begehrt. Das i-Tüpfelchen ist der Privatsee mit Strand zum Schwimmen, Angeln, Kanufahren. Nicht zuletzt die Strandbar macht ihn zum Zentrum des Geschehens.

Als wäre der herrliche See nicht genug, liegt Camping du Brec auch nur wenige Minuten von den tollsten Sehenswürdigkeiten Südostfrankreichs entfernt. Da wären der Nationalpark Mercantour (Heimat von Wildschweinen, Königsadlern und Wölfen), die berauschenden Weinberge und duftenden Lavendelfelder der Provence und die Bilderbuchstadt Entrevaux, deren Zitadelle ein Wunder mittelalterlicher Baukunst ist. Auch die glamouröse Côte d'Azur ist gar nicht so weit (in Sachen Protzigkeit liegen allerdings eine Million Meilen dazwischen).

Das Highlight aber sind die Wunder der Natur: die Gorges de Daluis, der Lac d'Allos … alles ist irgendwie märchenhaft. Und Mutige (oder Draufgänger) können mit dem Fahrrad über den Col de la Bonette fahren, die höchste Straße Europas und Fluch der weltbesten Radfahrer bei der Tour de France.

Und wenn die Sonne über den umliegenden Bergen untergeht und man sich bei einem Bier auf der Seeterrasse entspannt, während die glitzernden Sonnenstrahlen auf den sanften Wellen tanzen, ist man froh, sich über die kurvenreichen Alpenstraßen herbemüht zu haben.

FRANKREICH camping du brec

COOL-FAKTOR: Campingparadies für Familien in den Seealpen mit eigenem Strand am See.
KOSTEN: € 8,10 pro Stellplatz pro Nacht. Erwachsene € 5,10, Kinder (2 – 13 Jahre) € 3,45, Strom € 1,60 – € 3,25, Kurtaxe € 0,35 pro Person.
AUSSTATTUNG: 88 Stellplätze (alle mit Strom), darunter 76 Stellplätze für Kurzurlauber. 6 separate Bungalows und 6 Stellplätze für Dauercamper. 2 Duschgebäude (das neuere behindertengerecht) mit genug Toiletten, Duschen, Spülbecken und extra Becken zum Wäschewaschen. Wickelraum mit Badewanne und Dusche. Waschmaschine und Trockner (je € 3). Bügelbrett und Bügeleisen an der Rezeption. Service-Station für Wohnmobile/Wohnwagen. Gefriertruhe für Kühlelemente. WLAN auf 80 % des Platzes (€ 1 für 24 h). Computer mit Gratis-Internet. 2 Grills zur allgemeinen Nutzung.

ESSEN UND TRINKEN: Frisches Brot von Ostern bis Ende September. Weniger als 2 km entfernt gibt es einen Supermarkt und vor Ort eine Snackbar mit Blick auf den See. Im Juli und August kommt jeden Montagabend ein Pizzawagen vorbei. In Entrevaux (1,5 km) gibt es diverse Restaurants, z. B. die Auberge du Planet (0033 493 054 960, restaurant-leplanet-entrevaux.fr), die traditionelle französische Küche und Pizza serviert, oder das sehr beliebte La Table d'Angele (0033 492 838 850). Probieren Sie auf jeden Fall *Secca de Bœuf* – die Spezialität von Entrevaux. Die Region ist außerdem berühmt für ihren Apfelsaft – der hervorragend zu dem berühmten süßen *Pain d'Épice* (Ingwerbrot) schmeckt.
AKTIVITÄTEN: Ideale Basis für Outdoor-Aktivitäten aller Art. Base Sport Nature (0033 493 054 118, basesportnature.com) kann Rafting, Tubing, Canyoning und Klettertouren organisieren – Camper bekommen 10 % Rabatt. Entrevaux, eine charmante Stadt aus dem Mittelalter mit alten Stadtmauern, liegt ganz in der Nähe. Und mit dem Auto ist man in einer Stunde im Nationalpark Mercantour (0033 492 812 131, mercantour.eu) mit Gipfeln bis zu 3000 m und dem Lac d'Allos, dem höchsten natürlichen See Europas. Die berühmten Gorges du Verdon sind ebenfalls nur eine Stunde entfernt. Der 14 km lange Sentier Martel folgt dem Verlauf des Verdon durch atemberaubende Kulisse.
LAGE: Von Nizza folgt man der N202 Richtung Digne-les-Bains etwa 75 km bis Entrevaux. Man fährt durch Entrevaux und bleibt noch etwa 4 km auf derselben Straße, bis man den Var überquert. Gleich dahinter biegt man rechts in eine Seitenstraße (ausgeschildert: Camping du Brec), an deren Ende (etwa 2 km) der Platz liegt.
GEÖFFNET: Mitte März bis Mitte Oktober.

Camping du Brec, Le Brec, 04320 Entrevaux, Frankreich
t 0033 493 054 245   w www.camping-dubrec.com

ferme noémie

Bei Bourg-d'Oisans denken viele an Alpe d'Huez, den weltberühmten Skiort, 21 Haarnadelkurven über der trubeligen Stadt. Eifrige Radsportler bekommen wahrscheinlich Herzklopfen, denn für sie sind diese Serpentinen dasselbe wie für Katholiken der Pilgerort Lourdes. Der steile Anstieg ist nichts für Couch-Potatoes: Er kann bis zu 3 Stunden dauern, aber wenn man es geschafft hat, gibt es eine Urkunde, die bezeugt, dass man den ersten alpinen Anstieg der Tour de France (1911) bezwungen hat.

Alpe d'Huez rühmt sich auch der längsten schwarzen Skipiste der Welt: die 16 Kilometer lange »La Sarenne«. Doch so spannend die schneebedeckte Bergkette auch ist, eigentlich sind das Besondere hier die Sommer. Unabhängig davon, ob Sie sich für Radsport interessieren oder nicht, die Tage auf der Wiese am Swimmingpool von Bourg-d'Oisans verstreichen zu lassen, bewirkt Wunder für Körper und Seele. Auf jeden Fall bekommt man eine gesunde Bräune, und Planschbecken und Rutsche beschäftigen die Knirpse über Stunden. Nach einem *Tartifflette* in der Stadt kann man sich auf den 680 Kilometer Wanderwegen des Nationalparks Ecrins – dem größten von Frankreichs sechs Nationalparks – die Kalorien wieder abmarschieren. Von allen Seiten ragen Berge auf, ein Chaos an Gipfeln und Tälern, das für den Campingplatz in Les Sables die Kulisse bildet.

Ferme Noémie hat 21 nummerierte Stellplätze, als Hommage an die 21 Kehren des Anstiegs nach Alpe d'Huez. Die Eigentümer Melanie und Jeremy sind begnadete Skifahrer. Sie haben sich Ende der 80er Jahre bei der Arbeit für einen britischen Veranstalter von Skireisen kennengelernt und sind im Grunde nie wieder in die Heimat zurückgekehrt.

Jeremy ist handwerklich begabt: Die Duschhütte und Loftwohnungen hat er selbst gebaut. Und Melanie ist eine perfekte Gastgeberin. Wenn es in dieser Höhe nachts kalt wird, verteilt sie warme Decken. Die Rezeption quillt über vor Informationsmaterial, außerdem gibt es Kaffeemaschine, Mikrowelle und Kühlschrank. Wenn Ihnen das Bier ausgeht, teilt das Paar gern – niemand soll darben. Sie verschenken sogar ihren selbstgemachten Apfelwein.

Zu den meisten Stellplätzen gehören Plastiktische und -stühle, damit man vor der Kulisse des Nationalparks picknicken kann. Die angrenzende Felswand ist beeindruckend und majestätisch. Wohnwagen müssen rechts von der Auffahrt parken, damit sie die alpine Atmosphäre nicht zerstören.

»Camping für Softies« ist das jüngste Projekt des Paares: Rundzelte mit Betten, Daunendecken, Weingläsern und einem überdachten Herd. Die Idee kam so gut an, dass es jetzt vier dieser Zelte auf dem Platz gibt, gemütlich und cool in Grün und Creme. Es ist nicht schwer, sich hier zu beschäftigen. Wenn nicht Wandern, Radfahren und Schwimmen, dann vielleicht Klettern, Rafting, Kanufahren, Reiten oder sogar Paragliding?

Ob man den Mut dazu aufbringt oder nicht, dieser Campingplatz ist nichts für Faulenzer. Am Ende des Urlaubs ist man topfit und bereit, die 21 Kurven selbst in Angriff zu nehmen.

COOL-FAKTOR: An diesem Platz ist alles toll: der Ort, der Blick, die britischen Besitzer, die frische Luft.
KOSTEN: 2 Erwachsene mit Zelt (oder Wohnwagen oder Wohnmobil) € 22 – € 44. Rundzelte von € 400 – € 450 pro Woche. Strom € 3,50. Bungalow pro Wochenende/Woche € 90 – € 400. Kinder € 2,50. Während der Tour de France können die Preise variieren.
AUSSTATTUNG: 16 Stellplätze plus 4 für Wohnwagen/-mobile. Man parkt neben einem Feld mit grasenden Pferden, die ihren Lebensabend auf dem denkbar schönsten Flecken Erde verbringen dürfen. Das Holzhaus der Besitzer harmoniert mit den Apartments, die sie selbst gebaut haben. 4 Rundzelte, in die bis zu vier Einzelbetten passen, mit Solarlampe, Wasserkessel, Weingläsern und tragbarem Kocher. 2 Bungalows (April bis Oktober) für 6 Personen. 4 Apartments, darunter 1 Loft für 6 Personen mit Kinderbett und Babybadewanne. Ein Waschblock, innen und außen großzügig gestaltet, mit warmen Duschen und behindertengerechtem WC. An der Rezeption gibt es Kaffeemaschine, Kühlschrank, Tiefkühltruhe, Mikrowelle und PC. Frühstücksbrot und Croissants kann man sich in der Hauptsaison bringen lassen. Waschmaschine und Trockner € 4. Spielplatz. Badmintonnetz. Kostenloses WLAN. Gemeinschaftsgrill neben dem Spielplatz. Lagerfeuer verboten.
ESSEN UND TRINKEN: Es lohnt sich ein Abstecher nach Corps-la-Salette ins Hôtel de La Poste (0033 476 300 003), ein verrücktes Art-déco-Restaurant, wie man es eher an einem Filmset erwarten würde. Das 5-Gänge-Menü wird man so schnell nicht vergessen. Drinnen füllt kitschiger Nippes jeden Quadratzentimeter, und die üppigen Platten mit Austern, Canapés, Meeresfrüchten kann man sich auch auf der Terrasse servieren lassen.
AKTIVITÄTEN: Abgesehen von den naheliegenden Outdoor-Aktivitäten kann man mit dem Rad nach Alpe d'Huez fahren, einen 13-km-Anstieg von Bourg-d'Oisans. Fahrräder kann man überall in der Stadt leihen, € 25 für 1 Tag, € 125 für 6 Tage. Außerdem gibt es 18 km entfernt das Domaine de Vizille (0033 476 680 735, www.domaine-vizille.fr) mit einem Museum über die Französische Revolution, gelegen in einem herrlichen Wildpark.
LAGE: Man kommt über die A48, A41 oder A51, die Stadt liegt an der D91/D1091. Kurvenreicher, aber spektakulärer ist die Route Napoléon über Corps-la-Salette.
ÖFFENTLICHE VERKEHRSMITTEL: Von Grenoble und Lyon fahren Busse nach Bourg-d'Oisans (€ 15). Auf Wunsch wird man abgeholt, wenn die Besitzer Zeit haben, sonst nimmt man für die 4 km nach Les Sables ein Taxi.
GEÖFFNET: April bis Oktober.

Ferme Noémi, Chemin Pierre Polycarpe, Les Sables, 38520 Bourg-d'Oisans, Frankreich

| t | 0033 476 110 614 | w | www.fermenoemie.com |

ferme noémie FRANKREICH

le grand champ

Am Fuße des legendären Mont Blanc, überragt vom mächtigen Gipfel des Aiguille du Midi, findet man den Campingplatz Le Grand Champ – eine Entdeckung, die es wirklich in sich hat! Der von Françoise Dudas und ihrer Familie untadelig geführte Platz liegt in 1000 m Höhe und ist rundum von Bergen umgeben.

Wenn man die zerklüfteten, meist schneebedeckten Gipfel betrachtet, die den Horizont beherrschen, wähnt man sich in Shangri-La: einem sagenumwobenen, von der Welt abgeschiedenen glücklichen Tal. Und obwohl das schroffe Gipfelpanorama viel zum Zauber des Orts beiträgt, ist es bei Weitem nicht der einzige Grund, warum Le Grand Champ zu den schönsten Campingplätzen der Alpen zählt.

Auf dem terrassenförmig ansteigenden graswachsenen Gelände sind die Stellplätze durch Bäume, Hecken und Sträucher auf natürliche Weise voneinander abgegrenzt. Das erzeugt ein solches Gefühl von Privatsphäre, dass man vergisst, wie groß das Areal mit seinen fast 100 Stellplätzen für Zelte und Wohnwagen tatsächlich ist. Und dadurch, dass es für größere Gruppen einen eigenen abgetrennten Bereich gibt, wird dieses Gefühl ungestörter Ruhe noch verstärkt.

Françoise und ihre Leute sorgen unermüdlich dafür, dass alles reibungslos funktioniert. Die sanitären Anlagen (3 Häuser mit Duschen, Waschbecken und Behindertentoiletten sowie Waschmaschine und Stromanschlüssen) sind sauber und gepflegt, und für den Fall, dass das Wetter einmal ungemütlich wird, gibt es einen einfachen, aber gemütlichen kleinen Gemeinschaftsraum. An der Rezeption kann man Lebensmittel und andere elementare Dinge kaufen, wenn die Vorräte knapp werden, und rechtzeitig zum Frühstück wird allmorgendlich frisches Brot angeliefert.

Der nächste Supermarkt findet sich im wenige Kilometer entfernten Les Houches, einer aus mehreren kleinen Dörfern bestehenden Gemeinde mit alpinem Charme, einem hervorragenden Skigebiet, einem See sowie einer Burgruine und anderen historischen Sehenswürdigkeiten. Hier ist der Ausgangspunkt für die klassische Wanderroute Tour du Mont Blanc, und Kletterbegeisterte können in der Kletterhalle verschiedene Schwierigkeitsgrade üben.

Chamonix ist mit seinen zahllosen Kneipen, Läden, Freizeitangeboten und Touristenattraktionen weit entfernt von der ruhigen und familiären Atmosphäre des Campingplatzes. Zwar ist die Stadt bestens als Ausgangspunkt geeignet, wenn man die Umgebung kennen lernen möchte, aber bei 40 000 Besuchern, die in der Hauptsaison täglich in das Tal strömen, leidet der majestätische Zauber der Gebirgslandschaft doch erheblich.

FRANKREICH le grand champ

Zwar ist die Gegend vor allem als Skigebiet bekannt, aber sie hat auch für andere Sportbegeisterte vieles zu bieten. Tatsächlich wäre es leichter aufzulisten, was es hier nicht gibt: Man kann wandern, radfahren, wildwasserfahren, kartfahren, golfen, klettern, drachenfliegen, schwimmen, snowboarden – und das ist nur das Entrée. Als Hauptspeise könnten folgen: ein Flug mit dem Heißluftballon, eine Geländetour mit dem Mountainbike, eine Runde Paintball. Und wie wäre es zum Abschluss des Menüs mit einem gemütlichen Helikopterrundflug, einem Wanderritt oder einer Partie Boule? Und wenn Sie sich nach all den Anstrengungen nach einer Erholungspause sehnen, bieten sich in Chamonix auch hierfür jede Menge Möglichkeiten. Sicher gibt es nicht viele Campingplätze, die in einer Landschaft von so atemberaubender Schönheit und trotzdem auch in der Nähe von Kinos, Spielcasinos, Schönheitssalons und Läden aller Art liegen.

Werfen Sie am Ende eines ausgefüllten Tages noch einen Blick auf das schwindelerregende Gipfelpanorama, schließen Sie die Zeltklappe, kuscheln Sie sich in Ihren Schlafsack und werden Sie Mitglied in der Grand-Champ-Variante des Mile High Club – indem Sie in dieser frischesten aller frischen Bergbrisen glücklich einschlummern.

COOL-FAKTOR: Umwerfend schöner Campingplatz am Fuße des Mont Blanc.
KOSTEN: Stellplatz € 6, 1 Person € 5,20, Kinder unter 10 Jahren € 3. Strom € 3.
AUSSTATTUNG: Einfache, aber gepflegte sanitäre Anlagen und ein kleiner Laden.
ESSEN UND TRINKEN: Vor Ort sind Grundnahrungsmittel erhältlich, morgens auch frisches Brot und Croissants, doch da es in unmittelbarer Umgebung keine Läden gibt, deckt man sich am besten in Chamonix mit Vorräten ein (dort gibt es in der Rue Joseph Vallot einen Supermarkt) oder man geht gleich dort essen. Relativ preiswert kommt man in Mojo's Sandwich Café am Place Jacques Balmat davon, wo man draußen sitzen kann. Das etwas teurere Munchies, eine Institution in Chamonix, in der schmalen Rue de Moulins, serviert moderne internationale Gerichte (0033 450 534 541). Schließlich gibt es noch das Restaurant im Hameau Albert 1er (0033 450 530 509) mit 2 Michelin-Sternen (Menüs zwischen € 56 und € 138).
AKTIVITÄTEN: Hier gibt es so viele Angebote für Familien, dass man gar nicht alles schaffen kann. Dazu gehören der Klettergarten Les Gaillands bei Chamonix (in Chamonix ausgeschildert und gut sichtbar gegenüber dem See an der Straße gelegen), der für Kinder und Anfänger sehr gut geeignet ist, und der Forêt du Mont Blanc, ein Abenteuerpark bei Les Houches (0033 662 672 851, www.indianaventures.com).
Ein romatisches Dinner im Zwei-Sterne-Restaurant Hameau Albert 1er (38, Route du Bouchet, 74400 Chamonix-Mont-Blanc, 0033 450 530 509, www.hameaualbert.fr).
LAGE: Bei Chamonix am Fuße des Mont Blanc unweit der E25 (von Les Bossons aus beschildert).
GEÖFFNET: Mai bis Mitte Oktober.

Camping Le Grand Champ, 167, Chemin du Glacier de Taconnaz, Les Bossons, 74400 Chamonix-Mont-Blanc, Frankreich

t 0033 450 530 483

le grand champ

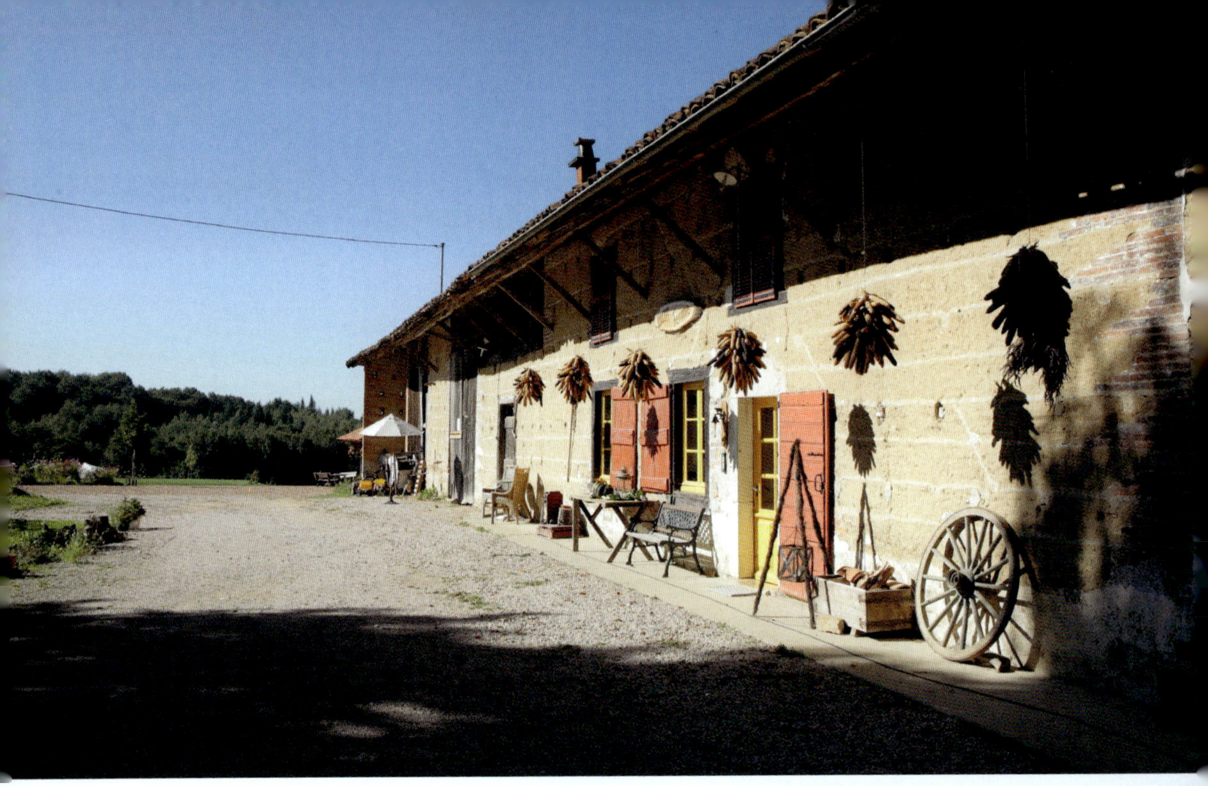

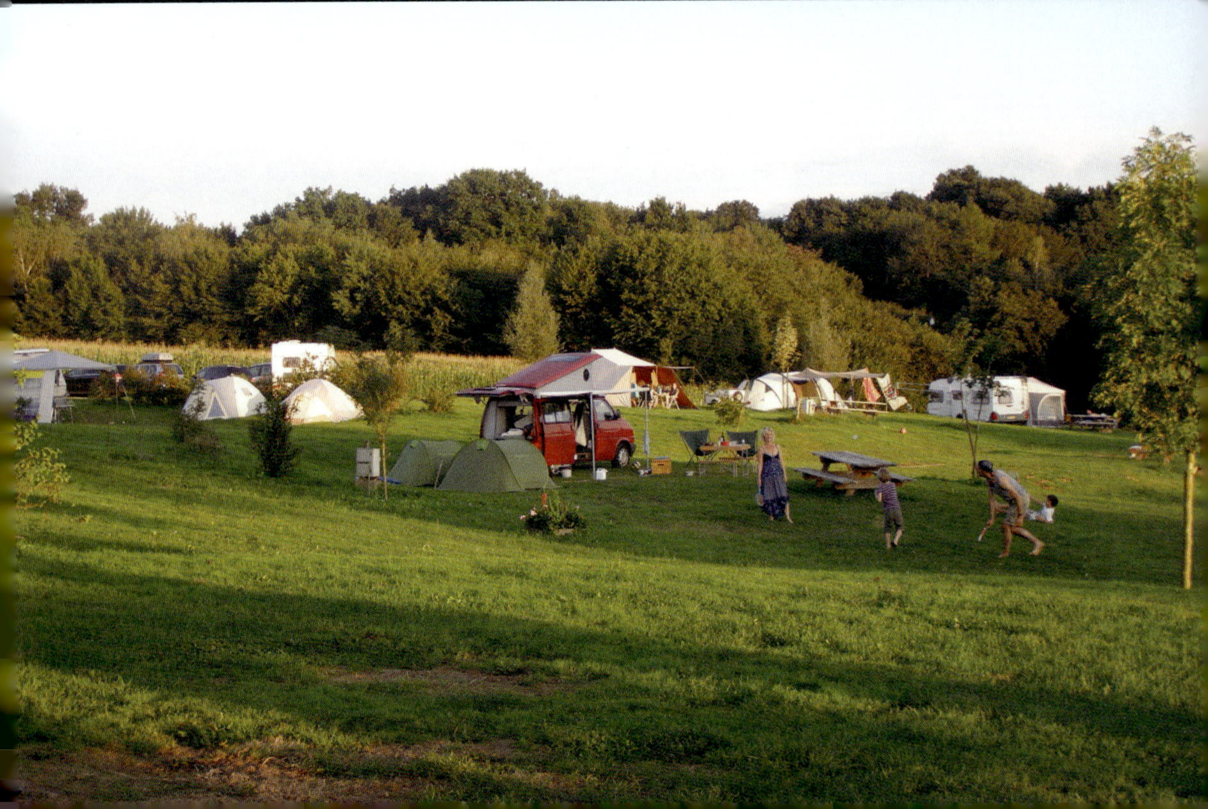

camping terreferme

Die Besitzer von TerreFerme, Matthijs und Renske Witmans, haben den Platz schon vor vielen Jahren gekauft, als sie noch in den Niederlanden lebten, und die ehemalige Maisfarm Stück für Stück in mühevoller Kleinarbeit in einen fantastischen Campingplatz verwandelt. Sie haben das prächtige lange Farmhaus restauriert und einen Sanitärblock im rustikalen Stil der Region entworfen. Vor ein paar Jahren war das Paar endlich bereit, den großen Schritt zu wagen, und es hieß »Tschüs Holland« und »*Bonjour la France*«.

TerreFerme liegt in Le Petit Condal, einem winzigen *Hameau* im Burgund. Condal ist ziemlich klein, und zwar so klein, dass es auf Landkarten kaum auftaucht. Das Grundstück umfasst sieben Hektar, ein Teil wurde für den Campingplatz gerodet, der Rest sind Wiesen für Esel, Schafe und Hühner oder unberührter Wald und ein Teich, der von einer Quelle gespeist wird. Der Campingplatz hat nur 20 Stellplätze, und Autos dürfen nicht auf dem Rasen parken, deshalb ist reichlich Platz, um sich auszubreiten. Der einzige kleine Nachteil des Platzes, eine Folge seiner Vergangenheit als Maisfeld, ist, dass es fast keinen Schatten gibt. Zwar wurden ein paar Bäume gepflanzt, aber es wird noch Jahre dauern, bis sie Schutz vor der Sommersonne bieten. So lange bekommt man auf Wunsch eine Plane, die vorübergehend vor Sonne oder Regen schützt.

Und wer keine Lust hat, selbst ein Zelt aufzubauen, kann jederzeit das Safarizelt auf dem Feld mieten. Es bietet Platz für vier, eine eigene Kochmöglichkeit und einen Kühlschrank. Außerdem gibt es eine Blockhütte für vier Personen.

In der Gegend wird immer noch hauptsächlich Mais angebaut, und das Labyrinth der ruhigen Feldwege ist perfekt zum Radfahren. Räder kann man sich im Farmhaus leihen – auch ein Tandem, wenn man mag. Aber dies ist auch das *Terroir*, wo das *Poulet de Bresse* gezüchtet wird, das wohl berühmteste Huhn der Welt. Die schönen Tiere werden von kleinen, passionierten Zuchtbetrieben draußen gehalten und von einer *Appellation d'Origine Controlée* geschützt, ähnlich wie die Weinproduktion. Zwar sind sie nicht gerade billig, aber man ist doch zur Hälfte wegen des Essens und Trinkens in Frankreich, deshalb sollte man sich ruhig eines dieser köstlichen Hühner gönnen. Mit einem stinknormalen folienverpackten Supermarkthuhn haben sie ungefähr so viel gemeinsam wie ein *Filet mignon* mit einem Fastfoodkettenburger.

So ähnlich ist es auch mit TerreFerme. Dieser Platz hat mit einem gewöhnlichen französischen Campingplatz ungefähr so viel gemeinsam wie ein Luxushotel mit einem Hotel Garni. Er ist eine Klasse für sich!

FRANKREICH camping terreferme

COOL-FAKTOR: Herrlich ruhiges Refugium – und das nur ein paar Meilen von der Autobahn entfernt.
KOSTEN: Stellplatz € 4 – € 6 (saisonabhängig) plus € 4,70 pro Person. Das Safarizelt € 260 – € 295 pro Woche und die Blockhütte € 100 für 2 Nächte oder € 325 – € 395 pro Woche. Mindestaufenthalt 3 Nächte.
AUSSTATTUNG: 20 Stellplätze, alle mit Strom. 1 Sanitärblock im rustikalen Design mit warmen Duschen und WCs (beide unisex). Überdachte Spülbecken und eine Waschmaschine (€ 4,50). Vorn gibt es eine überdachte Terrasse mit Tischen und Stühlen. Eine Minute zu Fuß den Hang hinunter befindet sich ein stiller Teich, der aus einer Quelle gespeist wird, und es gibt diverse zahme Tiere.

ESSEN UND TRINKEN: Auf der Terrasse gibt es diverse Gerätschaften wie Kühlschrank, Kaffeemaschine etc., und im Farmhaus kann man Eier, Käse, Wein und Bier kaufen. Frisches Brot und Croissants oder kontinentales Frühstück können bestellt werden. Samstags grillen die Besitzer für alle, und während der Hauptsaison ist Mittwoch Pizzatag. In Varennes gibt es eine Boulangerie und einen Metzger, einen kleinen Supermarkt sowie ein passables kleines Restaurant.
AKTIVITÄTEN: Man kann für € 9 pro Tag Fahrräder leihen. Wenn man es so weit schafft (ca. 10 km) lohnt sich Saint-Amour, ein Städtchen mit engen, bunten Gassen, efeubewachsenen Häuschen und einer beeindruckenden alten Kirche.

LAGE: Man verlässt die A49 zwischen Lons-le-Saunier und Bourg-en-Bresse über die Ausfahrt 10, direkt hinter dem Mauthäuschen nimmt man am Kreisverkehr die erste rechts. Der Straße folgen bis Petit Condal. Kurz vor dem Ort links ab, der Eingang vom Campingplatz befindet sich auf der linken Seite.
ÖFFENTLICHE VERKEHRSMITTEL: In Saint-Amour gibt es einen Bahnhof. Dort kann man sich von den Besitzern Matthijs und Renske abholen lassen.
GEÖFFNET: Mai bis Oktober.

Camping TerreFerme, 386 Chemin des Baisses, Le Petit Condal, 71480 Condal, Frankreich

| t | 0033 385 766 257 | w | www.terreferme.eu |

camping terreferma **FRANKREICH**

domaine du bourg

Mit Domaine-Namen ist das so eine Sache. Natürlich reden wir hier nicht von Internetdomains, sondern von kleinen französischen Gütern. Gibt man ihnen hochtrabende Namen wie Domaine de Beauregard (»schöne Aussicht«), halten einen die Nachbarn für Angeber. Weniger ist mehr, hat man sich hier wahrscheinlich gedacht. Domaine du Bourg (»Marktstädtchen«) steht am Tor. Und der Platz ist insgesamt ziemlich unkompliziert

Die holländischen Besitzer Peter und Trudi de Lange haben die alten Bauernhofgebäude in ansehnliche Unterkünfte umgewandelt, darunter vier Ferienhäuschen, drei Gästezimmer und ein paar Schlafsäle. Hinter den Gebäuden liegt ein 2,5 Hektar großer Campingplatz mit nur 25 Stellplätzen.

Das fragliche Marktstädtchen ist Gannay-sur-Loire, ein ziemlich verschlafener Ort, aber die ruhigen Straßen und die sanfte Landschaft eignen sich hervorragend dazu, mit dem Fahrrad erkundet zu werden. Räder und Karten kann man auf dem Campingplatz mieten, und auch Kajaks gibt es vor Ort. Außerdem liegt der Platz am neuen EuroVelo 6, einem Radweg, der sich über sechs Länder von der Atlantikküste bis zum Schwarzen Meer erstreckt. Der französische Teil beginnt in Saint-Nazaire und folgt der Loire durch Orléans und Nevers, bevor er nach Norden schwenkt, durch die Schweiz, Deutschland, Österreich und die Slowakei und dann nach Süden durch Ungarn, Serbien und schließlich Rumänien. Es gibt also keine Entschuldigung fürs Nichtstun.

COOL-FAKTOR: Camping ohne Firlefanz mit genug Platz, um die Seele baumeln zu lassen.
KOSTEN: Stellplätze € 6 – € 10. Erwachsene € 2,50 – € 3,50, Kinder (bis 12) € 1,50 – € 2,50. Schlafsaal € 10 pro Person pro Nacht, Ferienhäuschen € 345 – € 625 pro Woche in der Hauptsaison, € 150 – € 190 in der Nebensaison.
AUSSTATTUNG: 25 autofreie Stellplätze (Strom vorhanden). Außerdem gibt es einen Zigeunerwagen für 3 Personen plus 3 Safarizelte für 4 – 6 Personen und einen Schlafsaal für bis zu 8 Personen. Die warmen Duschen, Toiletten, Waschbecken und Spülen befinden sich in einem brandneuen Fachwerkbau. Und es gibt einen kleinen Pool und einen überdachten Bereich mit Stühlen und Tischen (wo auch Mahlzeiten serviert werden).
ESSEN UND TRINKEN: Es gibt einen Mini-Markt, eine *Pâtisserie*, einen Metzger und eine sehr bodenständige Café-Bar im Dorf.
AKTIVITÄTEN: Der Platz ist ziemlich ruhig, und diese Ruhe sollte man genießen und sich ein Fahrrad oder Kajak mieten. Fahrräder können vor Ort für € 10 pro Tag gemietet werden, Kajaks für € 14 pro halber Tag und € 23 pro Tag, inklusive Transport zum Fluss und zurück.
LAGE: Von Nevers die D13 und D16 nach Decize nehmen. Die Stadt auf der D978a verlassen und links auf die D116 nach Gannay-sur-Loire. Im Dorf angekommen den Fluss überqueren, dann sieht man eine dreieckige Grünfläche und eine Straße, die nach links führt. Dieser Straße folgt man 100 m, der Platz liegt rechts.
ÖFFENTLICHE VERKEHRSMITTEL: Bahnhöfe in Fours, Cercy-la-Tour oder Decize, doch näher als 12 – 16 km kommt man nicht an den Platz heran.
GEÖFFNET: April bis November.

Domaine du Bourg, Chemin des Terriens, 03230 Gannay-sur-Loire, Frankreich
t | 0033 470 434 9 01 | w | www.domainedubourg.com

au bois joli

Au Bois Joli bedeutet »im hübschen Wald«, und der Name des Campingplatzes ist Programm. Mag schon sein, dass jeder Wald seinen Charme hat, aber dieser Ort hat etwas ganz besonders Magisches. Wenn man unter strahlend blauem Himmel über die verschlungenen Straßen durch die weiten Felder nach Andryes fährt, ist es schwer, ein Lächeln zu unterdrücken. Vielleicht sind es die Sonnenblumen, die so fröhlich stimmen. Oder es ist der klare, weite Himmel. Was es auch ist, man begreift sofort, warum Robert und Henriëtte de Vries sich hier niedergelassen haben.

Au Bois Joli ist nach einer klar definierten Philosophie entstanden: Respekt vor der Natur, Wahrung des Seelenfriedens und eine Atmosphäre des Wohlwollens. Ausstattung, Lage und Umgebung des Platzes tragen dazu bei, doch die richtige Balance ist Ergebnis harter Arbeit und Leidenschaft. Die hohen Erwartungen der Besitzer, die den ganzen Tag still bemüht sind, alles auf ihre Gäste abzustimmen, machen diesen Platz so besonders. Er wurde sogar mit dem renommierten »Clef Verte« für den respektvollen Umgang mit der Natur ausgezeichnet. Im Gegenzug scheint es die Natur Au Bois Joli zu danken, und Robert und Henriëtte führen stolz Buch über jeden neuen Vogel und jede Blume. Wenn man das Glück hat, einen der beiden in einem ruhigen Moment zu erwischen, kann man mehr über die einzigartige Mikroumwelt des Platzes erfahren. Zum Beispiel blühen hier mehr als ein Dutzend Orchideensorten, es gibt ganze 110 verschiedene Pflanzen, und 61 Vogelarten haben Au Bois Joli schon ihren Besuch abgestattet.

Von der Rücksichtnahme auf ihre Umwelt profitieren auch die Gäste von Robert und Henriëtte. Für Eltern kleiner Kinder bedeutet Urlaub oft mehr Arbeit als Entspannung, deshalb legt Camping Au Bois Joli Wert auf Sicherheit. Ein Baum, der zum Klettern einlädt, ist so eingefasst, dass Kinder nur an die unteren Zweige kommen. Ähnlich dezente Vorsichtsmaßnahmen finden sich auf allen Spielflächen, gleichzeitig gibt es aber noch genug Ecken, Verstecke und Hindernisse, damit es nie langweilig wird. Die Kinder haben sogar einen eigenen Waschblock. Erwachsene können im Schatten alter Bäume entspannen oder sich am Pool sonnen, während sie die grandiose Aussicht genießen. Gegen ein kleines Pfand können Bücher aus der Bibliothek oder Zeitschriften von der Rezeption ausgeliehen werden. Auf dem höchsten Punkt des Platzes führt ein Tor in den Wald, und innerhalb weniger Augenblicke ist man vollkommen allein.

Aber da wir keine Schönredner sind, zum Schluss noch eine kritische Anmerkung: Der Platz ist nicht ganzjährig geöffnet. Das ist alles. Ansonsten ist er perfekt.

COOL-FAKTOR: Ruhe und Entspannung in üppiger Natur. Grandiose Aussicht und offene Stellplätze.

KOSTEN: Auto, Wohnwagen, Stellplatz: 2 Personen € 16–€ 29, Kinder (bis 11) € 3,50–€ 5. Cotton-Lodge-Nature-Zelt ab € 150 für 2 Nächte.

AUSSTATTUNG: 95 Stellplätze unter Bäumen, außerdem drei große Felder zum »freien Zelten« (kein Strom) sowie ein voll ausgestattetes Cotton-Lodge-Nature-Zelt für eine 4-köpfige Familie. Wöchentliches Lagerfeuer, das die Besitzer anzünden. 15 fantastische Duschkabinen, großzügige Toilettenblocks, beides behindertengerecht, Spülbecken, Extra-Waschblock für Kinder. 3 Waschmaschinen (€ 4,50), Trockner. Klettergerüst, Spielplatz, Rutschen, Sandkiste, Tischtennis, Volleyball, Kegeln und riesiges Outdoor-Schach. Swimmingpool und Planschbecken. Café, Laden mit Bioprodukten, täglich frisches Brot, Bibliothek, Informationen über die Umgebung. Kostenloses WLAN und Steckdosen in wetterfestem Großraumzelt.

ESSEN UND TRINKEN: Die Auberge des Sources (0033 386 415 514, auberge-des-sources.com) hinter Clamecy hat einen guten Ruf, ebenso wie das einladende 2 Pieces Cuisine (0033 386 272 507, 2pieces-cuisine.fr) direkt in Clamecy. Letzteres hat eine mit Kerzen erleuchtete Terrasse und eine herrlich familiäre Atmosphäre.

AKTIVITÄTEN: Was man gesehen haben muss, ist der Neubau der mittelalterlichen Festung Guédelon bei Treigny (0033 386 456 666, guedelon.fr), für den nur Werkzeug und Material wie im 13. Jahrhundert verwendet wurden. Die Arbeiten begannen 1997 und werden 2035 abgeschlossen sein. In Auxerre, Avallon und Clamecy gibt es Wochenmärkte. Der Campingplatz ist außerdem einer der offiziellen Startpunkte des erneuerten Radwegs am Canal de Nivernais, der von Auxerre bis Decize verläuft.

LAGE: Von Auxerre auf der N151 nach Bourges. In Coulanges-sur-Yonne nimmt man die D39 nach Andryes (3 km), und im Dorfzentrum sieht man schon die Campingplatz-Schilder.

GEÖFFNET: April bis November.

Au Bois Joli, 2 Route de Villeprenoy, 89480 Andryes, Bourgogne, Frankreich

| t | 0033 386 817 048 | w | www.campingauboisjoli.com |

au bois joli FRANKREICH

les grèbes du lac de marcenay

Marcenay im Pays Châtillonnais im Burgund ist eines von 23 Dörfern, die für Chardonnay und Pinot Noir berühmt sind. Früher diente der See den dort ansässigen Mönchen als Nahrungsquelle für Fisch. Heute zieht er Touristen an, die am sandigen Ufer baden, über die weite Wasserfläche rudern oder paddeln und die Tierwelt beobachten. Und glücklicherweise gibt es direkt daneben einen bezaubernden Campingplatz.

Les Grèbes du Lac de Marcenay ist so, wie ein Campingplatz sein sollte. Er hat alle Zutaten für richtig schönes Old-School-Camping: abgeschiedene Lage ohne jeden Verkehrslärm, einen anständigen See und mit Dirk Jansen einen unglaublich freundlichen und hilfsbereiten Besitzer. Dass der Platz abseits ausgetretener Pfade liegt, dürfte alle abschrecken, die gern in Fußnähe von Bars und Restaurants campen, doch gerade diese Abgeschiedenheit macht seinen Reiz aus.

Als Dirk den damals städtischen Platz übernahm, war dieser dringend renovierungsbedürftig. Als Erstes entfernte er die Schranke am Eingang und die Regeln und Vorschriften, die den Campern diktierten, was sie zu tun und zu lassen hatten. »So etwas wollen die Leute nicht sehen, wenn sie Urlaub machen«, erklärt er mit seinem wohlklingenden holländischen Akzent. Inzwischen hat er den Platz sang- und klanglos in einen entspanntes Idyll am See verwandelt, das eine bunte Mischung an Campern anzieht: junge Pärchen auf Frankreichtour, die nach ein paar Tagen wieder weg sind, und ältere Leute, die Jahr für Jahr wiederkommen und wochenlang bleiben. Außerdem gibt es viele Radfahrer, die von hier aus die Gegend erkunden. Und da es hier kaum Verkehr gibt, ist der Platz auch ein sicherer Ort für Kinder, die hier frei herumtollen können, ohne dass Eltern sich unnötig Sorgen machen müssen.

Das waldige Grundstück bietet großzügige Stellplätze, jeder auf einer Lichtung, teilweise umgeben von Büschen oder Bäumen, sodass man ein Gefühl von Privatsphäre hat. Auf der einen Seite liegen offene Felder und Weinberge, auf der anderen der See – mit seinem 5 Kilometer langen Ufer sicher der größte Pluspunkt. Es hat etwas ganz Besonderes, am Wasser zu wohnen, unter den Bäumen, die das Ufer säumen. Leider kann man nicht direkt am See zelten, aber man ist nur einen Katzensprung entfernt und kann sich jederzeit eine Flasche Wein und eine Decke schnappen, sich in den Sand setzen und den Sonnenuntergang ansehen. Lagerfeuer sind neben den Stellplätzen nicht erlaubt, doch es gibt einen Gemeinschaftsbereich mit Blick auf den See, wo Dirk regelmäßig für alle Lagerfeuer und Grillabende veranstaltet.

Die entspannte, herzliche Atmosphäre und die schöne Lage machen den Aufenthalt hier zu einem wahren Genuss.

COOL-FAKTOR: Entspannt Chillen an einem abgelegenen See. Les Grèbes du Lac Marcenay hat alles, was ein Campingplatz braucht – und mehr.
KOSTEN: 2 Erwachsene mit Zelt € 15,50, zusätzlicher Erwachsener € 5, Kinder (2–11) € 4.
AUSSTATTUNG: 90 Stellplätze mit Strom, wenn gewünscht. Saubere Toiletten und gute Duschen, auch behindertengerecht. Kleiner Spielplatz mit Kinderfahrrädern und freistehendem Schwimmbecken. An der Rezeption gibt es einen Freizeitbereich mit Billardtisch und kostenlosem WLAN. Im selben Gebäude befinden sich auch Waschmaschinen und eine Küche im Backpacker-Stil mit Holzofen. Außerdem kann man dort seine Kühlelemente kühlen. Vor der Rezeption liegt ein Surfbrett, das man mit an den See nehmen kann, außerdem Ruder und Paddel. Wenn man nach dem Schlüssel fragt, kommt man auch zu zwei Ruderboote, ein Kanu und sogar eine Jolle.
ESSEN UND TRINKEN: Man kann täglich an der Rezeption frisches Brot und Gebäck vorbestellen, und vor Ort gibt es eine sehr beschränkte Auswahl an Nahrungsmitteln und Getränken, darunter auch die Spezialität der Region – Crémant de Bourgogne. Dirk ist auch ein Fan von Crêpe-Abenden, die er gelegentlich vor der Rezeption veranstaltet. Wer tiefer in die lokale Ess- und Trinkkultur eintauchen möchte, kann bei Monsieur Guilleman (0033 380 814 003) in Marcenay an Weinproben teilnehmen. Gleich um die Ecke, in Balot, gibt es eine Schneckenfarm, die man besichtigen kann, und für € 7 pro Person kann man die Delikatesse auch probieren. Traditionelle französische Küche gibt es in der Auberge de la Baume, wo man sich fühlt wie in einem Wohnzimmer, ebenfalls im nahen Balot (aubergedelbaume.com), das mit seiner herzlichen Atmosphäre und günstigen Gerichten auf jeden Fall einen Besuch lohnt. Wer sich etwas gönnen möchte, probiert das mit einem Michelin-Stern ausgezeichnete Schlosshotel aus dem 12. Jahrhundert, Abbaye de la Brussière-sur-Ouche (0033 380 490 229, abbayedelabussiere.fr).
AKTIVITÄTEN: Es gibt 3 verschiedene Wanderwege um den See, zwischen 5 km und 10 km. Für günstige € 3,50 für 2 Stunden verleiht Dirk auch Fahrräder, dazu gibt es Karten von der Umgebung, und die ruhigen Straßen sind ideal zum Radfahren und nicht zu bergig. Oder man versucht es nebenan mit Ponyreiten für € 18 pro Stunde. Für Vogelfreunde gibt es einen versteckten Vogelbeobachtungsturm. Und wem die Attraktionen des Sees nicht genügen, für den gibt es einen neu eröffneten Hindernisparcours in den Bäumen des Forêt de l'Aventure d'Auxerre-Laborde, der 45 Min. entfernt liegt und € 14 für Kinder und € 22 für Erwachsene kostet.
LAGE: An der D965 zwischen Laignes und Châtillon-sur-Seine. Den Schildern zum Lac de Marcenay und »Camping« folgen.
GEÖFFNET: Mai bis September.

Les Grèbes du Lac de Marcenay, Rue du Pont Neuf 5, 21330 Marcenay, Burgund, Frankreich

| t | 0033 380 816 172 | w | www.campingmarcenaylac.com |

les grèbes du lac de marcenay FRANKREICH

camping de troyes

Das Zentrum des mittelalterlichen Troyes – Hauptstadt der Region Champagne – hat passenderweise die Form eines Sektkorkens. Und es ist ein bezauberndes Zentrum, ein Wirrwarr mittelalterlicher Häuschen, die dem Arbeitsalltag der Stadt einen ganz eigenen Charme verleihen. Obwohl der Ort schon in der Römerzeit entstand, stammt die Architektur vornehmlich aus dem Mittelalter, als Troyes ein wichtiger Handelsposten war.

Ein Stück weiter, in Pont-Sainte-Marie, liegt Camping de Troyes, der offizielle Campingplatz der Stadt. Die jetzigen Besitzer haben alles getan, was in ihrer Macht steht, um ihn von anderen städtischen Campingplätzen abzuheben, und inzwischen ist es hier, zu Fuß nur 20 Minuten vom Stadtzentrum entfernt, unglaublich grün.

Bei der Ankunft fürchtet man zunächst, in einem Wohnmobil-Alptraum gelandet zu sein. Aber nur nicht den Mut verlieren! Denn weiter hinten findet man ein einsames Plätzchen inmitten von Büschen und Bäumen – und beschließt spontan, doch ein paar Tage länger zu bleiben. Eichhörnchen rascheln unter alten Bäumen, Blumen setzen bunte Akzente, und ein Swimmingpool sorgt für Abwechslung. Hinzu kommen die abendlichen Lagerfeuer, wenn das Wetter es zulässt. Insgesamt fühlt sich hier alles sehr organisiert an, und wer nur einen kurzen Zwischenstopp auf dem Weg nach Südfrankreich einlegt, wird am nächsten Tag erfrischt und ausgeruht aufbrechen.

Wer länger bleibt, kann sich in Troyes vergnügen, und wenn die Reize des Ortes ausgeschöpft sind, kann man sich den natürlicheren Attraktionen des Parc Naturel Régional de la Forêt d'Orient widmen, der mit dem Auto nur 20 Minuten entfernt liegt. Die Waldseen bieten sich für allerlei Outdoor-Aktivitäten an und liegen an der *Vélo Voir Verte* (Grüner Radwanderweg) – detaillierte Karten gibt es an der Rezeption.

COOL-FAKTOR: Bequemer Zwischenstopp auf dem Weg in den Süden.
KOSTEN: 2 Personen, Auto, Zelt € 18,30 – € 22,70, zusätzlicher Erwachsener (ab 13) € 5,50 – € 6,50, Kinder (2 – 12) € 3,60 – € 4,70, Strom € 3,50.
AUSSTATTUNG: 140 Stellplätze (alle mit Strom), 26 für Zelte. Auch für größere Gruppen. Beheizter Swimmingpool, aufblasbares Trampolin, Spielezimmer, Restaurant, Duschen, Toiletten und Waschblock, behindertengerecht. Wickelraum. Fahrradverleih, kleiner Laden und täglich frisches Brot. Kleiner Spielplatz, Kinderfahrräder zum Leihen. Tiefkühlung für Kühlelemente. Lagerfeuer verboten.
ESSEN UND TRINKEN: Das Restaurant vor Ort ist ziemlich schlicht, aber Bistro du Pont (0033 325 809 099, bistrotdupont.com) befindet sich nur 300 m entfernt und bietet anständige regionale Küche. Wer einmal etwas anderes ausprobieren möchte, bekommt im Libanais (003 325 706 068) libanesische Hausmannskost.
AKTIVITÄTEN: Troyes ist die geschichtsträchtige Hauptstadt der Champagne. In der Cathédrale Saint-Pierre-et-Saint-Paul, mitten im Stadtzentrum und kaum zu verfehlen, gibt es informative kleine Ausstellungen zu ihren 180 Buntglasfenstern. Außerdem hat Troyes eine Reihe Museen, darunter eine besonders gute Sammlung moderner Kunst im Musée d'Art Moderne, die sich aus der Sammlung des Modeimperiums Lacoste zusammensetzt (0033 325 762 580, musees-troyes.com). Am Lac de la Forêt d'Orient hat die Stadt sogar einen Strand.
LAGE: Von Troyes auf der Avenue Robert Schuman 4 km Richtung Norden nach Pont-Sainte-Marie (ausgeschildert), dann den Schildern zum städtischen Campingplatz folgen. Nach ein paar Ampeln überquert man einen Fluss, und gleich rechts sieht man ein großes blaues Camping-Schild.
ÖFFENTLICHE VERKEHRSMITTEL: Troyes erreicht man von den meisten französischen Städten problemlos mit Zug oder Bus. Vom Stadtzentrum fährt ein Bus, der 50 m vom Campingplatz hält.
GEÖFFNET: April bis Mitte Oktober.

Camping de Troyes, 7 Rue Roger Salengro, 10150 Pont-Sainte-Marie, Frankreich

| t | 0033 325 810 264 | w | www.troyescamping.net |

camping de troyes **FRANKREICH**

huttopia versailles

Wer auf Wortspiele steht und einen rustikalen Campingplatz mit einem Hauch Luxus in der Nähe von Paris sucht, für den ist Huttopia Versailles genau das Richtige. Auch wenn der Platz Teil einer Kette ist und in den Händen eines international expandierenden Unternehmens, fühlt es sich hier überhaupt nicht kommerziell an. Ehrlich gesagt – ich liebe es.

Am Waldrand gelegen, hat Huttopia Versailles einen friedlichen Vibe. Obwohl nur 20 Minuten vom Eiffelturm und nur 3 Kilometer vom Schloss Versailles entfernt, besticht Huttopia durch mehr als nur die Lage. Es sind die Kleinigkeiten, die den Platz so behaglich machen. Eines der Duschgebäude, geschmückt mit Armaturen in Hotelqualität, besitzt einen Holzofen, der die Luft mit Pinienduft erfüllt. Deutlich angenehmer als der Geruch nasser Füße. Und ein Familienduschraum mit genug Platz für drei macht Eltern das Leben leichter. Außerdem gibt es einen praktischen Spielbereich neben Restaurant und Pool, direkt vor der Terrasse, sodass man die Kinder von dort aus immer im Blick hat. Kein Wunder, dass vor allem Familien diesen Platz lieben.

Die schön gestalteten Hütten, die dem Platz seinen Namen geben, sind eigentlich eher Blockhütten für bis zu sechs Personen. Außerdem gibt es *Roulottes*, gemütliche Unterkünfte für bis zu vier Personen mit einem Doppel- und zwei Einzelbetten. Aber wenn man ohne Zelt nicht schlafen kann, gibt es auch genug normale Stellplätze. Die schattenspendenden Bäume sind so alt, dass der Boden durch die Baumwurzeln manchmal uneben ist. Doch man findet leicht einen ebenen Platz, und außerdem – so ist Natur eben.

Was Aktivitäten angeht, muss man nicht viel sagen. Man zeltet nicht am Rand von Paris, wenn man nicht die Stadt erkunden will, doch wenn man zurück zur Natur möchte, ist Utopia da. Huttopia, meinen wir … obwohl beides für manche dasselbe ist.

FRANKREICH huttopia versailles

COOL-FAKTOR: Ein ernsthafter Versuch, in urbaner Umgebung Naturnähe zu erhalten und Umweltbewusstsein zu fördern.
KOSTEN: 2 Erwachsene mit Pkw und Zelt € 25 – € 36.
AUSSTATTUNG: Pool, Grillplatz, 3 große und sehr gepflegte Sanitärhäuser mit Duschen, Urinalen, Toiletten und Spülbecken, Rezeption mit kostenlosem Internetzugang.
ESSEN UND TRINKEN: Es gibt ein gutes Café im amerikanischen Stil namens Sisters Café (0033 130 212 122), dessen Küche mittags bis 15.00 Uhr und abends bis 23.00 geöffnet ist. Ansonsten hat man in Paris die Qual der Wahl.
AKTIVITÄTEN: Der Besuch des Schlossparks von Versailles ist kostenlos, aber es lohnt sich, den Eintrittspreis von € 20 (umsonst für EU-Bürger bis 26 und jeden bis 18) für die Schlossbesichtigung zu bezahlen und sogar noch ein paar Euro draufzulegen, um in den Genuss der Grandes Eaux Musicales zu kommen, zu klassischer Musik choreografierte Wasserspiele, die allerdings nur an den Wochenenden stattfinden und abends am schönsten anzusehen sind.
LAGE: Am südöstlichen Rand von Versailles, 10 km westlich von Paris.
ÖFFENTLICHE VERKEHRSMITTEL: Die Station Porchefontaine der Regionallinie RER C, die regelmäßig zwischen Paris Mitte und Versailles verkehrt, ist nur wenige Gehminuten vom Campingplatz entfernt.
GEÖFFNET: Mitte März bis Anfang November.

Huttopia Versailles, 31, Rue Berthelot, 78000 Versailles, Frankreich

t 0033 139 512 361
w www.huttopia.com/de/destination/camping/huttopia-versailles/site

ferme du prunay

Die gleißenden Bilderbuchtürmchen von Azay-le-Rideau, Villandry oder Valençay vor Augen, die eher an Disneyland Paris erinnern, vergisst man leicht, dass es an der Loire nicht nur verspielte Renaissance-Schlösser gibt. Chignon zum Beispiel ist eine Festung, ganz funktional und ohne Firlefanz, und Amboise wurde bis aufs Blut verteidigt, bevor es lange Zeit später unter Franz I. zum Zentrum für Kunst und Wissenschaft wurde. Das Schloss in Blois (wie Amboise nicht mehr als eine 20-minütige Autofahrt von Ferme de Prunay entfernt) wurde ebenfalls zu Verteidigungszwecken erbaut, ein Andenken daran, dass diese Region jahrhundertelang heiß umkämpft war.

Ferme de Prunay wirkt vollkommen friedlich, doch ursprünglich war sie das Herz eines befestigten galloromanischen Dorfes. Der alte Burggraben, der sich um zwei Seiten kringelt, wurde erbaut, um Plünderer abzuhalten, jetzt wird hier geangelt. Als der Eigentümer Michel Fouchault den Swimmingpool aushob, stieß er auf Gräber und Knochen, was den Badespaß im beheizten Becken nicht schmälert.

Die Farm, ein großer Betrieb, befindet sich seit sechs Generationen im Besitz der Familie Fouchault, und das Gefühl von Weite reicht bis zu den riesigen Stellplätzen, manche groß genug für Auto, Wohnwagen und noch ein paar Badmintonplätze. Es besteht nie die Gefahr, zwischen Wohnwagen und Wohnmobilen eingeklemmt zu sein, und die Stellplätze sind dazu noch richtig abwechslungsreich. Franzosen bevorzugen in der Regel Privatsphäre, mit Hecken und Bäumen drum herum. Holländer, die in einem relativ kleinen, bevölkerungsreichen Land leben, lieben freie Flächen mit freier Sicht, deshalb findet man sie meist an den Feldrändern.

Viele Stellplätze haben eigene Pflaumen- oder Apfelbäume, die man plündern darf, oder man gesellt sich zu den Holländern an eine Wildblumenböschung (angelegt, um Schmetterlinge anzuziehen) und offene Felder. Wer sich für die schöne Aussicht entscheidet, sollte sich bewusst sein, dass Freiheit ihren Preis hat, ebenso wie die Stellplätze weiter weg vom Waschblock. Aber sie sind jeden Cent wert.

Die Ferme du Prunay fungiert außerhalb der Saison auch als *Ferme pédagogique* für Schulklassen. Die Angebote bestehen auch während des Sommers, sodass Kinder gemeinsam mit ihren Eltern lernen können, wie Mais gemahlen oder Brot gebacken wird, und es gibt Führungen zu einer nahegelegenen Ziegenfarm oder einem Weingut. Die Fahrräder vor Ort stehen zur freien Verfügung, ebenso wie Volleyball- und Basketballplätze.

Die Atmosphäre hier ist locker und

familienfreundlich. Kinder können auf dem Traktoranhänger mitfahren, um die Tiere zu besuchen: Schweine, Kaninchen, Hühner, Esel, Ziegen, Truthähne und ein Pferd. Außerdem ist der Platz äußerst günstig gelegen. Nur 10 Kilometer entfernt befindet sich das Türmchenschloss Château de Chaumont, und auch zu einigen der schönsten Loire-Schlösser und -gärten ist es mit dem Auto nicht weit.

COOL-FAKTOR: Camping auf dem Bauernhof, nur eine kurze Autofahrt entfernt von den prächtigen Loire-Schlössern.
KOSTEN: 2 Erwachsene plus Stellplatz plus Strom € 20 (€ 33 in der Hauptsaison). Zusätzlicher Erwachsener € 8 (€ 10,80), Kinder unter 5 Jahren € 4 (€ 4,80).
AUSSTATTUNG: Unterschiedlich große Stellplätze, auch Holzhütten und Zigeunerwagen verfügbar. Der brandneue Waschblock mit Familien- und behindertengerechten Waschräumen entspricht dem Gesamteindruck des großartig organisierten Anwesens. Die Bar ist von 8.00 (für Brot und Croissants) bis 21.00 Uhr geöffnet und verkauft auch Eis, Snacks und Pizza. Es gibt Fahrten mit einem Traktorzug um den Platz (Hauptsaison), einen Streichelzoo, einen Spielplatz, Tischtennis und ganz vorn Volleyball- und Basketballplätze, wo auch (beaufsichtigte) Lagerfeuer gemacht werden können.

ESSEN UND TRINKEN: Die Farm ist Mitglied des regionalen Tourismusverbands »Bienvenue à la ferme« und kann diverse örtliche Anbieter empfehlen, z. B. La Cabinette für Ziegenkäse in Onzain, 8 km entfernt, oder den Bio-Wein Touraine vom Domaine Château Gaillard in Mesland, 3 km entfernt. Wochenmarkt in Amboise (freitags und sonntags). In Blois gibt es zahlreiche Restaurants, und alle in der Nähe vom Schloss sind gut, aber die wunderschöne Orangerie du Château de Blois (0033 254 780 536, orangerie-du-chateau.fr) bietet ganz besondere Gaumenfreuden (Menü ab € 34).
AKTIVITÄTEN: Es gibt vor Ort Ermäßigungsgutscheine für diverse Touristenattraktionen des Département Loire-et-Cher, u. a. für das wundervolle Schloss in Blois (chateaudeblois.fr), 16 km entfernt, wo Johanna von Orléans 1429 gesegnet wurde, bevor sie mit ihrer Armee aufbrach, um die Engländer zu vertreiben.

Außerdem gibt es das Maison de la Magie (0033 254 903 333, maisondelamagie.fr), ein spektakuläres magisches Museum gegenüber vom Schloss, und das schöne Städtchen Amboise, das ebenfalls die 20-minütige Fahrt am Fluss entlang lohnt, schon wegen des Schlosses (0033 247 570 098, chateau-amboise.com) und Le Clos Lucé (0033 247 570 073, vinci-closluce.com), das Haus, in dem Leonardo da Vinci die letzten 3 Jahre seines Lebens verbrachte.
LAGE: Von der A10 nimmt man die Ausfahrt Blois, dann folgt man den Schildern Richtung Angers und Château-Renault bis Molineuf, dann den Schildern nach Chambon-sur-Cisse und dann nach Seillac auf der D131, wo man schon die Schilder zur Ferme de Prunay sieht.
GEÖFFNET: Ende März bis Anfang November.

Ferme du Prunay, 41150 Seillac, Frankreich

t 0033 254 700 201   w www.prunay.com

ferme du prunay

les roulottes

Das Loiretal, eine der meistbesuchten Touristenattraktionen Frankreichs, ist unerfreulicherweise übersät mit gigantischen Wohnwagenparks, die ihren Schildern zufolge Partnerschaften mit so ziemlich jedem Caravanclub Europas pflegen. Sie werden sich also glücklich schätzen, wenn Sie Monsieur Arnaud Séné ganz in der Nähe des Örtchens Huisseau-sur-Cosson bei Blois ausfindig machen.

Dass Les Roulottes, ein Ensemble altmodischer Zigeunerwagen in einem stillen Winkel der Region, so schwer zu finden ist, ist durchaus Absicht. Arnaud, der wortkarge, aber sehr entgegenkommende Eigentümer des Platzes, macht keine Werbung und stellt auch keine Hinweisschilder auf. Das würde nur Neugierige und Gaffer anlocken, meint er. Nein, nur wer sich die Mühe macht, den Ort aufzuspüren, hat es verdient, hier zu Gast zu sein. Warum? Weil Arnaud seine 3 Wohnwagen, die alle authentisch sind, ausgesprochen ernst nimmt.

Die 3 Wagen – ein malvenfarben und olivgrün gestrichener aus den 1970er Jahren für 2 Personen, ein rot und grün gestrichener aus den 1930er Jahren für 3 Personen und ein als Küchen- und Badwagen ausgebautes, ebenfalls rot und grün gestrichenes 1950er Modell – werden als Ensemble vermietet. Zusätzlich hat Arnaud 2009 einen spektakulären Wohnwagen mit Holzrädern aus dem 19. Jahrhundert restauriert – als trautes Ferienheim für zwei mit Doppelbett und eigenem Bad. Paare mit Kindern können einen offenbar für Winzlinge entworfenen Miniwohnwagen aus den 1980er Jahren dazumieten.

In einer kleinen, von Bäumen umstandenen Senke unweit einer Brücke gelegen, schmiegt sich der Platz an die Uferböschung eines Flüsschens, das so träge dahinfließt, dass es aussieht wie ein langgezogener Teich. Hier ist es so einsam, wie man es sich nur wünschen kann, und so still wie eine Pantomime von Marcel Marceau.

Die Wohnwagen sind um einen Grasstreifen mit offener Feuerstelle arrangiert. Wenn man abends hier sitzt und vor der untergehenden Sonne sein Nachtmahl bereitet, während sich um einen herum immer tiefere Stille ausbreitet, glaubt man fast, aus der Ferne die klagenden Weisen von Zigeunergeigen zu hören. Wenn Sie (wieder einmal) mit Kochen dran sind, erzählen Sie den anderen doch die Geschichte des berühmten Sohnes der Region, Denis Papin, der im 17. Jahrhundert den Dampfkochtopf erfunden hat.

Am Morgen nach einer wahrscheinlich zum ersten Mal seit Jahren durchschlafenen Nacht haben Sie sicher keinen anderen Wunsch, als am Fluss zu sitzen und zuzusehen, wie die Angelrute von Zeit zu Zeit zuckt,

les roulottes **FRANKREICH**

oder sich in die zwischen Bäume gespannte Hängematte zu legen, auf einem Grashalm zu kauen und den Hut über die Augen zu ziehen. Aber trödeln Sie nicht zu lange herum, denn es gibt jede Menge zu tun. Schließlich befinden Sie sich im Loiretal, nicht weit entfernt von Blois, einer der schönsten Städte am ganzen Fluss.

Machen Sie, bevor Sie nach Blois hineinfahren, am Südufer Halt und bewundern Sie den Blick auf das berühmte Schloss gegenüber. Überhaupt kommen architekturbegeisterte Besucher voll auf ihre Kosten: Von Gotik über Renaissance bis Klassizismus ist hier alles vertreten. Versuchen Sie, sich nicht in den verwinkelten Gässchen der Altstadt zu verlaufen, und lassen Sie sich auf keinen Fall einen Besuch der Tour Beauvoir aus dem 11. Jahrhundert entgehen. Hier hat die Geschichte der Stadt begonnen, und nirgendwo erfährt man so hautnah wie hier, dass Blois in den 900 Jahren, die seither vergangen sind, mehr Mord und Totschlag, Ränke und Intrigen erlebt hat als unsereiner an einem verregneten Wochenende beim Cluedospielen mit den Schwiegereltern. Eine schillernde Vergangenheit, ohne Zweifel, aber nichts gegen das Heute – in Form der fröhlich gestrichenen Hütten auf vier Rädern, die Sie zurück an Ihrem Ausgangspunkt wieder erwarten.

COOL-FAKTOR: Die Art von »Zigeunerfreiheit«, von der man träumt.
KOSTEN: Das Ensemble der 3 Wohnwagen (maximal 5 Personen) kostet pro Woche in der Hauptsaison/Nebensaison € 450/310, Montag bis Freitag € 380/250, für ein Wochenende € 200/150.
AUSSTATTUNG: Dusche und Toilette in nur einem der 3 Wagen, die allerdings sind tadellos sauber und gepflegt. Fahrräder und Kanus werden für die Dauer des Aufenthalts zur Verfügung gestellt.
ESSEN UND TRINKEN: Frühstück ist inbegriffen und wird jeden Morgen im Haus serviert. 48 Stunden im Voraus kann man ein kaltes Picknick als Proviant für Tagesausflüge bestellen (€ 30 für 2 Personen). Märkte gibt es in Cluny (samstags), Villefranche-sur-Saône (montags) und Belleville (dienstags). Wer essen gehen möchte, sollte die täglich geöffnete Auberge du Haut Beaujolais ausprobieren, mit Menüs (€ 15–€ 25) aus regionalen Zutaten.
AKTIVITÄTEN: Besuchen Sie mit Ihren Kindern die Zirkusschule École de Cirque Micheletty im nahegelegenen St-Jean-de-Braye (0033 238 551 398); wo sie sich als Jongleure, Akrobaten und Clowns betätigen können.
Ein Ausflug zum berühmten Château de Chambord, dem größten und meistbesuchten Schloss an der Loire, mit seinen riesigen Parkanlagen. Es ist nur eine kurze Autofahrt dorthin, aber es lohnt sich, einen ganzen Tag einzuplanen und bis zum Einbruch der Dunkelheit zu warten, wenn das Schloss im Schein bunter Lichter erstrahlt.
LAGE: Im Loiretal bei Huisseau-sur-Cosson auf halbem Weg zwischen Orléans und Tours (genaue Wegbeschreibung auf Französisch auf der Homepage).
GEÖFFNET: Juni bis September.

Les Roulottes, Les Marais, 41350 Huisseau-sur-Cosson, Frankreich		
	t 0033 667 749 493	w www.lesroulottes.net

bot-conan lodge

Es gibt viele Gründe, warum Camper immer wieder in die Bretagne zurückkehren, und einer davon sind unzweifelhaft die fantastischen Strände. Von den atemberaubenden Felsen in Perros-Guirec bis zur üppig grünen Nordküste Dinards erstreckt sich der scheinbar endlose, majestätische und abwechslungsreiche Küstenstreifen.

Die Erhabenheit der Region ist unstrittig, aber wir kennen einen friedlichen, abgeschiedenen Ort, wo weißer Sand auf das azurblaue Meer trifft, einen Ort, der der Inbegriff von Ruhe und Entspannung ist. Willkommen in der Bot-Conan Lodge.

Nur einen Flipflop entfernt von der Bucht bietet dieser superluxuriöse neue Glampingplatz beneidenswerten Meerblick. Allerdings nicht auf tosende Atlantikbrandung. Am Geheimstrand von Bot-Conan herrscht meditative Ruhe – Kinder können hier gefahrlos planschen und Verliebte ungestört den Blick übers Meer schweifen lassen. Es ist der Himmel auf Erden.

Nachdem man sich den ganzen Tag in den maßvollen Wellen vergnügt hat, die Tierwelt begutachtet oder es sich einfach am Strand mit einem guten Buch gemütlich gemacht hat, gibt es nichts Schöneres, als sich in eine Safari-Lodge zurückzuziehen. Neben den Safari-Lodges gibt es vier »Atoll«-Zelte, die das Campingvergnügen mit dem Luxus eines eigenen Sonnendecks und einer Outdoor-Küche verbinden. Egal für welche Unterkunft Sie sich entscheiden, Sie werden den Aufenthalt in diesem schönen, bretonischen Refugium genießen. Ihr Gastgeber Arnaud hat dafür gesorgt, dass sich der Platz perfekt in die Landschaft einfügt – inklusive der beiden Badehäuser mit grünen Dächern und Holzfassade.

Auch wenn es schwerfällt, versuchen Sie sich loszureißen – die Umgebung ist spektakulär. Es lohnt sich, das geheimnisvolle Hinterland der Bretagne zu erkunden – von den Wäldern der Artussage (der sagenhafte Borcéliande) bis zu den Kanälen und Flüssen, die sich hervorragend zum Wandern, Radfahren und Umherstreifen eignen. Mehr Adrenalin gibt es etwa 30 Minuten entfernt in La Torche – dort können Surfjunkies sich ihren Kick holen.

Mit den Nachbarn in Cornwall auf der anderen Seite des Ozeans teilt man sich nicht nur das keltische Erbe, sondern auch die Schwäche für Apfelwein, und Fouesnant ist die ursprüngliche Heimat des bretonischen *Cidre*. Wenn Sie im Juli herkommen, ist das jährliche »Fête des Pommiers« Pflichtprogramm.

COOL-FAKTOR: Luxus und Komfort nur einen Steinwurf entfernt von einer einsamen Atlantikbucht.
KOSTEN: Alle Preise pro Nacht in der Nebensaison. Safarizelt »Archipel« (5 Personen) € 99 – € 198. Safarizelt »Archipel« (4 Personen) € 74 – € 148. Rundzelt »Atoll« (4 Personen) € 59 – € 99.
AUSSTATTUNG: 12 Safarizelte »Archipel« und 4 Rundzelte »Atoll«, 2 Badehäuser mit warmen Duschen, Toiletten, Waschbecken und Spülbecken. Jedes Zelt hat ein eigenes Deck, Outdoor-Küche mit Gasherd, Holzofen, Geschirr, Kühlbox und Essbereich. Bettwäsche und Handtücher inbegriffen. Kinderstuhl und -betten verfügbar. Strom und WLAN verfügbar. Fahrräder können geliehen werden.

ESSEN UND TRINKEN: Vor Ort gibt es keine Verpflegung, aber regionale Produkte können auf Wunsch geliefert werden, und bald soll direkt nebenan ein Pub aufmachen. Im nahgelegenen Dorf Beg Meil gibt es einen bezaubernden Markt, Crêperien und Restaurants.
AKTIVITÄTEN: Der Golfclub Cornouaille (0033 298 569 709, golfdecornouaille.com) mit Blick über die Bucht Baie de la Forêt bei La Forêt-Fouesnant ist der älteste der südlichen Bretagne. Concarneais, eine charmante Altstadt mit Stadtmauer, die mit 100 000 Tonnen Thunfisch jährlich immer noch vom Fischfang lebt, ist ebenfalls nicht weit. Wer mehr darüber wissen will, ist im Musée de la Pêche (0033 298 971 020, musee-peche.fr) richtig.
LAGE: Von Quimper erst die D34, dann die D45 Richtung Süden nach Fouesnant. Die D45 durch Fouesnant hindurch Richtung Beg-Meil. Auf der Straße nach Beg-Meil bei dem kleinen blauen Wegweiser nach Lantecoste und Bot-Conan Plage links ab.
GEÖFFNET: Mai bis Oktober.

Bot-Conan Lodge, 29170 Beg-Meil, Frankreich

| t | 0033 611 051 943 | w | www.botconan.com |

bot-conan lodge

camping milin kerhé

An der bretonischen Küste herrscht kein Mangel an coolen Campingplätzen. Doch Camping Milin Kerhé hebt sich durch die idyllische Kulisse ab. Mit seinen unberührten, terrassenartigen Wiesen inmitten eines herrlichen Waldes und einem majestätischen, lachsreichen Fluss, der sich träge vorbeischlängelt, ist Camping Milin Kerhé eine Insel der Ruhe.

Die allgemein lockere Atmosphäre spiegelt sich auch in den Camping-Angeboten. Sie wollen Ihr Zelt aufschlagen? Kein Problem. Sie wollen unangekündigt mit einem VW-Relikt auf Rädern auftauchen? Nur zu. Zu faul für Pflöcke und Zeltleinen? Dann mieten Sie sich eines der geräumigen, originellen Hängezelte, die im Wald aufgespannt sind.

Außerdem gibt es hier mehr als genug Abwechslung für alle: von Kajaks und Naturlehrpfaden bis zu Volleyball und Boules. Man betrachtet die Annehmlichkeiten schnell als selbstverständlich. Die Umgebung färbt einfach ab, und deshalb ist dieser Campingplatz so locker und entspannt und so herrlich naturbelassen. Schon allein der Gedanke an einen rüpelhaften Ferienpark verbietet sich.

Stattdessen strömt der schöne Trieux ruhig vorbei, dessen Glitzern im Sonnenlicht vom gemütlichen Schmökern ablenkt. Nichts könnte weiter entfernt sein von den wuseligen Eurocamp-Plätzen, die in den letzten Jahren aus dem Boden geschossen sind – und deshalb lieben wir es hier.

Der Trieux sollte auch die kleinen Camper nicht abschrecken. Ein Zaun trennt die Stellplätze vom Wasser, und im Sommer sind die meisten Gäste Familien. Das sorgt für eine herrlich gesellige Atmosphäre, sodass die Kleinen beim Volleyball und Versteckspielen zwischen den Bäumen schnell alle Sprachbarrieren durchbrechen.

Die ansteckende Bonhomie des Platzes verdankt sich vor allem ihren unglaublich netten Gastgebern Jonathan und Margareth Low. Ihre Gastfreundschaft kennt keine Grenzen, und ihre wöchentlichen Grillabende haben das Zeug zur Legende!

COOL-FAKTOR: Ruhiger, idyllischer Campingplatz direkt am Wasser im Herzen der Bretagne.

KOSTEN: Stellplätze € 6/€ 4,50 (Hauptsaison/Nebensaison). Erwachsene € 5/€ 4,50, Kinder € 3/€ 2,50. Strom € 3. Für € 20 pro Nacht kann man einen Wohnwagen mieten, für € 18 Vorzelte und für € 40 ein Baumzelt – alles plus der angegebenen Preise pro Person.

AUSSTATTUNG: Der 3,8 ha große Platz erstreckt sich über 3 Terrassen. 50 Zeltstellplätze und ein Bereich für Wohnwagen und Wohnmobile. Außerdem kann man Feuerstellen, Wohnwagen, Vorzelte und Baumzelte mieten. Geräumige Sanitäranlagen mit Waschmaschine und nach Männern und Frauen getrennte Waschbereiche. Allen Campern stehen Kanus, Kajaks, Stand-up-Paddling-Boards und ein Ruderboot zur Verfügung. Es gibt Volleyball, Boules, Tischtennis, einen Spielplatz, eine Felswand mit 3 Kletterrouten und eine Badestelle oberhalb des Stauwehrs.

ESSEN UND TRINKEN: An der Rezeption gibt es einen kleinen Laden mit Produkten aus der Region. Die nächste Bar ist zu Fuß 5 Min. und der nächste Supermarkt 5 Min. mit dem Auto. In der Hauptsaison veranstaltet die Familie Low jede Woche einen Grillabend – eine super Gelegenheit, die anderen Camper kennenzulernen.

AKTIVITÄTEN: Auf dem Platz bekommt man jede Menge frei lebende Tiere zu sehen: Eisvögel, Eulen, Rehe, Biber, Otter und eine riesige Fledermauskolonie. In der Hauptsaison gibt es Führungen. Kinder lieben es, mit den Zwergziegen und Enten zu spielen. Jenseits von Bergwander- und Fahrradwegen liegen die geschichtsträchtigen bretonischen Städte Guingamp, Pontrieux und Tréguier. Die schöne Insel Bréhat lohnt einen Tagesausflug, nicht zuletzt wegen des charmanten Hafens und des Leuchtturms von Paon. Außerdem locken die rosa Granitküste und La Roche-Jagu, eine toll erhaltene mittelalterliche Festung.

LAGE: Mit dem Auto liegt der Platz eine Stunde vom Fährhafen Roscoff und anderthalb Stunden von Saint-Malo. Man fährt die N12 nach Guingamp und folgt vom Stadtzentrum aus den Schildern nach Pabu (3 km). In Pabu fährt man die Rue de la Poterie 800 m weiter und biegt beim Restaurant links in die Rue du Moulin. Der Campingplatz liegt am Ende der Straße.

ÖFFENTLICHE VERKEHRSMITTEL: Von den Häfen in Roscoff und Saint-Malo verkehren Züge nach Guingamp, von wo die Busnummer 2 nach Pabu fährt.

GEÖFFNET: Mitte Mai bis Mitte September.

Camping Milin Kerhé, Rue du Moulin, 22200 Pabu, Frankreich

t 0033 296 440 579   w www.milin-kerhe.com

le bois coudrais

»Fahren Sie an der Kreuzung links und dann halten Sie Ausschau nach der britischen Flagge«, meinte ein hilfsbereites Pärchen grinsend. Es weht auch eine französische Fahne davor, doch es sind hauptsächlich britische und holländische Camper, die den freundlichen, familiengeführten, traditionellen Platz schätzen. Nachts werden Ruhe und Frieden nur vom Rauschen der Pappeln gestört, auch wenn die hier ansässige Vielzahl von Vögeln in der Morgendämmerung einen unvergesslichen Gesang anstimmt – wenn Sie sich also von Vogelgezwitscher gestört fühlen, fahren Sie besser vorbei.

Die Belohnung dafür, dass man so früh aufsteht, ist der süße Duft von Croissants, die vor 8 Uhr geliefert werden, und vielleicht die Chance, die Ziegen, Hühner und Enten zu besuchen, die auf dem Platz leben. Kinder lieben es so sehr, sie zu streicheln und zu füttern, dass die Tiere am Ende des Sommers auf Diät gesetzt werden müssen. In der Hauptsaison bieten die Besitzer selbstgebackenen Kuchen, warme Gerichte und eine Auswahl an Salaten an, die man vor der kleinen, aber feinen Cafébar neben dem herrlichen Pool verzehren kann. An Inspiration und Unternehmungsmöglichkeiten herrscht kein Mangel: Mont-Saint-Michel liegt 20 Kilometer entfernt in die eine Richtung, das feudale Märchenschloss in Fougère eine Autofahrt von 35 Minuten in die andere.

Der familienfreundliche, herrlich gelegene Campingplatz ist weder besonders groß noch besonders raffiniert, aber trotzdem einfach toll und perfekt für coole Camper. Und wenn man sich nicht die Mühe machen möchte, sein eigenenes Zelt aufzubauen, kann man ein aufgebautes mieten – oder eines von vier Häuschen.

COOL-FAKTOR: Traditioneller, familiengeführter Campingplatz in der schönen Nordbretagne.
KOSTEN: Campen, Auto, 2 Erwachsene € 20. Zusätzliche Erwachsene € 4. Kinder (bis 14) € 3. Strom € 3.
AUSSTATTUNG: 25 große Stellplätze, verteilt auf 3 Areale. Waschblock mit warmen Duschen und guter Waschküche. Spülbecken. Spielplatz und Streichelzoo. Beheizter Swimmingpool. Kostenloses WLAN. Voll ausgestattetes aufgebautes Zelt zum Mieten plus 4 Ferienhäuschen. Lagerfeuer verboten. Grillen erlaubt.
ESSEN UND TRINKEN: Die Auberge de la Cour Verte in Dol-de-Bretagne (0033 299 484 141) ist ein freundlicher Gasthof. Oder man gönnt sich besten Fisch im Côte Mer in Cancale, Menü ab € 27 (0033 299 896 608, restaurant-cotemer.fr), mit herrlichem Blick über den Hafen.
AKTIVITÄTEN: Schauen Sie in der Touristeninformation im charmanten Combourg auf einen Kaffee vorbei, Ausgangspunkt für Wanderungen und Fahrradtouren durchs Gelände.
LAGE: Von Combourg folgt man auf der D796 den Schildern nach Mont-Saint-Michel, dann auf der D83 nach Cuguen. Etwa 2 km nach Cuguen ist der Campingplatz links ausgeschildert. Von Pontorson nimmt man die D90 nach Trans-la-Forêt, dann die D83 nach Cuguen.
GEÖFFNET: Anfang Mai bis Mitte September.

Le Bois Coudrais, 35270 Cuguen, Frankreich
t 0033 299 732 745 w www.leboiscoudrais.com

castel camping le brévedent

Im Herzen des Département Calvados, in der Nähe des idyllischen Dorfs Blangy, befindet sich der freundlichste Château-Campingplatz überhaupt. Ursprünglich sollten mit dem Campingplatz auf Le Brévedent nach dem Zweiten Weltkrieg die Reparaturarbeiten am Jagdschloss von Ludwig XVI. bezahlt werden. Zum Glück für uns konnte es sich der Marquis de Chabannes La Palice nur so leisten, das Land zu behalten, das sich seit 350 Jahren im Besitz seiner Familie befindet. Inzwischen führt sein Urenkel Raphael Bony das Zepter und öffnet jeden Abend die Bar im Herrenhaus, sodass die Gäste Apfelwein und Calvados trinken und durchs Erdgeschoss schlendern können, um sich die Gemälde seiner Vorfahren anzusehen und Billard zu spielen.

Zweimal in der Woche veranstaltet er mit seinem Freund Léon, der Akkordeon spielt, Musikabende, an denen sich jeder der Gäste beteiligen kann. Letztes Jahr hat eine belgische Familie die anderen auf Geige und Klavier mit Klassik von Mozart bis Rachmaninov verwöhnt. Danach spielte ein Camper auf seinem Dudelsack.

Wie vielerorts in Frankreich wird der 15. August (Mariä Himmelfahrt) hier mit Feuerwerk gefeiert. Auf Le Brévedent gibt es eine spektakuläre Show über dem See, Barbecue und eine Jam-Session. Raphael, dem jeder Anlass für eine Party recht ist, beendet die Saison immer mit einem Musikfestival.

Plastiktüten sind vom Platz verbannt worden, und jeder Gast bekommt im Laden einen wiederverwendbaren grünen Le-Brévedent-Beutel für seine morgendlichen Croissants. Leben im Einklang mit der Natur wird auch im kostenlosen Kids Club großgeschrieben. Im Juli und August wird die Apfelsaison voll ausgenutzt. Morgens sammeln die Kinder das Fallobst ein und veranstalten damit Eierlauf, bevor die Äpfel gepresst werden. Der köstliche Saft wird am Ende des Tages an die Camper verteilt.

Für Cool-Camping-Verhältnisse ist Le Brévedent groß, doch sein kluges Konzept sorgt für eine angenehm lockere Atmosphäre. Die Spielbereiche liegen günstig neben Restaurant, Terrassencafé (mit kostenfreiem WLAN) und See, wo man riesige Karpfen angeln kann. Der beheizte Swimmingpool und das Planschbecken vor dem Haupthaus fügen sich geschmackvoll in die Landschaft, und man hat einen spektakulären Blick auf den See, wo die meisten ihr Zelt aufschlagen. Hinter dem See befindet sich ein Bach, an dessen Ufer eine Meerschweinchenkolonie wohnt. Andernorts watscheln Enten und Hühner zwischen Apfelbäumen und Stauden.

Sonntagabends erzählt Madame Gurrey (Raphaels Großmutter) im Salon exzentrische Geschichten aus der Welt des Adels. Sie behauptet, Raphael habe die Nonchalance seines Urgroßvaters geerbt, der es oft nicht

FRANKREICH castel camping le brévedent

übers Herz brachte, den Campern Geld abzuknöpfen. Heutzutage kann man stundenweise ein Kanu mieten, um damit über den malerischen See zu paddeln. Doch Raphael zählt nicht die Minuten. Schließlich besteht nicht der geringste Grund zur Eile.

COOL-FAKTOR: Camping am See auf Schlossgelände.
KOSTEN: Je nach Saison pro Tag € 7 – € 9 für 1 Zelt oder 1 Wohnwagen, € 5,20 – € 6,70 für 1 Erwachsenen. Kinder bis 6 Jahre € 2,20 – € 3,50, von 7–12 Jahren € 3,35 – € 4,50. Stromanschluss € 2,45 – € 3,20.
AUSSTATTUNG: 140 Stellplätze mit Strom. Mehrere brandneue Safarizelte. 3 moderne Waschräume. Wickeltische und behindertengerechte Toiletten. 3 Spielplätze, beheizter Swimmingpool und Planschbecken, Spielzimmer in der Lodge, Angeln auf dem See, Boules, Volleyball, Badminton, Fußball, Minigolf. Das Spielzimmer im Herrenhaus ist den ganzen Tag geöffnet und hat einen Billardtisch. Tennis € 5 pro Stunde. Kanu € 3 pro Stunde. Fahrräder € 4 pro Stunde. Restaurant und Café mit Sonnenterrasse und kostenlosem WLAN. Der gutbestückte Laden verkauft Produkte aus der Region.
ESSEN UND TRINKEN: Donnerstag ist Foodie-Tag, und er beginnt auf dem kleinen, aber feinen Markt in Blangy-le-Château. Dort gibt es einen tollen Fischhändler, bei dem man Austern und Muscheln bekommt. Donnerstagnachmittags organisiert der Campingplatz Ausflüge nach Les Bruyères Carrées, eine kleine Destillerie, die ausgezeichneten Calvados und Apfelwein produziert.
AKTIVITÄTEN: Im Park gibt es zwei Spielplätze mit Schaukeln, Klettergerüst und Karussell. Ein mächtiger Baum im Garten eignet sich hervorragend zum Klettern. Und wenn das nicht genug ist: Im Kinderclub werden nachmittags regelmäßig Spiele veranstaltet.
Ein Dinner mit allen Schikanen bekommen Sie beim Sternekoch Bernard Vaxelaire, der im nahegelegenen Cormeilles ein fantastisches Restaurant namens Les Gourmandises (29, Rue de l'Abbeye, 0033 232 421 096) eröffnet hat, nachdem er genug hatte von der Pariser Schickeria.
LAGE: In der Normandie bei Blangy-le-Château, etwa 50 km südlich von Le Havre.
GEÖFFNET: Ende April bis September.

Camping le Brévedent, Route du Brévedent, 14130 Blangy-le-Château, Frankreich

| t | 0033 231 647 288 | w | www.campinglebrevedent.com |

val d'or

Auf den ersten Blick ist Luxemburg eines dieser wenig bekannten kleinen Länder, die nicht einmal mit einem berühmten Sportler oder den Skandalen eines Promis von sich reden machen. Oder damit, dass sie im Eurovision Song Contest regelmäßig peinlich schlecht abschneiden. Luxemburg hat den Wettbewerb immerhin fünf Mal gewonnen. Am interessantesten ist vielleicht noch die Tatsache, dass es eine Fläche von nur 2586 km² hat. Doch in der ländlichen Region der Ardennen versteckt sich zwischen Bäumen im Tal der Clerve ein sehr schöner Teil dieser 2586 km² – das kleine Goldstück Val d'Or in Enscherange. Fred und Karin van Donk, das freundliche holländische Ehepaar, das den Platz seit 1991 führt, haben hier eine grüne Oase geschaffen, die mit dem mitten hindurchführenden Fluss der ideale Ferienort für Kinder ist. Die 110 Stellplätze liegen teils direkt am Fluss, teils weiter abseits hinter hohen Hecken verborgen für diejenigen, die etwas mehr Ruhe und Platz haben möchten.

Nicht, dass hier normalerweise der Bär los wäre. Enscherange hat 140 Einwohner, und die einzige Kneipe im Dorf, das Bistro »Beim Renée«, ist so klein, dass man das Gefühl hat, in jemandes Wohnzimmer geraten zu sein. Aber es ist genau der richtige Ort, um das Lied zu schmettern, mit dem Corinne Hermès 1983 den Eurovison Song Contest für Luxemburg gewonnen hat: »Si la vie est cadeau« – Wenn das Leben ein Geschenk ist.

COOL-FAKTOR: Zelten am Fluss im grünen Herzen des Großherzogtums.
KOSTEN: Pro Tag € 16 – € 24 für 1 Stellplatz, 2 Personen und Strom.
AUSSTATTUNG: Ziemlich gut – allerdings braucht man einen digitalen Chip (für den man an der Rezeption ein Pfand von € 25 hinterlegen muss), um in den Genuss von warmem Wasser zu kommen. Man lädt ihn mit Bargeld auf und kann dann zusehen, wie der Betrag im 10-Sekunden-Takt um 3 Cent abnimmt.
ESSEN UND TRINKEN: Im Koener Hotel Restaurant in Clervaux (0395 921 002, hotelkoener.lu) gibt es leichte Snacks und Menüs. Der nächstgelegene Supermarkt ist in etwa 10 km entfernten Marnach. Dort deckt man sich am besten mit Lebensmitteln ein und versorgt sich selbst.
AKTIVITÄTEN: Alles, was Sie brauchen, gibt es vor Ort: einen Fluss mit flachem Kieselstrand, Schaukeln, Rutschen und Klettergerüste aller Art und – last not least – einen Wasserspielplatz. Die brauchen Sie nicht. Halten Sie es mit Pu dem Bären, der sagt: »Manchmal sitze ich da und denke. Und manchmal sitze ich einfach nur da.«
LAGE: Bei Enscherange im Norden Luxemburgs, zwischen Eifel und Ardennen.
ÖFFENTLICHE VERKEHRSMITTEL: Enscherange liegt an der Bahnstrecke von Luxemburg (Stadt) nach Lüttich. Züge verkehren stündlich, der Bahnhof ist weniger als 1,5 km vom Zeltplatz entfernt. Sie werden dort abgeholt, wenn Sie dies im Voraus vereinbaren.
GEÖFFNET: April bis Anfang November.

Camping Val d'Or, Um Gärtchen 2, 9747 Enscherange, Luxemburg
| t | 00352 920 691 | w | www.valdor.lu |

campspirit

Wenn Sie einen Campingplatz nur per Schiff erreichen können, dann kann nur etwas Gutes auf Sie warten. Es verspricht nicht nur einen autolosen, sondern auch einen sorglosen Urlaub. Denn Sie lassen beides zurück, wenn Sie die 15-Minuten-Fahrt antreten und über das ruhige Veluwemeer gemütlich zu dem schilfumsäumten Refugium mit dem wunderbaren Namen CampSpirit hinüberschippern. Der auf der Insel De Kluut gelegene Campingplatz besteht aus einem Sammelsurium von Zeltbehausungen aus aller Welt. Sie haben die Wahl zwischen 6 Indianertipis (ein siebtes dient als Gemeinschaftszelt), einem schwedischen Tipi, 4 Saharazelten, einer mongolischen und einer sehr speziellen kirgisischen Jurte. Ein aus Pakistan stammendes Hochzeitszelt bietet den idealen Rahmen für die Entspannungsworkshops, die das ganze Jahr über angeboten werden.

Janneke und Doron haben dieses kleine Paradies, das im Sommer 2007 seine Pforten geöffnet hat, mit viel Liebe und Aufwand geschaffen. Sie haben nicht nur die Zelte eines nach dem anderen herbeigeschafft und wieder aufgebaut, sondern auch jedes Möbelstück eigenhändig gefertigt. Nachdem sie auf ihren Reisen durch Afrika viele Eindrücke gesammelt hatten, wollten sie hier etwas aufbauen, das sich von den üblichen holländischen Campingplätzen unterscheidet. Und das ist ihnen in der Tat gelungen. CampSpirit ist ein behaglicher Rückzugsort, an dem man sich weder um den Aufbau des Zeltes noch um die richtige Campingausrüstung zu kümmern braucht. Außer der notwendigen Kleidung, ein paar persönlichen Dingen und frischen Lebensmitteln muss man überhaupt nicht viel mitbringen. Vielleicht noch Thoreaus *Walden* als Urlaubslektüre. Alles andere steht für Ihren Gebrauch zur Verfügung. Also lehnen Sie sich zurück und entspannen Sie sich.

Die Zelte sind über eine Hälfte der kleinen Insel verteilt, die andere Hälfte ist unberührte Natur, Teil eines Vogelschutzgebietes. Die Tipis werden für 2 bis 6 Personen vermietet, in den Jurten haben 4 Personen reichlich Platz. Alle Zelte sind mit richtigen Betten mit bequemen Matratzen und bunten folkloristischen Überwürfen ausgestattet – Sie werden also schlafen wie ein Stein. Außerdem gibt es einen Herd und so ziemlich alles an Küchengeschirr und -geräten, was Sie sich vorstellen können, plus einen kleinen Speiseschrank mit Vorräten. In bequemer Nähe liegt der Gemüse- und Kräutergarten, von dem Sie sich jederzeit bedienen können. Wenn Sie also des Nachts der Hunger plagt, brauchen Sie nur hinauszuschlüpfen und ein Radieschen zu pflücken.

Die Saharazelte sind bestens für Alleinreisende geeignet. Ein gemeinsames Küchenzelt und ein Picknicktisch mit herrlichem Blick sollen den Gemeinschaftssinn auch hier fördern. Aber vielleicht ist Ihnen das alles zu aufdringlich, vielleicht sind Sie vollkommen glücklich, einmal ganz für sich allein zu sein – warum auch nicht? Wenn Ihnen danach ist, vom Rest der Welt in Ruhe gelassen zu werden, ist das in Ordnung, und wenn Sie sich gern unter Menschen mischen möchten, ist das Gemeinschaftszelt genau der richtige Ort für ein freundschaftliches Powwow am Lagerfeuer. Das ist CampSpirit.

Es ist weniger ein Zeltplatz als ein Refugium zum Zurücklehnen und Genießen. Auf der Insel mit ihrem Schutzwall aus schwankenden Schilfgräsern herrscht eine besondere Atmosphäre, die sich augenblicklich beruhigend auf die Seele auswirkt. Hier dürfen sich nicht mehr als 50 Besucher gleichzeitig aufhalten. Am Ende Ihres Urlaubs würden Sie wahrscheinlich die meisten von ihnen am liebsten mit nach Hause nehmen. Wer hier an einem der zahllosen schönen Fleckchen im Schatten der Bäume in der Hängematte liegt und auf den malerischen kleinen Hafen blickt, fühlt sich unweigerlich bis in die tiefste Tiefe entspannt. Cooler als in CampSpirit kann Zelten nicht sein.

Es ist also kein Wunder, dass man manchmal ziemlich traurige Gesichter sieht, wenn die Fähre mit denjenigen ablegt, die zum Festland zurückfahren und dort ihre Autos und hoffentlich nicht zu viele ihrer Sorgen wieder abholen müssen.

COOL-FAKTOR: Luxuscampen in einem Inselrefugium, mit echtem Feuer in den Zelten.
KOSTEN: Informieren Sie sich am besten auf der CampSpirit-Website, da die Preise je nach Tipi- oder Jurtenmodell und saisonabhängig stark variieren. Bettwäsche muss extra bezahlt werden (€ 6 pro Person).
AUSSTATTUNG: Vier gepflegte Bungalows mit Duschen und Toiletten, Geschirrwaschbecken, Wäschetrockenplatz und ein kleiner Laden, in dem man Trockenfutter und Konserven kaufen kann. Die Tipis und Jurten sind mit einem Herd, Töpfen und Geschirr ausgestattet, die Bewohner der Saharazelte teilen sich ein Küchenzelt.

ESSEN UND TRINKEN: Das Sternerestaurant Basiliek in Harderwijk (Vischmarkt 57a, 0031 341 415 290) steht derzeit auf Platz 17 der Liste der 100 besten holländischen Restaurants. Das Gebäude, in dem die kulinarischen Köstlichkeiten serviert werden, war früher einmal eine Kirche.
AKTIVITÄTEN: Im Molecatenpark Flevostrand werden Segelkurse angeboten. Und adrenalinsüchtige Achterbahnfreaks besuchen am besten den Abenteuerpark Walibi World in Biddinghuizen (www.walibiworld.nl).
Zum Platz gehören ein großes Gemeinschaftszelt und ein pakistanisches Hochzeitszelt, in dem Workshops und Kurse (Malen, Mosaikkunst, Yoga, Reiki, Meditation u. a.) für alle interessierten Gäste angeboten werden. Kurse und Workshops finden regelmäßig, aber nicht täglich statt.
LAGE: Auf der Insel De Kluut im Veluwemeer zwischen den holländischen Provinzen Flevoland und Gelderland.
ÖFFENTLICHE VERKEHRSMITTEL: Mit dem Zug nach Harderwijk, dann mit dem Bus (Nr. 147) zum Flevostrand, von hier aus mit der Fähre zur Insel (Fahrplan auf der Homepage).
GEÖFFNET: Mai bis September.

CampSpirit, Strandweg 1, 8256 RZ Biddinghuizen, Holland

| t | 0031 630 364 723 | w | www.campspirit.nl |

camping de roos

Wer im Camping de Roos seinen Urlaub verbringt, in dessen Gepäck darf eines nicht fehlen: Badehose oder Badeanzug, am besten in doppelter Ausführung. Denn das ist Voraussetzung für den erfrischenden Sprung in die Fluten der Vecht, die sich durch diesen weitläufigen Zeltplatz schlängelt.

Der Campingplatz, zwischen Ommen und Beerze in einem Gebiet von großer landschaftlicher Schönheit gelegen, besteht aus vielen von dicht wachsenden Bäumen umgebenen Wiesenhängen und erfreut sich der angenehmen Nachbarschaft von Waldbewohnern wie Rehen, Nachtigallen und Spechten.

Das Gelände ist so aufgeteilt, dass man trotz der 280 hauptsächlich von Wohnwagen eingenommenen Stellplätze selten das unangenehme Gefühl von Enge hat. Die einzelnen Plätze sind ausgesprochen geräumig, und durch die hügelige, mit Bäumen und Büschen bestandene und von gewundenen Pfaden durchzogene Landschaft entsteht der Eindruck eines viel größeren Areals, das jedem genug Bewegungsfreiheit bietet. Für Gäste, die mit dem Fahrrad oder zu Fuß unterwegs sind und vor allem die Ruhe und den Frieden der Natur genießen wollen, stehen zwei eigene Plätze zur Verfügung. Das Gefühl der Naturnähe wird aber auch dadurch gefördert, dass der gesamte Platz nur zum Be- und Entladen mit Autos befahren werden darf.

Der schonende Umgang mit der Natur gehört schon deshalb zu den Prinzipien des Unternehmens, weil es eine sehr seltene Ehre ist, einen Campingplatz in einem Naturschutzgebiet eröffnen zu dürfen. Duschen mit Zeitschalter, Abfallrecycling und die freundliche Aufforderung, keine Blumen zu pflücken, sorgen dafür, dass der Platz so wenig Einfluss auf die Natur nimmt wie nur möglich. Im Laden vor Ort kann man sich mit gesunden Lebensmitteln und umweltfreundlichen Wasch- und Putzmitteln eindecken und man bekommt das Regionalste aller regionalen Produkte, nämlich Eis, das auf einem nahegelegenen Bauernhof hergestellt wird und einen zweiten, dritten und vierten Besuch wert ist.

Auf diesem Campingplatz, dessen Betreiber das Wort »kinderfreundlich« auf eine neue Stufe heben, bildet fröhliches Kinderlachen eine ständige Geräuschkulisse. Das übliche »Mir ist so laaangweilig« werden Sie hier, wo es Volleyball- und Fußballplatz, eine Wiese zum Drachen-steigen-Lassen, eine Boulebahn und Gummiboote zum Fahren auf dem Seitenarm des Flusses gibt, garantiert nicht hören. Für gute Laune sorgt auch der Kiosk mit seiner verlockenden Palette an Süßigkeiten für die lieben Kleinen (und die Naschkatzen unter ihren Eltern). Darüber hinaus gibt es ein breites Freizeitangebot für Kinder für verregnete Tage. Die Hauptattraktion aber ist und bleibt der Fluss mit seinen vielen Möglichkeiten. Der Seitenarm ist flach genug zum Planschen, hat einen eigenen kleinen Sandstand und einen hölzernen Steg, von dem die Kinder sich nach Herzenslust mit Köpper oder Arschbombe ins Wasser stürzen können.

Die Flussdünenlandschaft der Umgebung, die sich irgendwann während der letzten Eiszeit geformt hat, ist durchzogen von Radwegen. Fahrräder kann man vor Ort ausleihen und man muss nur kurz in die Pedalen treten, um sich mitten in einer wunderbar stillen Waldlandschaft wiederzufinden. Und wenn Sie in diesem Urlaub auf alles verzichten wollen, was Räder hat, so führt der 72 km lange Vechttal-Wanderweg direkt durch das Campingareal.

Die außergewöhnliche landschaftliche Lage hat zur Folge, dass der Platz trotz aller Freizeitangebote und Kinderbelustigungen, die man hier findet, eine Ruhe und Gelassenheit ausstrahlt wie kaum ein anderer in Europa. Und wenn es Ihnen schwerfällt, sich auf die besondere Atmosphäre des Ortes einzustellen, lassen Sie sich einfach auf dem Fluss treiben und genießen Sie Mutter Natur, wie sie schöner nicht sein könnte.

COOL-FAKTOR: Idyllisch gelegener Waldcampingplatz mit sehr lockerer und entspannter Atmosphäre am Ufer der Vecht.
KOSTEN: Je nach Saison € 16,50 – € 19,50 für 2 Erwachsene, 1 Zelt/Wohnwagen/Campingbus und 1 Pkw. Jede zusätzliche Person ab 3 Jahren € 3,90. € 1 Kurtaxe pro Person/Nacht. Es werden auch Paketpreise angeboten.
AUSSTATTUNG: Auf dem Campingplatz gibt es einen Naturkostladen, in dem man nicht nur regionale Produkte, sondern auch warme Pizza und vegetarische Pasteten kaufen kann, außerdem ein Teehaus mit Kiosk am Seitenarm der Vecht. Die Münzwäscherei ist mit einer Bügelstation ausgestattet und man kann sich Kühlelemente ausleihen. Münztelefon und kostenloser Internetzugang werden ebenfalls angeboten. Die Sanitärhäuser sind geheizt, Warmwasser gibt es kostenlos, Hunde dürfen nicht mitgebracht werden.
ESSEN UND TRINKEN: Superleckere Pfannkuchen gibt es im Boerderij Restaurant De Gloepe in Diffelen (Rheezerweg 84a, 0031 523 251 231, www.degloepe.nl).
AKTIVITÄTEN: Machen Sie mit Ihren Kindern die Wolfspfad-Abenteuerwanderung durch den Wald mit. Auf der 2,5 km langen Strecke werden Spiele veranstaltet und die Kinder bekommen einen Rucksack mit Spielbeschreibungen, Aufgaben und einem Zauberkeks, der sie offensichtlich in Wölfe verwandelt. Infos und Rucksack (€ 5,95) gibt es bei der Touristeninformation in Ommen (Kruisstraat 6, 0031 090 011 223 75, www.vechtdaloverijssel.nl). Bei einer Kanufahrt auf der Vecht das malerische Flusstal kennen lernen. Ein Bus bringt Sie an den Startpunkt, von dem aus Sie, ganz Ihrem eigenen Tempo folgend, mit dem Kanu zum Zeltplatz zurückkehren.
LAGE: Zwischen der Vecht und einem Seitenarm des Flusses in der Provinz Overijssel, etwa 6 km östlich von Ommen (genaue Wegbeschreibung, auch auf Deutsch, auf der Homepage).
ÖFFENTLICHE VERKEHRSMITTEL: Mit dem Zug kommt man höchstens bis nach Ommen, das 7 km vom Platz entfernt liegt. Das Regio-Taxi (900 8412) hat Sondertarife für Routen, wo keine öffentlichen Verkehrsmittel fahren (€ 2,61 plus € 0,42 pro Kilometer).
GEÖFFNET: Mitte April bis Anfang Oktober.

Camping de Roos, Beerzerweg 10, 7736 PJ Beerze-Ommen, Holland
t 0031 523 251 234 w www.camping-de-roos.nl

thyencamp

Paul und Marjo Tienkamps Sohn macht keinen Hehl daraus, dass er seine Eltern für Hippies hält. Selbst eingefleischter Stadtmensch und Anwalt, hat er erlebt, wie seine Eltern Anzug und Kostüm gegen Perlenschmuck, Bart, Shorts und Sandalen getauscht, sich einem Kreis von Umweltgruppen angeschlossen und im flachen Grasland von Drente einen Campingplatz mit Kunstgalerie eröffnet haben.

In Thyencamp sind 38 Stellplätze auf einer froschgrünen Wiese zwischen Obstbäumen, schattenspendenden Eichen und reich tragenden Beerensträuchern verteilt. Es ist der einzige klimaneutrale Campingplatz in Holland und die Eigner betreiben ihn um der Nachhaltigkeit willen sogar mit Verlust, so wichtig ist ihnen der Umweltschutz. Zum Glück gehen sie aber nicht so weit, ihren Gästen lehrreiche Vorträge zu halten oder ihnen vorzurechnen, welchen CO_2-Fußabdruck sie hinterlassen. Sie zeigen lieber durch ihr eigenes Beispiel, wie wir unseren Planeten mit einfachen kleinen Schritten schützen können, die uns nicht viel kosten – und diese Herangehensweise passt wunderbar zu der stillen, unverfälschten Natur dieses Campingplatzes.

Abgesehen davon, dass Strom hier mit Windrädern und Solarzellen gewonnen wird, benutzen die Tienkamps geldbeutelfreundliche LED-Leuchten, von denen die erste vor 25 Jahren gekauft und seither noch nie ausgetauscht wurde. Und sie haben auf der Schafweide und im Garten je drei Walnussbäume gepflanzt, die als Inbegriff der Nachhaltigkeit gelten können: Sie haben eine Lebensdauer von 250 Jahren, speichern Unmengen an Kohlendioxid, liefern nahrhafte und wohlschmeckende Nüsse und wertvolles Möbelholz.

Was Paul heute macht, ist sicher Lichtjahre entfernt von seinem früheren Leben als Versicherungsagent, aber er hat hier seine Bestimmung gefunden, und viele zufriedene Gäste kommen Jahr für Jahr wieder, weil die Ruhe und Gelassenheit, das Prinzip der Nachhaltigkeit und die schlichte Schönheit des Platzes und seiner Umgebung es ihnen angetan haben.

Wenn die Sonne herauskommt, sonnen sich die Camper auf der mit Klee übersäten Wiese oder sie halten ein Nachmittagsschläfchen unter schattenspendenden Zweigen. Auf der benachbarten Weide grasen träge Friesenrinder und in einem Graben schnattern Enten. Wenn Sie kein anderes Geräusch weit und breit hören als den Wind in den Zweigen der Bäume und hie und da einen stotternden Traktormotor, dann können Sie spüren, wie der Großstadtstress schneller verfliegt als der Tau mit Sonnenaufgang.

Ein kleiner Spielplatz hält die Kinder bei Laune, wenn sie nicht gerade unterwegs zum

Obstpflücken, auf einer Fahrradtour oder auf einer Wanderung sind. Und für alle, die ohne einen Abstecher in die Cyberwelt nicht leben können, steht ein Computer zur Verfügung.

Auch Kunstbeflissene kommen auf ihre Kosten. Ob abstrakte Skulpturen auf den Picknicktischen oder Vogelfiguren im Garten, überall stößt man auf Kunst in irgendeiner Form. Im Haupthaus zieren wunderbare Bilder die Flure, im Gemeinschaftssaal und im Obergeschoss werden regelmäßig Sonderausstellungen organisiert. Ein Ort wie geschaffen, um sich bei einem Glas Biobier vor der abendlichen Kühle zu schützen. Und am Morgen ist die Luft erfüllt vom Duft frisch gebackenen Brotes vom örtlichen Bäcker. Sie brauchen lediglich abends Ihre Bestellung aufzugeben, dann holt Paul am Morgen die kostbare Teigfracht mit seinem alten, flüssiggasbetriebenen Auto ab.

Umgeben vom gemächlichen Landleben der Provinz Drente, wo es mehr Radler als Autofahrer gibt, spiegelt der Campingplatz Thyencamp die lockere, umweltbewusste und liebenswerte Einstellung der Holländer, die dieses Land zu einem so reizvollen und zutiefst erholsamen Urlaubsziel macht.

COOL-FAKTOR: Idyllisches, friedliches, klimaneutrales Campen und liebenswerte Platzbetreiber obendrein.
KOSTEN: Wohnwagen € 4,50, Wohnmobil € 5,50, Zelt € 4, Kleinzelt € 3, pro Person € 3,50, Kinder bis 3 Jahre kostenlos. Es werden auch CO_2-neutrale Wohnwagen für € 25 pro Tag (Mindestaufenthalt 3 Tage) vermietet. Wer mit dem Fahrrad kommt, erhält einen 10-prozentigen Preisnachlass.
AUSSTATTUNG: Tipptopp gepflegte Sanitäranlagen mit je 2 Duschen und 2 Toiletten für Männer und Frauen. Waschmaschine (€ 3) und Wäschetrockner (€ 2) sind vorhanden, Biogetränke und Eiscreme aus fairem Handel bekommt man an der Rezeption. Für Kinder gibt es einen kleinen Spielplatz.
ESSEN UND TRINKEN: Was wären die Camper in Thyencamp ohne die Bäckerei Fledderus in Hooghalen? Hier können Sie sich mit Brot, Brötchen, Gebäck und Kuchen versorgen oder auf der Sonnenterrasse Eis in allen Geschmacksrichtungen genießen.
AKTIVITÄTEN: Mieten Sie Fahrräder oder schnüren Sie Ihre Wanderstiefel für einen Ausflug in die flache, malerische Landschaft von Drente. Das nahegelegene eisenzeitliche Grabhügelfeld Hijkerveld bietet sich zur Erkundung an. Die Wanderrouten sind 5–15 km lang. Schlagen Sie sich den Bauch mit frisch vom Baum gepflücktem Obst voll. Der Bauernhof der Familie Sturing an der Straße Richtung Hooghalen ist die richtige Adresse für Marmelade, Wein und Käse aus eigener Herstellung und für Obst aus dem eigenen Garten. Dort bekommt man auch Eier und frisches Brot, ideal für ein Frühstück vor dem Zelt.
LAGE: In der Provinz Drente im Nordosten Hollands, etwa 10 km südwestlich von Assen.
ÖFFENTLICHE VERKEHRSMITTEL: Mit dem Zug bis Assen, dort werden Sie netterweise nach Vereinbarung von Paul oder Marjo abgeholt.
GEÖFFNET: Mitte April bis September.

Camping en Galerie Thyencamp, Laaghalerveen 23, 9414 VH Hooghalen, Holland
t 0031 593 592 330   w www.thyencamp.nl

lauwerszee

Anders als in dem meisten europäischen Ländern haben radfahrende Holländer Vorfahrt vor allen anderen Verkehrsteilnehmern. Ob Kind oder Greis, das bevorzugte Transportmittel ist in jedem Fall das Fahrrad.

Eine der besten Gegenden, um in die Pedale zu treten, ist der Nationalpark Lauwersmeer. Hobbyornithologen werden begeistert sein zu hören, dass hier 140 Vogelarten beheimatet sind, die sie im Flug oder auf dem Wasser schwimmend beobachten können.

Mit dem Rad ist man im Nu in dem winzigen Dorf Vierhuizen, über das, weithin sichtbar, eine große hölzerne Windmühle wacht. Der Campingplatz Lauwerszee liegt auf der anderen Seite des Dorfes, versteckt hinter dem gemütlichen Restaurant des Eigners, in dem die einheimischen Gäste (zum Glück nur die männlichen) ihre imposanten Schnurrbärte zur Schau stellen.

Der Campingplatz ähnelt einem Landschaftspark. Blühende Hecken und Baumgruppen sorgen für Schutz und Privatsphäre auf den Stellplätzen, über den mit Blumen gesprenkelten Wiesenflächen tummeln sich Schmetterlinge. Es ist genau die richtige Atmosphäre, um sich nach einem erlebnisreichen Fahrradtag entspannt zurückzulehnen. Auch *Wadlopen* bietet sich an – eine Wattwanderung zu den nahgelegenen Inseln bei Ebbe. Dafür braucht man aber einen Führer!

COOL-FAKTOR: Ruhiger großzügiger Campingplatz in der Nähe eines Binnenmeers, das mit dem Fahrrad leicht zu erreichen ist.
KOSTEN: 2 Personen mit Zelt und Auto € 16,50, extra Erwachsene € 3,95, Kinder bis 12 Jahre € 2, Stromanschluss € 3,75.
AUSSTATTUNG: Neu gebaute Sanitäranlagen mit Duschen und Toiletten, Kinderspielplatz, Fahrradverleih.
ESSEN UND TRINKEN: Das Restaurant Herberg auf dem Campingplatz ist in der Gegend bekannt für seine gute Küche. Die Speisekarte gibt es nur auf Holländisch, seien Sie also mutig und nehmen Sie etwas, das Sie partout nicht übersetzen können.
AKTIVITÄTEN: Besuchen Sie im nahegelegenen Anjum das winzige Senfmuseum und die Kerzenfabrik (in der Sie Ihre eigenen Kerzen ziehen können). Nehmen Sie an der schön gruseligen Vollmondwanderung durch das Marschland rund um das Lauwersmeer teil, die um 23 Uhr beginnt und um 2 Uhr morgens endet. Außerdem werden Wattwanderungen zur Insel Schiemonnigkog angeboten (wadlopen-pieterburen.nl).
LAGE: Am Lauwersmeer in der Provinz Groningen im Norden Hollands, etwa 30 km nordwestlich der Stadt Groningen.
ÖFFENTLICHE VERKEHRSMITTEL: Mit dem Zug bis Groningen, von dort aus mit dem Bus Arriva 65 Richtung Zoutkamp (1,5 Stunden) bis Vierhuizen, die Haltestelle ist vor der Dorfkirche.
GEÖFFNET: Anfang April bis Ende Oktober.

Camping Lauwerszee, Hoofdstraat 49, 9975 VR Vierhuizen, Holland

| t | 0031 595 401 657 | w | www.camping-lauwerszee.nl |

ÖSTERREICH

park grubhof

Größe ist nicht alles, aber es ist sicher nicht von Nachteil, wenn man sich nach Herzenslust ausbreiten kann. Der Campingplatz Park Grubhof lässt in dieser Hinsicht keine Wünsche offen. In einem ehemaligen Schlosspark am Ufer der Saalach gelegen, dehnt sich der Platz über 12 Hektar aus. Eine weitläufige Blumenwiese, der Fluss und die Kastanien an seiner Uferböschung vermitteln den Eindruck von Natur pur.

Bei der Ankunft auf dem Platz fragen Sie sich angesichts der endlosen Reihen von Wohnwagen und Campingbussen vielleicht, warum Sie überhaupt nach Grubhof gekommen sind. Die Frage beantwortet sich von selbst, sobald Sie auf der vom Wohnwagenbereich abgetrennten Zeltwiese stehen, die bis an die Saalach heranreicht und einen großartigen Blick auf die Loferer Steinberge bietet. Hier kann man dem sanften Plätschern des Flusses lauschen oder zusehen, wie die Sonne zwischen Breithorn und Loferer Alm untergeht. Für Regentage steht sogar eine große Hütte zur Verfügung, in die man sich zurückziehen kann, bis die Sonne wieder herauskommt.

Obwohl der 2009 vom ADAC ausgezeichnete Grubhof zu den »ersten Adressen« unter den österreichischen Campingplätzen zählt, ruhen sich die Betreiber, Robert Stainer und seine Familie, nicht auf den Lorbeeren aus, sondern bemühen sich nach Kräften, eine private Atmosphäre zu schaffen und den Bedürfnissen ihrer Gäste nachzukommen.

Die Einrichtungen sind vorzüglich, moderne Sanitärgebäude mit viel Holz und Glas, großzügigen Duschkabinen, Babyraum sowie eigenem Wasch- und Trockenraum für Kanuten. Glanzstück ist das 2010 eröffnete, einem alten Bauernhaus nachempfundene Zentralgebäude, welches neben Rezeption, Wirtshaus, Shop und Café einen Wellnessbereich der Extraklasse beherbergt.

Die meisten Camper lassen sich auf der oben erwähnten Wiese nieder, aber man kann sein Zelt auch in den meisten anderen Arealen aufstellen, die sehr umsichtig in hundefreie und hundefreundliche Bereiche getrennt sind.

Die Loferer und Leoganger Steinberge, deren Panorama man auf dem Zeltplatz genießt, sind nicht die größten aller Gebirgsgruppen in den Ostalpen, aber sie haben es durchaus in sich. Die Routen zu den Gipfeln sind steil, beschwerlich und nichts für Leute mit Höhenangst, aber die Mühe wird tausendfach belohnt durch den unglaublichen Blick. Höchster Gipfel der Gruppe ist mit 2634 m das Birnhorn, an dessen 1400 m fast senkrecht abfallende Südwand sich nur die furchtlosesten aller Kletterer heranwagen.

Etwas leichter ist es, die Dörfer und Städte der Umgebung zu erkunden. St. Martin (1 km) und Lofer (2 km), zwei für das Salzburger

ÖSTERREICH park grubhof

Land sehr typische Ortschaften, ursprünglich und dennoch gut erschlossen. Auch in der näheren Umgebung locken interessante Ziele. Da gibt es den Tauern-Radweg, der sich über 325 km von Krimml (wo die berühmten Krimmler Wasserfälle jährlich Hunderttausende von Touristen anziehen) bis Passau erstreckt. Die Mozartstadt Salzburg ist nur 40 km entfernt, die spektakuläre Großglockner-Hochalpenstraße erreicht man mit dem Auto in einer Stunde. Sie können aber auch einfach vom Zeltplatz aus mit dem Kajak in die Saalach springen. Ja, es ist richtig, dass Grubhof zu Österreichs Campingplatz-Größen zählt, aber es ist dennoch einer der Plätze, auf denen die Individualität der Gäste respektiert wird.

COOL-FAKTOR: Großer Campingplatz mit getrennter Zeltwiese am Ufer der Saalach.
KOSTEN: 2 Erwachsene mit Zelt und Auto € 28,70, Nebensaison € 23,60. 2 Erwachsene, 2 Kinder € 40,30, Nebensaison € 32,80. Campinghäuschen (2–4 Personen) € 43 – € 53.
AUSSTATTUNG: Erstklassig mit ultramodernen Sanitäreinrichtungen (behindertengerecht), Babybad, Spielplatz, Kinderspielraum, Gemeinschaftsraum mit Tischtennis und TV, WLAN. Neben Rezeption, Restaurant, Shop & Café bietet der Grubhof eine beeindruckende Wellness-Alm mit finnischer Sauna, Biosauna, Dampfbad, Infrarot, UV-Raum, Wärmebank sowie großzügigem Ruhebereich.
ESSEN UND TRINKEN: Das platzeigene Wirtshaus steht für einheimische Küche zu vernünftigen Preisen, doch es gibt viele Cafés und Gasthöfe in der Umgebung, wo man regionale Spezialitäten wie Apfelstrudel und Schnitzel schlemmen kann. Wer beim Essen eine schöne Aussicht genießen will, fährt zur Loferer Alm ins Schönblick (0043 658 882 780).
AKTIVITÄTEN: Nur einen Kilometer flussabwärts vom Campingplatz hat das Motion Center Lofer seinen Sitz, das Kanu- und Schlauchbootfahrten für die ganze Familie und noch vieles mehr anbietet (0043 6588 7524, www.motion.co.at). Besuchen Sie eine der nahgelegenen Schluchten, erklimmen Sie die Berge (zu Fuß oder mit der Seilbahn) oder gehen Sie im Juli und August in Lofer ins Freibad, das im Camping-Preis inbegriffen ist.
LAGE: Im Saalachtal im Salzburger Land nahe der deutschen Grenze, zwischen Salzburg und Kitzbühel.
ÖFFENTLICHE VERKEHRSMITTEL: Nach Lofer gibt es keine Bahn-, wohl aber mehrere direkte Busverbindungen: von St. Johann in Tirol, Saalfelden, Zell am See, Kitzbühel und Salzburg.
GEÖFFNET: Ganzjährig, außer November.

Park Grubhof, 5092 St. Martin bei Lofer, Land Salzburg, Österreich
t 0043 6588 82370   w www.grubhof.com

fernsteinsee

Österreich ist nicht gerade arm an Schlössern. Von Vorarlberg bis Wien gibt es jede Menge barocke Zitadellen und Renaissance-Kastelle. Auch wenn Schloss Fernsteinsee in einer anderen Liga angesiedelt ist als die Festung Hohensalzburg oder die Burg Liechtenstein, repräsentiert es doch ein Stück österreichische Geschichte.

Es sagt einiges über das Schloss, dass der Bayernkönig Ludwig II., selbst kein Waisenknabe, wenn es um den Bau von Schlössern ging, liebend gern hier weilte. Er kam nicht nur wegen der gefälligen Architektur des Schlosses, sondern auch wegen der kristallklaren Seen und der eindrucksvollen Tiroler Alpengipfel. Würde Ludwig dem Schloss heute einen Besuch abstatten, so wäre er sicher ausgesprochen belustigt festzustellen, dass aus dem Schlosspark ein Campingplatz geworden ist.

Den Campingplatz, der etwa 500 Meter vom Schloss – heute ein Vier-Sterne-Hotel – entfernt ist, gibt es noch nicht lange. Er liegt innerhalb einer ringförmigen, baumgesäumten Straße. Im weiter abgelegenen Bereich herrscht beschauliche Ruhe, auf der hotelzugewandten Seite in der Nähe der Liegewiese ist die Atmosphäre eher gesellig.

Die Einrichtungen sind, wie man es angesichts der Bindung an einen Hotelbetrieb erwarten kann, überdurchschnittlich. Das Sanitärhaus ist beheizt, und es gibt einen Raum mit Waschmaschinen, einen kleinen, aber gut bestückten Laden, eine Bar mit Sonnenterrasse, Sauna und Solarium (die allerdings extra bezahlt werden müssen). Zum Hotel und zu den Seen läuft man etwa 10 Minuten durch bewaldetes Gelände an dem Bach entlang, der quer durch den Campingplatz fließt.

Von den Hoteleinrichtungen steht den Campern eigentlich nur das Restaurant offen. Hier allerdings bekommen sie einen kleinen Rabatt auf das Frühstück und ein Gratisdessert nach dem Abendessen – ein nobles Vier-Gänge-Menü, das sehr zu empfehlen ist, wenn das Outdoor-Leben Sie hungrig gemacht hat. Auch die Benutzung der beiden Seen mit ihrem unglaublich klaren Wasser ist für Campinggäste eingeschränkt. Weil ihre Unterwasserwelt ein besonders empfindliches Ökosystem bildet, dürfen nur Hausgäste tauchen, die nachweisen können, dass sie mindestens 50, für den Samarangersee sogar 80 Tauchgänge absolviert haben. Boot fahren, schwimmen und sonnenbaden ist dagegen allen Besuchern erlaubt. Das Gipfelpanorama, das sich vom Ufer und vom See aus bietet, ist auf alle Fälle mehr als einen Blick wert. Fernsteinsee liegt inmitten der Tiroler Alpen, die man von malerischen Ortschaften wie Nassereith (5 km), Obsteig (14 km) oder Imst (15 km) aus erkunden kann. Imst ist ein beliebter Ferienort und bietet

ÖSTERREICH fernsteinsee

entsprechend viele touristische Aktivitäten wie Klettern und Canyoning.

Da die deutsche Grenze nicht weit ist, kann man bequem Ausflüge in benachbarte Städte wie Garmisch-Partenkirchen (30 km) unternehmen, von wo aus ein Wanderweg über Deutschlands höchsten Berg, die Zugspitze, führt. Von Garmisch-Partenkirchen aus dauert die Wanderung 2 Tage, aber es gibt auch kürzere Routen, beispielsweise vom österreichischen Ehrwald (17 km) aus. Aber gleichgültig, welchen Weg Sie wählen, der Blick vom Gipfel ist in jedem Fall überwältigend.

Etwa 50 km östlich vom Campingplatz liegt die Tiroler Hauptstadt Innsbruck, ein Paradies für Skifahrer und Bergwanderer. Hier gibt es Museen und Kneipen, Märkte und Boutiquen – ein buntes und lebendiges Stück Europa mitten in der urigen Landschaft Österreichs. Hier, mit Ihrem See und Ihrem Schlosscampingpark, können Sie nur das Gefühl haben, als lebten Sie wie ein König.

COOL-FAKTOR: Ein Schloss, die Tiroler Alpenwelt und zwei Seen, die zu den klarsten Gewässern Europas zählen.
KOSTEN: Stellplatz (inkl. 2 Personen und Zelt) je nach Saison und Größe € 17 – € 28. Zusätzliche Personen € 4 – € 5.
AUSSTATTUNG: Rezeption und Minimarkt, Aufenthaltsraum mit Billard und Tischfußball, Kinderspielplatz, Boots- und Fahrradverleih, Seegarten mit Sonnenliegen, Sauna und Solarium (€ 6,50).
ESSEN UND TRINKEN: Im platzeigenen Minimarkt bekommt man Eier, Brot, Suppen und Süßigkeiten, abends auch Pizza. In den beiden Restaurants des Hotels gibt es Sonderangebote und einen kleinen Rabatt für Camper. In Obsteig und Imst ist täglich außer sonntags Markt.
AKTIVITÄTEN: Auf dem Spielplatz vor Ort können sich die Kinder austoben und am See gibt es Tret- und Ruderboote. Informationen über Wander-, Kletter- und Radtouren erhalten Sie an der Rezeption. Und wenn Sie zur Abwechslung einen Adrenalinstoß brauchen, machen Sie in Imst eine Fahrt auf der längsten Alpen-Achterbahn der Welt (Alpine Coaster Imst, 0043 5412 66322, www.alpine-coaster.at).
Leisten Sie sich eine Nacht in einer der hochherrschaftlichen Suiten des Hotels. Selbst unverbesserliche Romantiker werden nicht enttäuscht sein von der König-Ludwig-Suite oder dem nicht minder luxuriösen Kaiser-Joseph-Apartment. Oder besuchen Sie das weltweit einzigartige Starkenberger Bierschwimmbad auf Schloss Starkenberg im 14 km entfernten Tarrenz.
LAGE: Im Oberinntal in Tirol, 50 km östlich von Innsbruck (genaue Wegbeschreibung auf der Homepage).
ÖFFENTLICHE VERKEHRSMITTEL: Mit dem Zug bis Imst, von dort fährt stündlich ein Bus zum Schloss Fernsteinsee (manchmal muss man in Nassereith umsteigen).
GEÖFFNET: Ende April bis Ende Oktober.

Fernsteinsee, Fernpassstraße, 6564 Nassereith, Österreich

| t | 0043 5265 5210 | w | www.fernsteinsee.at |

ÖSTERREICH

… ÖSTERREICH

sonnenberg

Was kann es Schöneres geben, als inmitten einer österreichischen Alpenlandschaft den Klängen des Alphorns zu lauschen, jenes einzigartigen Holzblasinstruments, mit dem die Almkühe herbeigelockt und die Touristen verzaubert werden. Auf dem Campingplatz Sonnenberg legen die Betreiber und ein paar ihrer Freunde jeden Sonntag ihre Trachten an und geben ein Konzert. Und wenn die Klänge tief und feierlich über den Platz hallen und die Sonne die Gipfel der umliegenden Berge golden färbt, weiß man, man ist in Österreich und sonst nirgendwo.

Der von Matthias und Beate Dünser geführte Campingplatz Sonnenberg liegt 600 m über dem Meeresspiegel. Tradition und vor allem Gastlichkeit werden hier großgeschrieben. Zelte und kleinere Wohnwagen stehen einträchtig auf dem terrassenförmig angelegten Areal beieinander, an der Rezeption werden alle Fragen der Gäste beantwortet, in der nahegelegenen Bäckerei bekommt man morgens frisch gebackenes Brot, die Sanitäranlagen samt Babywickelraum, Wasch- und Trockenraum sind tipptopp gepflegt, auch Internetzugang und Bibliothek fehlen nicht. Aber das Beste an Sonnenberg ist das Panorama, majestätische Gipfel, wohin man auch blickt – im Südosten die Silvretta, im Süden der Rätikon, im Norden die Lechtaler Alpen, und an klaren Tagen sieht man in der Ferne sogar die Schweizer Berge.

Vorarlberg ist ein lohnendes Gebiet für ausgiebige Erkundungen. Jedes Tal hat seinen eigenen Charakter, jede Ortschaft ihre Besonderheiten. In Nüziders finden Camper alles, was sie brauchen, aber interessanter sind Feldkirch (20 km), eine mittelalterliche Stadt, in der sich das hippe Jungvolk trifft, und Bludenz (3 km), im Schnittpunkt von fünf Tälern gelegen und Ausgangspunkt für touristische Aktivitäten aller Art vom Wandern bis zum Snowboardfahren. Und wenn Sie zur Schokoladensucht neigen, werden Sie mit Freude zur Kenntnis nehmen, dass die Firma Suchard hier ihren Sitz hat.

Eines der Täler, die hier ihren Anfang nehmen, ist das Große Walsertal, das zu den Biosphärenreservaten der UNESCO zählt. Dem sportlichen Bewegungsdrang sind keine Grenzen gesetzt und Kletterer werden sich freuen zu hören, dass nahezu jeder Gipfel ohne aufwendige Ausrüstung zu erreichen ist. Ein Klassiker ist eine zweitägige Wanderung mit Hüttenübernachtung zur Zimba hinauf und auch den 1970 m hoch gelegenen Lünersee muss man eigentlich gesehen haben. Fußfaule können von Brand aus die Seilbahn nehmen und wer nicht gern allein wandert, kann sich einer der vom Zeltplatz organisierten Wandergruppen anschließen.

Eine schöne Abwechslung ist auch ein Ausflug nach Bregenz am Bodensee (50 km), wo man ein Boot oder ein Fahrrad mieten

ÖSTERREICH sonnenberg

kann; oder man steigt auf den Pfänder, von dessen 1064 m hohem Gipfel man einen unvergleichlichen Blick über den See hat. In der Ferienregion Bregenzerwald finden Sie Almweiden, schmucke Dörfer und moderne Ökohäuser.

Zurück auf dem Campingplatz, können Sie auf den Terrassenwiesen alle Viere von sich strecken und die Ruhe genießen, wenn die Sonne untergeht und die Dunkelheit sich wie eine samtene Decke um die Gipfel legt. Und wenn gerade Sonntag ist, wissen Sie ja, was kommt – Sie machen es sich mit einem Bier bequem und lauschen den Klängen der Alphörner, die klagend durch die Nacht hallen.

COOL-FAKTOR: Ein umsichtig geführter, stimmungsvoller Campingplatz vor der Kulisse des Vorarlberger Gebirgspanoramas.
KOSTEN: 2 Erwachsene € 31,50 (Nebensaison € 22), 2 Erwachsene mit 2 Kindern € 39,50 (Nebensaison € 28).
AUSSTATTUNG: 115 Plätze. Hier ist alles unter einem Dach in einem zweigeschossigen Gebäude untergebracht: Rezeption und Minimarkt, Sanitäranlagen mit Babyraum, Spülbecken, Waschmaschine und Trockner, Aufenthaltsraum, Filmvorführraum, Schlafgelegenheiten für 4 Personen und Internetzugang.
ESSEN UND TRINKEN: Auf dem Platz kann man nur das Notwendigste kaufen, aber nur 300 m entfernt liegt das Restaurant Daneu mit österreichischer und internationaler Küche, beim Italiener Angelo (2 km) werden Gerichte nach den Wünschen der Gäste zusammengestellt und in Braz (8 km) gibt es ein hübsches Lokal namens Rössle (Arlbergstraße 67, 0043 5552 281 050, www.roesslebraz.at).
AKTIVITÄTEN: Vor Ort gibt es einen Spielplatz mit Tischtennisplatte, einen Aufenthaltsraum mit Tischfußball und Dartscheibe, und 3 bis 4 x wöchentlich werden Kinderprogramme wie geführte Wanderungen, Stockbrotbacken, Tischtennisturnier oder Filmvorführungen angeboten. Fahrräder können an der Rezeption ausgeliehen werden. Eine Nacht auf der Frassenhütte (0043 699 170 510 89, www.frassenhuette.at), in 1740 m Höhe am Hohen Frassen gelegen. Man kann entweder zu Fuß hinaufwandern oder die Muttersberg-Seilbahn nehmen. Überfliegern wird ein Tandem-Gleitschirmflug über das Montafon empfohlen (Tandem Gliding Montafon, Silbertalstraße 26, 6780 Schruns, 0043 5556 76717, www.tandemgliding.at).
LAGE: Im Schnittpunkt der 5 Täler Walgau, Brandnertal, Montafon, Klostertal und Großes Walsertal in Vorarlberg, etwa 50 km südlich von Bregenz (Wegbeschreibung auf der Homepage).
ÖFFENTLICHE VERKEHRSMITTEL: Mit dem Zug bis Nüziders oder Bludenz, von dort weiter mit dem Bus bis fast zum Campingplatz. Abholung kann vereinbart werden.
GEÖFFNET: Mai bis September.

Camping Sonnenberg, Hinteroferst 12, 6714 Nüziders bei Bludenz, Vorarlberg, Österreich
t 0043 5552 64035   w www.camping-sonnenberg.com

eigernordwand

Eine der vermuteten Wortbedeutungen des Namens Eiger ist Oger, »Unhold«, und wenn man den Berg so betrachtet, leuchtet diese Interpretation ein. Er steigt 1800 m steil auf und erzeugt sein eigenes Mikroklima, in dem es selbst an vollkommen ruhigen Tagen zu plötzlichen Sturmwinden und Wetterstürzen kommen kann. Das ist einer der Gründe, warum er so schwer zu besteigen ist und warum es besser ist, auf dem Zeltplatz zu sitzen und anderen bei ihren Bemühungen zuzusehen. Und einen besseren Beobachtungsposten findet man nicht als diesen Platz am Fuß der Eigernordwand, der von einem reizenden alten Herrn namens Rudi geleitet wird. Rudi war schon hier, als Leinenrucksäcke und Norwegerpullover das Nonplusultra unter Kletterern waren. Jeden Abend macht er die Runde, um seinen Gästen Hallo zu sagen. Doch die meisten haben ihre Stühle zur Eigernordwand hingedreht und versuchen, eines der menschlichen Staubkörner zu erhaschen, die darin herumkraxeln. Natürlich hat Grindelwald mehr zu bieten als einen gewaltigen Felsbrocken, und der Blick ins Tal, wenn man seinen Stuhl herumdreht, ist nicht minder überwältigend. Nur sehen dich dann alle anderen an.

COOL-FAKTOR: Direkt an der Ehrfurcht gebietenden Eigernordwand.
KOSTEN: Erwachsene CHF 13,90 (inkl. CHF 2,90 Kurtaxe), Kinder von 3–12 Jahren CHF 5,50, Stellplatz je nach Größe CHF 7– CHF 14, Pkw CHF 3. Preise (Winter): Erwachsene CHF 11 (inkl. Duschen) + CHF 4,20 Kurtaxe, Kinder von 3–11 Jahren CHF 6, Wohnmobil CHF 18, Elektrizität CHF 6.
AUSSTATTUNG: Ein Schweizer Chalet mit modernen sanitären Einrichtungen, Waschsalon, 2 Aufenthaltsräume mit TV, Grillhütte, Kinderspielplatz mit Tischtennisplatte.

ESSEN UND TRINKEN: Direkt am Zeltplatz liegt ein Hotel mit Bar und Terrasse mit Blick auf den Eiger. Das Hotel Grand Regina in Grindelwald (0041 33854 8600, www.grandregina.ch) hat eine Bar mit Terrasse für den abendlichen Drink, im Hotel Kreuz und Post am Bahnhof gegenüber kann man gut und nicht zu teuer essen.
AKTIVITÄTEN: Eine Fahrt mit der längsten Personengondelbahn der Welt, die von Grindelwald auf den Männlichen führt. Von der Bergstation ist es nur noch ein 20-minütiger Spaziergang auf den Gipfel. Oder eine 35-minütige Fahrt mit der Zahnradbahn von Grindelwald zur Kleinen Scheidegg, der Passhöhe zwischen Eiger und Lauberhorn. Der Blick von hier auf die Nordwand ist unvergleichlich.
LAGE: Bei Grindelwald im Berner Oberland, am Fuß der Eigernordwand, 20 km südöstlich von Interlaken.
ÖFFENTLICHE VERKEHRSMITTEL: Es fahren regelmäßig Züge von Interlaken nach Grindelwald (Fahrplanauskunft unter www.sbb.ch), vom Bahnhof sind es 10 Min. zu Fuß.
GEÖFFNET: Anfang Juni bis Mitte Oktober. Wintercamping: Mitte Oktober bis Mitte April.

Camping Eigernordwand, 3818 Grindelwald, Schweiz

t 0041 33853 1242   w www.eigernordwand.ch

SCHWEIZ

camping arolla

Die Schweizer sind durchaus speziell. Es ist sicher kein Zufall, dass Einstein während seiner Zeit als Angestellter des Patentamtes in Bern die Relativitätstheorie entwarf oder dass am unterirdisch auf Schweizer Boden stehenden weltgrößten Teilchenbeschleuniger Männer mit wilden Mähnen und Acrylglas-Schutzbrillen arbeiten und sich mit rasenden Teilchen beschäftigen. Hier ist einfach alles ein bisschen anders, als wären Raum und Zeit nicht real und nichts so, wie es zu sein scheint.

Nehmen Sie zum Beispiel Camping Arolla. Damals, bei unserem ersten Cool-Camping-Besuch, hat uns der Blick hier ergriffen – eine Umgebung, die förmlich nach Aktivität schreit, und Berge, die erklommen werden wollen. Doch während wir schon unsere ersten Texte verfassten und wie wild fotografierten, erkundeten die aktuellen Besitzer Laurence und Georges noch die umliegenden Hänge und genossen die Schönheit dieser Schweizer Perle. Als wir unser Zelt aufstellten und unsere Pflöcke in den fruchtbaren Boden rammten, richteten sie sich vielleicht direkt neben uns auf ihrem Stückchen Paradies ein. Half uns nicht jemand mit den Zeltleinen? Wer war der Mann, der uns auf den schönen, einsamen Wanderweg aufmerksam machte?

Das Einzige, was wir mit Sicherheit sagen konnten, als wir zu einem unserer Lieblings-Campingplätze zurückkehrten, war, dass diese beiden sympathischen Typen sich genauso sehr in Camping Arolla verliebt hatten wie wir – und 2014 zurückgekommen waren, um ihn zu übernehmen.

Dass man von diesem Platz aus eine spektakuläre Aussicht hat, ist nicht verwunderlich, schließlich befindet er sich auf fast 2000 Meter Höhe in den Walliser Alpen und beansprucht für sich, der höchstgelegene Campingplatz Europas zu sein. Von den Stellplätzen auf den grasbewachsenen Hangterrassen sieht man ins Tal hinunter, aber wenn Sie Ihr Zelt oben auf der Bergkuppe aufstellen, haben Sie die 4000-Meter-Gipfel des Mont Collon und des Pigne d'Arolla vor sich. Von hier aus sehen Sie auch, dass direkt über dem Zeltplatz eine furchterregende Felsenspitze aufragt wie eine Rieseninjektionsspritze, die Ihnen, sollte je ein Arzt damit in Ihre Nähe kommen, den Schweiß auf die Stirn treiben würde.

Abgesehen von anspruchsvollen Klettertouren bietet die Gegend auch wunderbare Wanderwege, und eine Tour, die jeder gemacht haben muss, ist die zum Lac Bleu hinauf. Von La Gouille aus geht es erst einmal gemächlich durch den Wald und über Wiesen, bevor der Weg dann steil aufsteigt und zugegebenermaßen so beschwerlich wird, dass Sie sich eine Belohnung verdient haben, wenn Sie oben angelangt sind. Und die erhalten Sie

in Gestalt eines absolut kristallklaren Sees, in den sich auf der einen Seite dünne Sturzbäche über Felsen ergießen, während das Wasser auf der anderen Seite in mehreren Becken zum Tal hinabfließt. Das Beste aber ist die kleine Kneipe, die am Ausgangspunkt der Wanderung mit einem eiskalten Bier auf Sie wartet. Das haben Sie sich jetzt verdient.

Wenn Ihnen das alles aber zu anstrengend ist – schließlich sind Sie im Urlaub –, gibt es in Petit Praz immer noch die leuchtend grüne Wiese, auf die Sie sich fallen lassen und den einen oder anderen Nachmittag verträumen können. Machen Sie einfach die Höhenlage und die viele frische Luft dafür verantwortlich, dass Sie sich ganz komisch im Kopf fühlen und unbedingt ein geruhsames Schläfchen brauchen. Oder die unheimlichen Vorgänge um den Teilchenbeschleuniger, von dem kein Geringerer als Stephen Hawking düster voraussagt, er könne ein riesiges Schwarzes Loch erzeugen, das uns am Ende alle verschlingt. Ein Grund mehr, sich nach Arolla zu begeben, solange es noch da ist.

COOL-FAKTOR: Der höchstgelegene Campingplatz Europas mit unglaublich sauberer Luft und sensationellem Blick.
KOSTEN: Erwachsene CHF 7, Kinder CHF 4, Zelt je nach Größe CHF 7 – CHF 12, Pkw CHF 3 inkl. Kurtaxe.
AUSSTATTUNG: Alle Stellplätze befinden sich auf ebenen Terrassen und haben einen ausgezeichneten Blick. Es gibt ein geräumiges neues Sanitärgebäude mit allen Schikanen und eine Gebühr von CHF 1 für die Duschen. Die Rezeption hat einen gut bestückten Shop, mit Gas, Karten, Getränken und täglich frischem Brot. Waschmaschinen zur kostenlosen Benutzung. Auf dem ganzen Platz WLAN.
ESSEN UND TRINKEN: Die wichtigsten Lebensmittel und morgens frische Brötchen kann man im kleinen Lebensmittelladen vor Ort kaufen. In Arolla gibt es einen Supermarkt und nebenan das Café-Restaurant du Pigne (0041 27283 7100), das, abgesehen davon, dass es belgisches Bier verkauft und ein angenehmes Lokal ist, über eine Sonnenterrasse mit Blick auf die Berge verfügt.
AKTIVITÄTEN: Nach Arolla kommt man zum Wandern, und Wanderrouten gibt es im Überfluss. Haben Sie *Shining* mit Jack Nicholson gesehen? Wenn ja, wird Ihnen ein Besuch im Hotel Kurhaus in Arolla gefallen (0041 27283 7000, www.hotel-kurhaus.arolla.com). Es steht dort in luftiger Höhe und von Tannen umgeben seit 1896, Zeit genug also für allerlei gespenstisches Treiben in den holzgetäfelten Räumen. Ein Doppelzimmer mit Frühstück kostet CHF 54 (Standard) bis CHF 104 (mit Balkon und Bergblick). Wenn Sie lieber nicht über Nacht bleiben wollen, verbringen Sie einfach ein paar Stunden im Restaurant oder in der Bar.
LAGE: Am Arollagletscher in den Walliser Alpen im Kanton Wallis, bei Arolla, 40 km südöstlich von Sion, 5 km nördlich der italienischen Grenze.
ÖFFENTLICHE VERKEHRSMITTEL: Vom Bahnhof Sion fährt im Ein- bis Zweistundenrhythmus ein Postbus nach Arolla (Fahrplanauskunft http://fahrplan.sbb.ch). Von der Haltestelle Arolla La Monta sind es 5 Min. zu Fuß bis zum Campingplatz.
GEÖFFNET: Juni bis September.

Camping Arolla, 1986 Arolla, Schweiz
t 0041 27283 2295 w www.camping-arolla.com

camping des glaciers

Wenn man an die Schweiz denkt, hat man, ob man will oder nicht, sofort alle möglichen Bilder im Kopf: Heidi mit strohblonden Zöpfen, Jungs in Lederhosen, Schokolade, Taschenmesser. Und hier auf dem Campingplatz des Glaciers finden Sie auch noch all die anderen üblichen Verdächtigen – Almwiesen, Bergwälder, Gletscher, rauschende Wildbäche, kristallklare Luft, Alpenblumen und weiße Schäfchenwolken.

Das Campingareal liegt auf dem Hang unterhalb des Gletschers ausgebreitet wie eine große grüne Picknickdecke, und man hat die Wahl zwischen dreierlei Stellplätzen: zwischen grasbewachsenen Felsen mit Blick auf die Gipfel, auf der offenen Wiese mit Blick ins Tal oder zwischen Tannen und Alpenblumen, wo man den Wald vor lauter Bäumen (und Bienen) nicht sieht.

Seit dem ersten Besuch von Cool Camping 2008 haben die Besitzer den Platz, der sich seit über 40 Jahren in den Händen der Familie befindet, an die nächste Generation weitergereicht. Alain wird Ihnen sicher einige der sieben Orchideensorten zeigen, die hier wachsen, und vielleicht auch gelegentlich ein Exemplar der seltenen *Campanula thyrsoides*, der Strauß-Glockenblume. Es hilft enorm, dass er ausgezeichnet Englisch und eine Reihe anderer Sprachen spricht. Seine Mutter Agathe tummelt sich manchmal noch auf dem Platz oder schaut auf einen Drink mit manchen Gästen vorbei, die schon das 30. Jahr in Folge herkommen. Die Stammgäste erinnern sich auch noch an Alains Vater Michel, dessen Geist in der Bergfolklore weiterlebt, denn er war der Erste, der 1963 allein die Eiger-Nordwand bestieg.

Der Campingplatz ist 10 Gehminuten von La Fouly entfernt, im Winter ein bescheidener kleiner Skiort mit einer schwarzen und ein paar roten und blauen Pisten. Beliebter ist La Fouly aber im Sommer, wenn die Wiesen mit Blumen gesprenkelt sind und der melonengrüne Wildbach gurgelnd vom Gletscher herunterstürzt.

La Fouly und das etwas höher gelegene Ferret sind Ausgangspunkte eines weitläufigen Netzes von Wanderwegen und Klettertouren, und auch wenn die Berge hier nicht vom Format des Eigers sind, müssen sie sich doch nicht gerade verstecken. Die Zwillingsgipfel oberhalb des Campingplatzes und der Pass, der nach Frankreich hinüberführt, genügen den Ansprüchen der meisten Bergwanderer voll und ganz, und Sie müssen mehr als ein paar Steigeisen an Ihre Guccischuhe schnallen, wenn Sie zum Abendessen nach Chamonix hinüber laufen wollen. Das sind zwar nur 16 Kilometer Vogelfluglinie, aber selbst mit dem Auto braucht man dafür über die Passhöhe des Col des Montets geschlagene eineinhalb Stunden.

SCHWEIZ camping des glaciers

Nicht, dass Sie solche Strecken überhaupt zurücklegen müssen, haben Sie doch alles, was Sie brauchen, direkt vorm Zelt. All diese Almwiesen, Bergwälder, Gletscher und rauschenden Wildbäche …

COOL-FAKTOR: Alles, was Ihnen zum Sommer in den Schweizer Alpen einfällt.
KOSTEN: Erwachsene CHF 6,40 – CHF 8, Kinder CHF 3,20 – CHF 4, Stellplatz inkl. Zelt CHF 12,80 – CHF 16.
AUSSTATTUNG: Seit 2008 gibt es neben dem ursprünglichen Sanitärhaus unterhalb der Rezeption ein neues Sanitärgebäude mit Babywickelraum. Auch eine Gemeinschaftshütte mit TV steht zur Verfügung.
ESSEN UND TRINKEN: Im Dorf, etwa 10 Gehminuten entfernt, gibt es einen Supermarkt. Direkt oberhalb des Campingplatzes liegt das Restaurant des Glaciers, in dem seit einiger Zeit ein neuer Chefkoch für frischen Wind in der Küche sorgt. Überdies sind die Preise (ab CHF 22 für ein 3-Gänge-Menü) nicht übertrieben hoch.
AKTIVITÄTEN: Machen Sie einen Ausflug zu den atemberaubenden Gorges du Durnand bei Martigny (www.gorgesdudurnand.ch), ein Ensemble von 14 Wasserfällen, die durch Holzstege miteinander verbunden sind. Die in die Felswand hineingebauten Stege sehen teilweise abenteuerlich aus, aber sie eröffnen einfach spektakuläre Blicke.
Im Juni und Juli werden im Open-Air-Kino in Martigny Filme gezeigt (Preise und aktuelles Programm unter www.open-air-kino.ch). Achten Sie darauf, in welcher Sprache die Filme gespielt werden oder ob sie untertitelt sind.
LAGE: An der Grenze zu Frankreich und Italien im Val Ferret im Kanton Wallis, 25 km südlich von Martigny bei La Fouly.
ÖFFENTLICHE VERKEHRSMITTEL: Mit Zug oder Bus von Martigny nach Orsières, vom Bahnhof mit dem Bus weiter nach La Fouly (Fahrplanauskunft unter http://fahrplan.sbb.ch).
GEÖFFNET: Mitte Mai bis Ende September.

Camping des Glaciers, 1944 La Fouly, Val Ferret, Schweiz

| t | 0041 277 831 826 | w | www.camping-glaciers.ch |

lo stambecco

Ein Park mit dem Namen »Großes Paradies« muss einiges bieten, um zu halten, was er verspricht. Der Nationalpark Gran Paradiso in den italienischen Alpen wird seinem Namen gerecht. Vom Campingplatz Lo Stambecco aus reicht der Blick über das Tal bis zum Gipfelgrat des Testa della Tribolazione, dessen Südostwand trotz des unheilschwangeren Namens (Tribolazione hat die Bedeutung von Jammer und Not) bei Bergsteigern sehr beliebt ist. Gegenüber dem Platz ragt eine Bergkette auf, hinter der abends die Sonne untergeht, und unterhalb rauscht einer jener Gebirgsflüsse gen Tal, die zu zwei Dritteln aus Gletscherwasser und zu einem Drittel aus Gesteinsbrocken bestehen und ein typisches Marguerita-Graugrün aufweisen. Ein Bad in diesem Gewässer ist allerdings nicht zu empfehlen – Ihre kostbaren Gliedmaßen würden es Ihnen nicht danken und abgesehen davon würden Sie am Ende ins Mittelmeer geschwemmt werden.

Lo Stambecco gehört zu dem winzigen Dorf Valnontey, an einer der großen Fernwanderrouten der Alpen, dem Höhenwanderweg Alta Via 2 zwischen Champorcher und Courmayeur, gelegen. Mit einer Durchschnittshöhe von 2000 m und dem Col Loson, der bis auf 3300 m Höhe aufsteigt, ist die Alta Via eine anspruchsvolle mehrtägige Wanderroute. Zum Glück kann man sich auch eine Vorstellung von den Strapazen machen, indem man nichts Anstrengenderes tut, als vom Terrassenhang des Campingplatzes aus den vorüberziehenden Wanderern zuzuwinken. Lo Stambecco ist der ideale Ort, um einen ganzen Nachmittag lang herumzulungern. Das Gras ist so weich und gemütlich, dass Pantoffeln als Schuhwerk fast angemessener wären als Wanderstiefel.

Die Stellplätze ziehen sich vom Wiesenhang bis hoch in den Kiefernwald, der sich langsam, aber stetig immer weiter ins Tal hinunterschiebt. Je weiter man den Berg hinaufsteigt, umso dichter wird der Wald, und manch einer wird sich versucht fühlen, wie Hänsel und Gretel eine Spur aus Brotkrumen zu legen, um sich ja nicht zu verlaufen, wenn er nachts aufs Klo muss.

An der Rezeption kann man Wanderkarten kaufen, auf denen sowohl halbstündige Spazierwege als auch schweißtreibende Tagestouren in die luftige Heimat des scheuen Alpensteinbocks (italienisch *stambecco*) beschrieben sind. Es gibt eine traditionsreiche Alpenhütte namens Rifugio Vittorio Sella, einst im Besitz von König Viktor Emanuel II., dem ersten König des vereinten Nationalstaats Italien, der sie für die Steinbockjagd nutzte, die Tiere letztlich aber vor dem Aussterben bewahrte, indem er sie unter seinen persönlichen Schutz stellte.

Zu der Hütte hinauf ist es von Valnontey ein kräftezehrender zweieinhalbstündiger

Aufstieg. Wesentlich leichter geht es den Berg hinunter nach Cogne, einem typischen malerischen Alpenstädtchen mit fast 1500 Einwohnern, wo Sie sich nach ein paar Tagen in Lo Stambecco fühlen werden, als wären Sie mitten in Manhattan. Natürlich geht es auf dem Rückweg stramm bergan, aber mit der Aussicht auf die Pantoffeln, die Sie auf dem Campingplatz erwarten, sollte das ein Klacks für Sie sein.

COOL-FAKTOR: Alpines Campen mit allem, was dazugehört.
KOSTEN: Erwachsene € 7, Kinder € 5, Zelt € 5, Pkw € 3.
AUSSTATTUNG: 140 Plätze. Die Sanitäranlagen sind in Ordnung, aber ein bisschen düster. Vor allem die Stehklos sind eine Herausforderung für die weniger standfesten Camper.

ESSEN UND TRINKEN: Auf dem Campingplatz gibt es eine kleine Bar und ein Restaurant mit Außenbewirtung und Blick auf die Berge. Von den Restaurants in Valnontey ist das Hotel Paradisia (0039 165 74158), in dem man Standardgerichte wie Pasta und Steak für € 7 – € 17 essen kann, am schönsten gelegen.
AKTIVITÄTEN: Besuchen Sie mit Ihren Kindern die Ferme du Grand Paradis (0039 348 258 9500,

www.lafermedugrand-paradis.it) auf der anderen Seite des Flusses und probieren Sie die dort erzeugten Käsesorten, von denen einige ziemlich streng sind.
LAGE: Im Nordwesten Italiens, im Nationalpark Gran Paradiso im Aostatal, 15 km südlich von Aosta.
GEÖFFNET: Ende Mai bis Ende September.

Camping Lo Stambecco, Frazione Valnontey 6, 11012 Cogne, Aosta, Italien

| t | 0039 165 74152 | w | www.campeggiolostambecco.it |

Alle piazzole
Müll
Rifiuti
Mini - Market
Reception
Ristorante
Restaurant
Streichelzoo
Zoo di animali

seiser alm

Wer nicht zu den großen Sprachtalenten zählt, wird hier möglicherweise vollends unter Sprechhemmungen leiden. Das liegt nicht an der Höhe, die Sie gewiss ein bisschen benommen machen kann, sondern an der Sprache, die in der Gegend gesprochen wird – Italienisch mit schweren schweizerisch-österreichisch-deutschen Einsprengseln.

Die Seiser Alm oder Alpe di Siusi liegt im Herzen der Dolomiten. Charakteristisch für diesen Teil der südlichen Kalkalpen ist der abrupte Wechsel zwischen sanft gewellten Almen und Kalksteinfelsen, die wie finstere Monolithen aus der friedlichen Alpenlandschaft aufragen.

Die drei wichtigsten Städte der Region sind Kastelruth, Seis und Völs. Dazwischen verstreut liegen kleinere Dörfer und hier, am Fuße des 2500 m hohen Schlern, liegt der Campingplatz Seiser Alm. Unterhalb dieses Kalksteinwunderwerks stehen willkürlich im Gras verstreut winzige Zelte. Trotz einer unschönen Phalanx von Wohnwagen und Dauercampern hat man angesichts des ungehinderten Blicks auf das Dolomitenpanorama fast das Gefühl, wild zu campen.

Was nicht verwundert, denn dieses Panorama ist einfach atemberaubend. Im Winter liegt das Tal unter einer dicken Schneedecke, und die Bergspitzen – einige mehr als 3000 m hoch – sehen aus wie Kosakenzipfel mit Zuckerguss. Im Sommer wird die märchenhafte Landschaft mit ihren Blumenwiesen, majestätischen Bergen und eindrucksvollen Felsformationen vor einem strahlend blauen Himmel von Urlaubern mit professioneller Wanderausrüstung überschwemmt.

Wandern war in dieser Region schon im 19. Jahrhundert beliebt, und heute existiert ein Netz ausgewiesener Wanderrouten von insgesamt 350 km Länge. Und wenn Sie die Entfernungen und Höhenmeter lieber im Sitzen zurücklegen, steht Ihnen die Seiser Alm Umlaufbahn samt Anschlussliften zur Verfügung. Allerdings müssen Sie Ihren Hintern wieder erheben, wenn Sie eine kleine Rast im Schlernhaus einlegen wollen. Das in 2400 m Höhe am Petz, dem höchsten Gipfel des Schlern, gelegene Schlernhaus (oder italienisch Refugio Bolzano) ist eine der ältesten Berghütten in den Alpen. Ebenso reizvoll ist ein Spaziergang zum Aussichtspunkt an der Bergstation des Puflatsch-Sessellifts. Das Panorama mit der Marmolada, dem höchsten Berg der Dolomiten, im Osten hat einen ziemlich hohen Wow-Faktor.

Wenn Sie eher an Geschichte als an schweißtreibendem Wandern interessiert sind, werden Sie Spaß daran haben, die zahllosen Burgen, Ruinen und Miniaturdörfer der Gegend zu erkunden. Geradezu obligatorisch bei wärmeren Temperaturen ist ein Bad im wunderschönen Völser Weiher, der bekannt ist für sein intaktes Ökosystem und seine hervorragende Wasserqualität. Auch Radler und Mountainbiker müssen nicht zurückstehen – die Felshänge und sanft gewellten Straßen der Region bieten atemberaubende Touren für alle Leistungsniveaus.

Und wenn Sie dann auf dem Campingplatz einmal eine Pause brauchen, wird Ihnen das Frühstück auf einer langen Terrasse mit spektakulärem Blick auf die Dolomiten auf der einen und ins Tal auf der anderen Seite serviert. Erwarten Sie allerdings keinen Cappucino mit Cornetto, das Frühstück ist typisch deutsch – Brötchen mit gekochtem Ei, Schinken und Käse. Eine leckere und passende Art, sich auf den kräftezehrenden Tag vorzubereiten, der vor Ihnen liegt.

COOL-FAKTOR: Blick auf die Dolomiten und Wanderwege vom Feinsten.
KOSTEN: Erwachsene € 7,80 je nach Saison. Kinder von 2–9 Jahren € 11,50. Stellplatz € 4,40 – € 8,80.
AUSSTATTUNG: Gourmetrestaurant, hervorragende Sanitäranlagen, Minimarkt, Spielplatz mit Streichelzoo, WLAN und morgens aktuelle Tageszeitungen.
ESSEN UND TRINKEN: Das platzeigene Restaurant Zur Quelle besitzt eine Aussichtsterrasse mit Blick auf die Berge. Im benachbarten Ferienort Seis am Schlern gibt es ein paar Kneipen und eine Pizzeria. Das Restaurant Bullaccia (0039 471 704 302) an der Bergstation des Puflatsch-Sessellifts ist der perfekte Gipfelort für ein kaltes Bier. Wochenmärkte finden freitags in Kastelruth und samstags in Völs statt.
AKTIVITÄTEN: Fahren Sie mit der Seiser Alm Umlaufbahn von der Talstation auf die Seiser Alm (Seiser Alm Umlaufbahn AG, Schlernstraße 39, 0039 471 704 270, www.seiseralmbahn.it) und von dort weiter hinauf mit dem Sessellift, oder wagen Sie einen Gleitschirm-Tandemflug ins Tal mit Tandem Fly (0039 338 604 1979, www.tandemfly.it) oder mit Fly2 (0039 335 571 6500, www.fly2.info, € 110 – € 150, je nach Art). Wer etwas Ruhigeres vorzieht, sollte sich ein traditionelles Tiroler Heubad gönnen, das eine schweißtreibende, entschlackende, hautreinigende und angenehm entspannende Wirkung haben soll (Hotel Heubad, Fiè allo Sciliar, 0039 471 725 020, www.hotelheubad.com).
LAGE: Auf der Seiser Alm in den Südtiroler Dolomiten, etwa 15 km östlich von Bozen.
GEÖFFNET: Dezember bis November.

Camping Seiser Alm, St. Konstantin 16, 39050 Völs am Schlern, Italien

| t | 0039 471 706 459 | w | www.camping-seiseralm.com |

bellavista

Kommen Sie und stürzen Sie sich in die Fluten. Der Campingplatz Bellavista befindet sich am nördlichen Ufer des Gardasees, des größten italienischen Sees, und hat damit eine erstklassige Lage für alle jene Camper, die gar nicht genug kriegen können vom kühlen Nass.

Es ist ein einfacher und einladender Campingplatz mit großzügig bemessenen Stellplätzen, die alle über einen Stromanschluss verfügen. Reihen von Olivenbäumen spenden Schatten und angesichts der überschaubaren Größe des Areals hat man alles in erreichbarer Nähe. Das Campinggelände grenzt direkt an einen malerischen Strand. Hier ist das Wasser des Sees so klar und blau, dass man seine Zehen im weißen Sand einsinken sieht.

Zu beiden Seiten des Sees begrenzen imposante Kalksteinfelsen das Panorama. Die Gegend ist ein idealer Ort für Wanderer, Mountainbiker, Kletterer und Canyoning-Freunde. Aber so wie der Campingplatz liegt, sollte Wassersport in allen Variationen an erster Stelle stehen. Am beliebtesten sind Windsurfen und Segeln, und man kann sich vor Ort alles, was man dazu benötigt, ausleihen.

Wenn Sie dann genug haben vom Wasser, lockt die nahegelegene Stadt Arco mit ihren Obstgärten und Weinbergen, die im mediterranen Klima der Gegend prächtig gedeihen. Im Zentrum der Altstadt liegt ein belebter Platz, die Straßen sind gesäumt von Reihen malerischer Häuschen mit hübschen hölzernen Fensterläden. Schließen Sie Ihren Rundgang mit einem Besuch der mittelalterlichen Burgruine ab, die auf einem senkrecht aufragenden Felsen hoch über der Stadt thront.

COOL-FAKTOR: Ein freundlicher kleiner Campingplatz in unmittelbarer Nähe des Seeufers.
KOSTEN: Stellplatz € 11,50 – € 12,50, Erwachsene € 10 – € 10,50, Kinder von 3 – 12 Jahren € 7,50.
AUSSTATTUNG: Neues Sanitärhaus mit Waschmaschinen und Trockner, Café und Minimarkt, Behindertenbad, Babywickelraum, Privatbäder (€ 8 extra).
ESSEN UND TRINKEN: Das Café des Campingplatzes hat Tische im Freien und einen hervorragenden Kaffee. Verwöhnen Sie Ihren Gaumen am Abend im Ristorante alla Lega in Arco (0039 464 516 205, www.ristorantealllalega.com), einem traditionsreichen Lokal mit weinbewachsenem Innenhof.
AKTIVITÄTEN: Eine Besichtigung der Burgruine Arco mit ihrem 100 m senkrecht abfallenden Burgberg oder ein Besuch in der nahegelegenen Stadt Riva del Garda mit Eisessen auf der Seepromenade. Oder unternehmen Sie eine abenteuerliche Canyoning-Tour mit dem Spezialistenteam aus Torbole (0039 464 505406, www.canyonadv.com).
LAGE: Am Nordufer des Gardasees, 30 km südwestlich von Trento.
GEÖFFNET: Anfang April bis Ende Oktober.

Camping Bellavista, Via Gardesana 31, 38069 Torbole sul Garda, Italien
t 0039 464 505 644   w www.camping-bellavista.it

san biagio

D. H. Lawrence mag sich mit Geschichten über unsittliche Ladys und sexsüchtige Wildhüter einen Namen gemacht haben, aber er war auch in Sachen Italien sehr bewandert. Als Prototyp des bärtigen, sandalentragenden Briten im Ausland kam er kurz vor dem Ersten Weltkrieg an den Gardasee und bestaunte in lyrischster Weise die »Zypressen wie Flammen vergessener Dunkelheit« oder den »grün-silbernen Rauch der Olivenbäume« – genug, um uns den Mund wässrig zu machen.

Der größte See Italiens hat vielleicht etwas von seiner von Lawrence besungenen romantischen Schönheit eingebüßt, seit er von Horden von Touristen heimgesucht wird, aber die Zypressen und Olivenbäume stehen immer noch zwischen terrakottagedeckten Häusern, und Weinberge und Gärten mit Zitrusbäumen vervollständigen heute das Bild.

Der Campingplatz liegt in der fruchtbaren Provinz Brescia in der Nähe des Städtchens Salò am Westufer des Sees auf seiner eigenen kleinen Halbinsel, der Punta Belvedere, die sich wie ein anklagender Zeigefinger in nordöstlicher Richtung ins Wasser streckt.

Die 161 Stellplätze sind so geschickt angelegt, dass das familiäre Ambiente eines sehr viel kleineren Campinggeländes entsteht. Die meisten Plätze liegen am Seeufer oder nicht allzu weit davon entfernt. Andere Stellplätze sind durch die terrassenförmige Anlage leicht erhöht, sodass man auch von hier aus zwischen mediterranen Bäumen hindurch den einmaligen Seeblick genießen kann.

Wo immer Sie aber Ihr Zelt aufstellen, das Wasser ist stets nah und leicht zugänglich. Selbst da, wo kein weicher Sand zum Baden einlädt, sondern harter Fels das Ufer säumt, sind bequeme Stufen in den Stein gehauen – genau richtig, um seine Luftmatratze zu Wasser zu bringen und sich auf dem See treiben zu lassen.

Wenn Sie es schaffen, sich von dem klaren Blau des Sees loszureißen, finden Sie auch in der Umgebung genügend Abwechslung. Da ist beispielsweise Rocca di Manerba, der steil aufragende Fels, auf dem man irgendwann die Mauern einer mittelalterlichen Burgfeste entdeckte.

Von der Spitze der Halbinsel aus, wo halb verborgen im Schilf die sechs besten Stellplätze liegen, blickt man zur Insel San Biagio hinüber, von den Einheimischen auch Haseninsel genannt. Der Halbinsel vorgelagert, sieht sie aus wie direkt aus den Tropen importiert. Bei niedrigem Wasserstand ist sie durch einen schmalen Sandstreifen mit dem Festland verbunden, ansonsten watet man durch knietiefes Wasser hinüber. Ein Handtuch um den Kopf gewickelt und Schaufel und Eimer in der Hand, ist man dann für

jedes Abenteuer gerüstet. Nehmen Sie ein Picknick mit oder werfen Sie etwas auf den Grill und suchen Sie sich einen schönen Rasenplatz zum Essen. Oder besser noch, leihen Sie sich am Inselkiosk einen Liegestuhl und lassen Sie die Stunden an sich vorüberziehen.

Für unternehmungslustigere Gemüter gibt es in der näheren Umgebung eine Unzahl kleiner Städte und Dörfer mit Pizzeria, Kirche und allem Drum und Dran. Ebenfalls nicht weit entfernt ist Salò, die ehemalige Hauptstadt von Mussolinis Marionettenstaat. Zum Glück ist der Diktator längst tot, und die Stadt hat eine Uferpromenade, auf der man sich fühlt, als wäre man, wie Alice hinter den Spiegeln, geradewegs in ein venezianisches Gemälde geraten. Die kleinen Gässchen der Stadt mit ihren verführerischen Läden, Cafés und Kneipen lassen den Besucher jenes Italien spüren, das D. H. Lawrence auch heute noch wiedererkennen würde.

COOL-FAKTOR: Relativ kleiner Campingplatz in allererster Lage.
KOSTEN: Je nach Saison Erwachsene € 8 – € 12, Kinder von 3–11 Jahren € 5 – € 8, Stellplatz (inkl. Zelt und Pkw) € 15 – € 32.
AUSSTATTUNG: 161 Plätze. Modernes Sanitärhaus mit Waschmaschinen und Trockner, Minimarkt, Restaurant, Spielplatz, Bootsanlegeplatz, WLAN.

ESSEN UND TRINKEN: Die Bar am Wasser hat leckeres kaltes Bier, Espresso und Pizza. Wer zur Haseninsel hinüberwatet, findet dort einen Kiosk.
AKTIVITÄTEN: Man kann mit Kindern den ganzen Tag am Strand verbringen, ohne sich zu langweilen. In den Monaten Juli und August findet im nahegelegenen Manerba jeden Dienstag ein abendlicher Markt statt. Erleben Sie einen typisch italienischen Abend in der Cantina Santa Giustina im nahegelegenen Salò (Salita Santa Giustina 6,

0039 365 520 320). In dem rustikalen Kellergewölbe bekommt man ausgewählte Käse- und Wurstteller und gute Weine, und wenn der Wirt seine Hand im Spiel hat, ist der Kater am nächsten Morgen garantiert.
LAGE: Am Südwestufer des Gardasees, 30 km östlich von Brescia (genaue Wegbeschreibung auf der Homepage).
GEÖFFNET: Anfang April bis Ende September.

Camping San Biagio, Via Cavalle 19, 25080 Manerba del Garda, Italien

| t | 0039 365 551 549 | w | www.campingsanbiagio.net |

internazionale firenze

Ein Aufenthalt in Italien ist nicht vollkommen, wenn man nicht wenigstens ein paar Tage in der Gesellschaft von Dante, Michelangelo und Co. verbringt, denn wenn es eine Stadt gibt, die den Glanz der italienischen Renaissance – die Malerei, die Bildhauerkunst, die Dichtung und die Architektur – verkörpert, dann ist es Florenz, diese schöne Stadt am Arno.

Camping Internazionale Firenze ist so international, wie es der Name sagt. Über der Rezeption flattern mehr Nationalflaggen als im olympischen Dorf. Man ist schließlich in Florenz, einer Stadt, die im Sommer von bunt gekleideten, munter fotografierenden, kulturbeflissenen Gestalten aus aller Welt bevölkert ist. Doch der Campingplatz ist eine 20-minütige Busfahrt vom Stadtzentrum entfernt, sodass Sie auch auf dem Höhepunkt des toskanischen Sommers Ruhe vor dem lärmenden Gewimmel der Stadt finden können.

Das Campinggelände ist recht groß und steigt ziemlich steil an, aber immerhin stehen die Ferienhütten außer Sichtweite in der Nähe der Rezeption. Die eigentlichen Zeltplätze befinden sich auf dem terrassenförmig angelegten Hang, von wo aus man auf die Dächer von Florenz hinunter sieht, doch je nachdem, an welcher Stelle man sein Zelt aufgebaut hat, fällt der Blick mal auf das ehemalige Franziskanerkloster San Paolo della Croce, in dem heute ein Luxushotel untergebracht ist, mal auf die Kirche des Klosters Certosa del Galluzzo. Wenn es dunkel wird, schießen die Fledermäuse zwischen den Bäumen hin und her und schnappen sich Käfer und Motten aus der Luft, und aus dem Gras blinken die Glühwürmchen Sie an. Sie hätten Schwierigkeiten, so etwas in einer Zwei-Sterne-Pension im Stadtzentrum zu finden.

Auf dem Platz gibt es eine Bar, die in der Regel von ziemlich lärmenden Jugendlichen frequentiert wird, aber zum Glück für alle ruhebedürftigen Camper außer Hörweite liegt. Darüber hinaus gibt es ein bescheidenes Restaurant und einen kleinen gut ausgestatteten Laden, in dem man morgens alles bekommt, was man für ein einfaches Frühstück braucht, und abends ein kaltes Bier, das man mit zum Platz nehmen kann, wenn man sich gemütlich ins Gras setzen und die Fledermäuse mit dem Handy fotografieren will.

Und wenn es Zeit ist, die üblichen Touristenpfade zu begehen, werden Sie vermutlich gar nicht wissen, wo Sie anfangen sollen. Mit Michelangelo in der Galleria dell'Accademia oder mit Donatello im Bargello? Mit einem Latte macchiato oder einem Glas Chianti? *Prosciutto* oder *formaggio*? Ponte Vecchio oder ein Eis bei Ponti? Atmen Sie tief durch, schnüren Sie Ihre bequemen Laufschuhe und

ITALIEN internazionale firenze

machen Sie sich bereit für ein Kulturerlebnis italienischer Art.

Florenz gehört zu den angenehmen Städten, in denen alle Sehenswürdigkeiten so nah beieinander liegen, dass man sie zu Fuß erreichen kann. Weil es aber so viele davon gibt, kann man bei dem Versuch, sich alle anzusehen, ohne weiteres die olympische Marathonsdistanz zurücklegen.

Immerhin ist die Stadt fußgängerfreundlich. Fast die gesamte Innenstadt ist autofreie Zone oder die Straßen sind so schmal, dass hier höchstens Vespas oder winzige Fiats fahren können. Sie werden sich also eher auf dem Kopfsteinpflaster den Knöchel verstauchen, als dass Ihnen sonst etwas Schlimmes passiert.

COOL-FAKTOR: Camping vor den Toren eines der bedeutendsten Zentren italienischer Renaissancekunst und -architektur.
KOSTEN: Je nach Saison Erwachsene € 7 – € 12, Kinder von 3 – 12 Jahren € 5 – € 6, Zelt € 12 – €14.
AUSSTATTUNG: Schwimmbad mit Sonnenterrasse, Spielplatz, Gemeinschaftsküche mit Kochgelegenheit und Kühlschrank, Bügelraum, Sanitärhaus mit Duschen, Toiletten, Spülbecken, Waschmaschinen und Trockner.
ESSEN UND TRINKEN: Der Campingplatz hat eine eigene Bar und eine Pizzeria mit schattigem Biergarten, die auch ein paar toskanische Gerichte anbietet. Wenn Sie in der Stadt sind, nutzen Sie die Gelegenheit, um essen zu gehen. Direkt am Dom, in der Via delle Oche, gibt es einen hervorragenden Weinkeller, die Enoteca Alessi (0039 55 214 966, www.enotecaalessi.it), wo man zu leckerer Bruschetta Weine verkosten kann. Wenn Sie etwas in der Nähe der Uffizien suchen, probieren Sie die Rosticceria Giuliano Centro di Mazzanti in der Via die Neri 74 (0039 55 238 2723), wo Sie einheimische Spezialitäten bekommen. Gegenüber ist ein Stehlokal, in dem es toskanische Leckereien wie Artischocken und Trüffel auf Brot gibt und der Chianti vom Fass € 2 kostet. Ein paar Straßen weiter bietet das nette kleine Café Naimi seinen Gästen freien Internetzugang an.
AKTIVITÄTEN: Besuchen Sie den Dom von Florenz und erklären Sie Ihren Kindern, während Sie zur Kuppel hinaufsteigen, wie Brunelleschi dieses zweischalige Meisterwerk der Renaissancearchitektur völlig ohne Gerüst errichten ließ. Und wenn Sie oben sind, genießen Sie die Aussicht, bis Sie wieder zu Atem gekommen sind.
Sehen Sie sich den Bronzedavid von Donatello an – ein himmelweiter Unterschied zu Michelangelos marmornem Muskelmann. Das androgyne Kerlchen hat eine 18-monatige Restaurationsphase hinter sich und ist jetzt wieder im Bargello zu sehen.
LAGE: In Bottai, einem Vorort von Florenz.
ÖFFENTLICHE VERKEHRSMITTEL: Vom Hauptbahnhof Florenz mit einem Bus der Linien 37 oder 68 nach Bottai. Von der Haltestelle sind es zu Fuß 10 Min. bis zum Campingplatz.
GEÖFFNET: Ganzjährig.

Camping Internazionale Firenze, Via San Cristofano 2, 50029 Bottai-Impruneta, Italien

t 0039 55 237 4704   www.internazionalefirenze.florencevillage.com/de

stella mare

Napoleon verbrachte sein unfreiwilliges Exil auf Elba damit, Kreuzworträtsel zu erfinden und eine Reihe von Luxusartikeln zu entwerfen. Bedauerlicherweise schafften es seine Handtaschen und Pumps für die Damen seiner Lieblingsgeneräle nicht bis zur serienmäßigen Fertigung, denn nach noch nicht einmal einem Jahr beschloss der kleine Feldherr, sich aus dem Staub zu machen und zur letzten Entscheidungsschlacht vor Waterloo zu blasen.

Elba, die drittgrößte, vor der toskanischen Küste gelegene Insel Italiens, ist von üppiger, fast tropischer Vegetation überzogen. Es ist wie in der Karibik, nur ohne Bananen, und es ist der ideale Ort, um sich vom geschäftigen Treiben auf dem Festland zu erholen.

Napoleons Inselresidenz ist heute ein Museum, das man täglich außer montags besichtigen kann. Noch heute zieren die kaiserlichen Adler und Napoleons Emblem, das *N* im Lorbeerkranz, das schmiedeeiserne Eingangstor. Er erinnerte offensichtlich gern daran, wer der Chef war. Aber wenn man über den imposanten kopfsteingepflasterten Zufahrtsweg schlendert, der gesäumt ist von Souvenirständen, Wildblumen und Eukalyptusbäumen, fragt man sich unwillkürlich, warum er nicht einfach die Füße hochgelegt und sich hier heimisch gemacht hat. Die meisten anderen hätten an seiner Stelle garantiert genau das getan.

In grauer Vorzeit, lange vor Napoleon, war schon Jason mit seinen Argonauten hier an Land gegangen. Und Sie werden sich ebenfalls glücklich schätzen, hier gestrandet zu sein.

Von dem malerischen Städtchen Portoferraio können Sie entweder Richtung Westen in das vulkanische Bergland wandern oder Richtung Osten zur Stadt Capoliveri auf dem Hügel Monte Calamità. Oder Sie wenden sich nach Süden, wo Sie über bergiges Land nach Lacona und in die stille kleine Bucht gelangen, die der Campingplatz Stella Mare überblickt.

Das Wasser ist hier nur knietief, sodass Ihre Kinder gefahrlos darin spielen können, während Sie sich am Strand sonnen. Auf der anderen Seite des Campingplatzes gelangt man über eine steile Treppe zu einem mehr oder weniger privaten Strand (an dem die Leute manchmal ihre Badehosen vergessen zu haben scheinen).

Und wenn Sie für den Tag genug Sonne abbekommen haben, ist es nur ein kurzer Weg zum Campingplatz. Die Stellplätze sind alphabetisch gekennzeichnet und je weiter Sie im Alphabet kommen, umso höher hinauf müssen Sie steigen. Zone *A* ist ganz unten am Strand, für Leute, die nicht gern weit laufen und noch weniger gern den Berg hinaufkraxeln möchten. Wenn Sie in den hinteren Bereichen des Alphabets, dem *S* oder dem *U* angelangt sind, sehen Sie Stellplätze auf hoch gelegenen Terrassen, die mit tellergroßen Kaktuspflanzen und Bäumen aller Art bestanden sind und die gesamte Bucht überblicken. Diese Plätze sind für Wohnwagen nicht erreichbar und Sie müssen Ihr Auto oben auf dem Parkplatz abstellen und Ihre Sachen über die Treppe hinunterschleppen. Aber die Mühe lohnt sich.

Und wenn Sie nun Napoleon wären, hätten Sie garantiert nichts dagegen, sich nach all den Eskapaden und Schlachten hierher zurückzuziehen. Sie würden die Beine von sich strecken, sich auf der Sonnenterrasse Ihrer noblen Villa von Josephine mit Melonenkugeln füttern lassen und bei sich denken, jepp, hier auf Elba wird es mir gut gefallen.

COOL-FAKTOR: Klippencamping mit Blick über eine ruhige Meeresbucht auf einer wunderschönen kleinen Insel.
KOSTEN: Je nach Saison Personen ab 9 Jahren € 9,50 – € 14,50, Kinder von 2–9 Jahren € 5 – € 10, Zelt € 9,50 – € 19. (Für Plätze in der ersten Reihe direkt am Meer wird ein Aufschlag erhoben.)
AUSSTATTUNG: Terrassenförmig angeordnete Stellplätze mit Meerblick, alle mit Strom. Man kann auch Blockhütten mieten. 3 saubere Sanitärgebäude mit warmen Duschen. Spülmöglichkeiten begrenzt. Fahrradverleih, Swimmingpool, Spielplatz. Es gibt eine Bar, eine Pizzeria und einen Laden für die nötigsten Lebensmittel. WLAN.

ESSEN UND TRINKEN: Abgesehen von einem Restaurant am Strand sowie dem Restaurant und der Snackbar auf dem Campingplatz gibt es ein paar Kilometer weiter östlich in Capoliveri ein sehr empfehlenswertes Lokal, Le Piccole Ore (Via P. Gori 22), wo man bis 14.30 Uhr in gemütlicher Atmosphäre einen hervorragenden Brunch zu sich nehmen kann. Die meisten Einheimischen gehen zum Essen ins Ristorante Pizzeria da Michele in Capoliveri (Via Calamità 6). Das ist zwar eine stinknormale Pizzeria, aber hier erfahren Sie alles, was in der Gegend los ist.

AKTIVITÄTEN: Von Portoferraio und Marciana Marina startet täglich ein Glasbodenboot zu einer zweistündigen Rundfahrt durch die Küstengewässer Elbas (Aquavision, 0039 328 709 5470), eine großartige Gelegenheit zu lernen, wie man den Großen Roten Drachenkopf allein an seiner Rückenflosse erkennt und andere nützliche Dinge. Die Rundfahrt kostet für Erwachsene € 15, für Kinder unter 12 Jahren € 8.
LAGE: An der Südküste der Insel Elba, in der Ortschaft Lacona.
GEÖFFNET: Ende April bis Mitte Oktober.

Camping Stella Mare, 57031 Lacona, Elba, Italien
t 0039 565 964 007 w www.stellamare.it

il falcone

Manch einer hält Umbrien vielleicht für weniger attraktiv als seine prominentere Nachbarin, die Toskana, doch die seenreiche Region mit ihren sanften Bergrücken, Weide- und Ackerflächen hat dem Chiantiland einen entscheidenden Vorteil voraus: Man wird hier nicht erleben, dass Horden von Touristen in protzigen Geländewagen die Gegend unsicher machen und lärmend den Champagner aus ihrem noblen Gefährt holen. Eher sieht man schon einen runzeligen alten Bauern Kisten mit Olivenöl aus dem Kofferraum seines zerbeulten Fiat wuchten, während nichts als Vogelgezwitscher und das Rascheln von Olivenblättern und Mohnblumen im Wind durch die Stille dringt.

Auf dem Campingplatz Il Falcone gibt es sowohl Olivenbäume als auch Mohnblumen, aber es wäre schlichtweg unfair, wollte man den Besitzer Carlo Valeri als runzeligen alten Bauern bezeichnen. Er ist im Gegenteil weder alt noch runzelig, sondern ein wahres Energiebündel. Selbst die Olivenbäume auf dem Gelände erntet er eigenhändig ab, behauptet allerdings, das aus der Ernte gewonnene Öl reiche »gerade mal für die Familie«.

Das Campinggelände liegt an einem relativ steilen, terrassenförmig angelegten Hang, die Terrassen sind graswachsen, rot gesprenkelt mit Mohnblumen und von jungen Olivenbäumen umsäumt. Wohnwagen und Campingbusse haben ihre Stellplätze im flacheren unteren Bereich, sodass die Hanglage den Gästen mit Zelt vorbehalten bleibt.

Man muss sein Auto oberhalb des Hangs abstellen und sich dann einen der Plätze aussuchen und sein Zelt auf dem dicken, weichen Grasteppich aufbauen. Auf der linken Hangseite hat man einen herrlichen Blick auf den See und auf Civitella del Lago, eines jener archaischen Dörfer, die nur von alten Leuten und Katzen bewohnt sind.

Wenn man zum Dorf hinüberwandert und nach Westen über den See blickt, kann man in der Ferne schemenhaft eine andere Höhensiedlung erkennen – Orvieto. Die Stadt ist wie Civitella del Lago in Groß, beherbergt aber eine der eindrucksvollsten Kathedralen Italiens, das ja auch sonst nicht arm an imposanten Kirchenbauten ist. Mit ihren üppigen Farbornamenten und dem grau und weiß gestreiften Mauerwerk wirkt die Fassade wie Zuckerwerk. Im Innern schlägt dem Besucher jener unvergleichliche Kirchengeruch nach altem Holz, kaltem Stein, Weihrauch und Kerzenwachs entgegen.

Wenn Sie dann später auf dem Campingplatz Ihren Dry Martini mit Olive schlürfen, fragen Sie sich vielleicht, woher der Platz seinen Namen hat. Bilder von Falken zieren die Fassaden der Häuser in Civitella del Lago, und an einem Aussichtspunkt des Dorfes steht die verwitterte Steinskulptur eines Falken. Warum das alles? Weil diese Berg-

ITALIEN il falcone

region im Mittelalter Zentrum der Falkenjagd war. In den Falknereien der Schlösser wurden die Jungvögel aufgezogen und ausgebildet, bevor die adeligen Herren ihre langen Lederhandschuhe überstülpten und zur Jagd bliesen. Heute wird man kaum noch einen Falken sehen, da die Leute in der Gegend zu friedlicheren Beschäftigungen wie der Aufzucht von Olivenbäumen und harmlosen Kätzchen übergegangen sind. Wenn die Dämmerung hereinbricht und die Sonne hinter den Dächern des Dorfes verschwindet, werden Sie durch den Rauch der Grillfeuer hindurch kleine Geckos sehen, die auf der Suche nach einem warmen Schlafplätzchen um Ihre Füße huschen und glücklich sind, dass Il Falcone heute ohne hungrige Falken auskommt.

COOL-FAKTOR: Zelten zwischen Mohnblumen und Olivenhainen, mit Blick über den See und auf ein mittelalterliches Bergdorf.
KOSTEN: Je nach Saison Erwachsene € 5,40 – € 8, Kinder von 3 – 10 Jahren € 4,40 – € 6,60, mittleres Zelt € 6,20 – € 9,50, Pkw € 2,40 – € 3,10.
AUSSTATTUNG: Gepflegtes Sanitärhaus mit je 3 Duschen für Frauen und Männer, Waschmaschine und Spülbecken, Lebensmittelladen, Bar mit Terrasse und neuerdings auch ein großer Pool, 36 Stellplätze.
ESSEN UND TRINKEN: Man kann sich zum Mittagessen frische Pizza direkt zum Zelt bringen lassen, wenn man daran denkt, sie am Vorabend zu bestellen. In Civitella gibt es im Mangia e Bevi (0039 744 950 432) ebenfalls tolle Pizza und – in derselben Straße, betrieben von denselben Besitzern – bietet Trippini's (0039 744 950 316, trippini.net) eine ausgezeichnete regionale Küche. In Montecchio hat La Locanda (0039 744 951 017) leckeres Essen zu fairen Preisen, und in Orvieto gibt es im Maurizio's (0039 763 341 114, ristorante-maurizio.com), direkt beim Duomo ein tolles »Schnuppermenü« für € 30. Kaffee und Snacks bekommt man im Café Barrique.
AKTIVITÄTEN: In Bomarzo, 30 km weiter südlich an der A1, liegt der Park der Ungeheuer aus dem 16. Jahrhundert (0039 761 924 029, www.parcodeimostri.com) eine bizarre Sammlung moos- und flechtenbewachsener dämonischer Ungeheuer in einem »heiligen Wald« auf dem Grundstück des letzten Feudalherrn von Bomarzo. Legen Sie alle Weinkennerattitüden ab und probieren Sie den Orvieto Classico, den schon die Etrusker zu schätzen wussten. Sie bekommen den Wein überall in der Region, insbesondere in Orvieto.
LAGE: In Umbrien in der Nähe des Corbara-Sees, bei Civitella del Lago, 20 km östlich von Orvieto.
GEÖFFNET: Anfang April bis Ende September.

Camping Il Falcone, Vallonganino 2a, 05023 Civitella del Lago, Baschi, Italien

| t | 0039 744 950 249 | w | www.campingilfalcone.com |

il collaccio

Tief im umbrischen Bergland verborgen, in der Nähe der Ortschaft Preci, wo die Dörfer so alt und abgelegen sind, dass man sich nicht wundern würde, wenn plötzlich ein römischer Legionär mit einem »Ave Caesar« auf den Lippen auftaucht, liegt der Agriturismus-Hof Il Collaccio.

Der Hof war ursprünglich eine Trüffelfarm, die von den Besitzern zu einer Ferienanlage mit Hotel und Restaurant, ein paar Holzhütten, einem schönen Swimmingpool und einem terrassenförmig ansteigenden Areal für Zelte und Wohnwagen ausgebaut wurde. Die Zelturlauber sind, um der Wahrheit die Ehre zu geben, in der Minderzahl. Aber das Gelände fällt so steil ab, dass man, wenn man sich erst einmal in seinem kleinen Terrassennest eingerichtet hat, den Rest der Welt getrost vergessen kann.

Der Hof liegt am Rand des Nationalparks Monti Sibillini, der geprägt ist von den dicht bewaldeten Gebirgszügen des Umbrischen Apennins. Dessen höchster Gipfel, der Monte Vettore, ist mit knapp 2500 m immerhin so respekteinflößend, dass man nicht versuchen würde, ihn mit Turnschuhen zu bezwingen.

Man kann sich eine Vorstellung von der Weite dieser Berglandschaft machen, indem man von Visso aus über die Baumgrenze zu einem grasbewachsenen Felsplateau aufsteigt, an dessen Ende sich die Stadt Castelluccio am Horizont abzeichnet. Wenn man über den Grat hinaus weiterwandert, gelangt man über einen 1500 m hohen Pass am Südhang des Monte Vettore in weitem Bogen über Norcia nach Preci zurück. Die Wanderung ist nur ein Vorgeschmack auf die Leckerbissen, die Umbrien zu bieten hat.

Wenn Sie am kulturellen Erbe Italiens interessiert sind, lohnt sich ein Ausflug in die mittelalterliche Stadt Spoleto, die sich wie viele andere italienische Städte rühmt, den schönsten Dom Italiens zu besitzen. Das Hauptschiff des Doms wurde um 1200 auf den Fundamenten eines zerstörten römischen Vorgängerbaus errichtet, während die stilistisch uneinheitliche Fassade das Ergebnis einer späteren Erweiterung ist und der Innenraum in der Zeit der Renaissance um farbenprächtige Altarfresken bereichert wurde. Während solche Stilgemische – die gotisch aufgemöbelten romanischen Fassaden – das einheitliche Bild vieler Kirchen stört, ist es in diesem Fall zu einem gelungenen Ensemble verschmolzen. Im Innern des Doms ist es weiß und kühl und es gibt ein paar schöne, kunstvolle Seitenaltäre.

Spoleto selbst ist bodenständiger als historisch konservierte Touristenstädte wie Orvieto. Die Läden richten sich nicht so sehr an die Touristen, sondern bedienen eher die alltäglichen Bedürfnisse der Einheimischen. Die Stadt ist also, abgesehen von der unmittelbaren Umgebung des Doms mit ihren verwinkelten, kopfsteingepflasterten Gassen, nicht die Allerschönste, dafür aber ein Stück authentisches Italien von heute. Anderswo werden Sie auf die Spuren der dunkleren und steinigeren Vergangenheit Italiens stoßen. Dies ist das Land der befestigten Bergstädte, deren Verteidigungsanlagen beredtes Zeugnis davon ablegen, wie gefährlich das Leben in Italien in vergangenen Jahrhunderten war.

Von der Zeit des Römischen Reiches bis zur Alliierten-Invasion im Zweiten Weltkrieg wurde die Region immer wieder von feindlichen Auseinandersetzungen erschüttert. Gottlob sind die Einheimischen alles andere als feindselig. Die Baldonis begrüßen ihre Gäste bei der Ankunft in Il Collaccio mit freundlichen Worten und wenn man Glück hat, bekommt man noch einen Trüffel obendrauf.

COOL-FAKTOR: Zelten in Umbrien abseits der ausgetretenen Touristenpfade bei der gastfreundlichen Familie Baldoni.
KOSTEN: Je nach Saison Erwachsene € 6 – € 9,50 Kinder von 3 –12 Jahren € 3 – € 6, Zelt € 6 – € 9,50, Pkw € 3 – € 5.
AUSSTATTUNG: Das Sanitärhaus ist klein, aber gepflegt, Waschmaschinen stehen zur Verfügung. Es gibt ein Restaurant mit Bar und einen kleinen Lebensmittelladen, außerdem zwei Pools.
ESSEN UND TRINKEN: In der platzeigenen Trattoria Al Porcello Felice (Zum glücklichen Ferkel) mit schöner Terrasse und Blick über das Tal isst man gut und preiswert (Forellen frisch aus dem Fluss, Pasta und Holzofenpizza). Im kleinen Lebensmittelladen kann man die notwendigsten Dinge kaufen. In Preci ist, was Lokale betrifft, nicht viel los, eine größere Auswahl an Cafés und Bars hat man im knapp 10 km entfernten Visso.
AKTIVITÄTEN: Die Kooperative La Mulattiera in Norcia (0039 743 820 051, www.lamulattiera.it) bietet Eselsritte auf den alten Routen und Verbindungswegen durch den Nationalpark Monti Sibillini an. Die Esel sind sehr geduldige und trittsichere Reittiere und damit insbesondere auch für Kinder gut geeignet. Wenn Sie Lust haben, in den Ferien etwas dazuzulernen, nehmen Sie an einem der Kurse teil, die in Il Collaccio angeboten werden. Wenn Sie Ihren Aufenthalt entsprechend planen, können Sie von Kochen über Extremsport bis Fotografieren unter Anleitung des preisgekrönten Fotografen David Noton alles machen.
LAGE: In Umbrien am Rande des Nationalparks Monti Sibillini bei Preci, 60 km östlich von Foligno (ab Preci ausgeschildert).
GEÖFFNET: Anfang April bis Ende September.

Camping Il Collaccio, 06047 Preci, Umbria, Italien

| t | 0039 743 939 005 | w | www.ilcollaccio.com |

… ITALIEN

riva di ugento

Riva di Ugento ist weniger ein Campingplatz als vielmehr ein gigantisches Feriendorf, 32 Hektar, eingebettet zwischen Kiefernwäldern und mediterranen Sträuchern am pfauenblauen Ionischen Meer. Das Areal ist so weitläufig, dass man den Wunsch spüren könnte, sich an der Rezeption einen Wegeplan und vielleicht auch einen Kompass zu besorgen. Aber lassen Sie sich davon nicht abschrecken. Die Größe des Campinggeländes hat den Vorteil, dass für alle Platz ist; lange, Waldwege bieten sich zum Joggen an, und Dünen und Wälder sind ideal für eine Schatzsuche mit der ganzen Familie. Gehen Sie nach einem üppigen Frühstück in der jurtenartigen Cafeteria mit Ihren Kindern auf den Spielplatz oder leihen Sie Fahrräder aus und machen Sie einen Ausflug in die Umgebung. Sie können aber auch einen Katamaran oder ein Kajak mieten; das Meer ist hier so ruhig, dass es für alle Altersstufen ungefährlich ist, und der feine Sandstrand zieht sich endlos hin.

Am Abend herrscht im Restaurant ein fröhliches Chaos, während im Freiluftkino Kinderfilme gezeigt werden. Kurz gesagt: Dieses Campingparadies am Meer ist ein Ort, an dem Sie sich ruhig zurücklehnen und die raue Luft in tiefen Zügen einatmen können, ohne sich allzu viele Sorgen um irgendetwas machen zu müssen – es ist vielleicht so groß, dass Ihre Kinder sich gelegentlich verlaufen, andererseits aber auch so klein, dass sie letztendlich immer wieder zu Ihnen zurückfinden.

COOL-FAKTOR: Mit seinen knorrigen Aleppo-Kiefern, dem langen Strand und den Dünen bietet der Platz unendlich viele Möglichkeiten der Ruhe und Erholung.
KOSTEN: Je nach Saison Zelt, Pkw, 2 Erwachsene und 1 Kind € 21 – € 47.
AUSSTATTUNG: Kurz gesagt gigantisch: Supermarkt, Basar, Boutique, Restaurant/Bar, Zeitungsladen, medizinischer Dienst, Waschsalon, Spielplatz, Swimmingpool, Tennisplatz, Gemeinschaftsraum mit Spielen, ein langer Strand, Wassersportangebote, Fahrradverleih, WLAN und Grillplätze.
ESSEN UND TRINKEN: Vor Ort gibt es ein Restaurant mit einer großen Auswahl an Pizza und Pasta, ganz zu schweigen vom platzeigenen Supermarkt, der zur Selbstversorgung unter freiem Himmel animiert. Wenn Sie kulinarische Abwechslung suchen, fahren Sie in die schöne Stadt Lecce oder ins benachbarte Ugento.
AKTIVITÄTEN: Die historische Stadt Gallipoli ist 25 km entfernt, aber sie ist die Autofahrt wert. Ein Besuch in Lecce, einer malerischen Stadt mit zuckergussartigen Barockbauten und düsteren verlassenen Plätzen, die einem monumentalen Historienfilm entsprungen zu sein scheinen. Wandern Sie durch die schmalen Gässchen, vorbei an verlockenden Eisdielen, dunklen Trattorien und Kindern, die überall im Schatten der Häuser spielen.
LAGE: Auf der Halbinsel Salento an der Südostspitze Italiens direkt am Ionischen Meer in Santa Maria de Leuca bei Ugento.
GEÖFFNET: Anfang Mai bis Ende Oktober.

Camping Riva di Ugento, Santa Maria de Leuca, 73059 Ugento, Lecce, Italien

| t | 0039 833 933 600 | w | www.rivadiugento.it |

koren

Im Nordwesten Sloweniens kann man nicht weit gehen, ohne auf die Soča zu stoßen, diesen 140 km langen aquamarinblauen Fluss, der sich von seiner Quelle in den Hochgebirgszügen der Julischen Alpen durch den Nationalpark Triglav und Norditalien schlängelt, bevor er sich schließlich ins Adriatische Meer ergießt.

Am Ufer der Soča, nicht weit von der kleinen, aber geschichtsträchtigen Stadt Kobarid entfernt, liegt Kamp Koren. Besitzerin des Platzes ist Lidija Koren, die sich mit beispiellosem Engagement um das Wohl ihrer Gäste kümmert.

Lidijas »Baby« erblickte vor zwei Jahrzehnten das Licht der Welt. Ursprünglich war das Ganze als Familienunternehmen geplant, aber seit über 10 Jahren schmeißt sie den Laden nun schon allein. Sie hat das weitläufige Gelände Schritt für Schritt ausgebaut und erweitert und umsichtig in verschiedene Zonen aufgeteilt. Der Hauptcampingbereich hinter der Rezeption ist vor allem mit Wohnwagen und Hauszelten belegt, aber etwas weiter links im Uferbereich liegt ein bewaldetes, terrassenförmig ansteigendes Areal für kleinere Zelte, das von Trampelpfaden und schmalen Holzstegen durchzogen ist.

Ebenso unaufdringlich und durchdacht sind die beeindruckenden Sport- und Freizeitanlagen: eine 8-Meter-Kletterwand (sowie eine kleinere Version für Kinder), ein Volleyballfeld und eine Boulebahn.

Sobald Sie es sich in einer der lauschigen Zeltnischen gemütlich gemacht haben, können Sie sich der Umgebung widmen. Das Sočatal, viele Jahrhunderte lang einer der wichtigsten Verkehrswege und im Ersten Weltkrieg Schauplatz schwerer Frontkämpfe, ist heute ein Paradies für Outdoorfans. Machen Sie eine erste Schnuppertour zu den Wasserfällen des Kozjak (eine halbe Stunde zu Fuß) oder auf einen der nahegelegenen Berge, den Krn oder den Krasji Vrh beispielsweise (beides stramme 3- bis 4-Stunden-Märsche), oder leihen Sie sich ein Mountainbike und lassen Sie sich im Wald den Wind um die Ohren wehen.

Die nahegelegene Stadt Kobarid ist vor allem als Schauplatz der zwölften und letzten Isonzoschlacht während des Ersten Weltkriegs bekannt geworden, die Hemingway in seinem Roman *In einem anderen Land* verewigt hat. Heute ist es ein beschauliches kleines Städtchen mit einer beeindruckenden Zahl von Restaurants, Cafés, Sport- und Freizeitclubs und einem Museum zur Geschichte Sloweniens im Ersten Weltkrieg. Für Geschichtsbegeisterte lohnt sich die fünfstündige geführte Geschichtswanderung, die an römischen Stätten, Wasserfällen und Schützengräben aus dem Ersten Weltkrieg vorbeiführt.

Am einfachsten ist es aber, von Kamp Koren aus Wanderungen zu unternehmen. Dort werden Touren in kleinen Gruppen organisiert, die abseits der ausgetretenen Touristenwege zu Höhlensystemen, durch die typischen Bergdörfer der Gegend oder in historische Städte wie Tolmin führen. Außerdem werden sportliche Aktivitäten wie Klettern, alpines Bergsteigen, Gleitschirmfliegen und natürlich alles rund um den Fluss vom Kajakfahren über Rafting bis zum Schwimmen angeboten.

Nur eine Fahrstunde entfernt liegt die Goriška Brda, Sloweniens charmanteste und edelste Weinregion. Fahren Sie in das Städtchen Dobrovo zum Renaissanceschloss aus dem 17. Jahrhundert, wo Sie in einem Steinanbau eine Weinprobierstube finden. Hier können Sie nicht nur die Rotweine, sondern auch den hervorragenden Käse und Schinken der Region verkosten.

Zurück auf den Campingplatz könnte es Ihnen allerdings passieren, dass Sie nicht viel weiter als bis zur Rezeption kommen, so unternehmungslustig Sie auch sein mögen. Diese unscheinbare Holzhütte entpuppt sich nämlich als ein Wunder an Gastlichkeit. Von den freundlichen Mitarbeiterinnen bekommen Sie vom köstlichen Kaffe über Bier vom Fass und die neuesten Nachrichten aus der Region bis zum Internetpasswort alles. Sie bestellen Ihnen sogar einen Kebab beim Lieferservice, wenn Sie keine Lust haben zu kochen – cooler kann Campen nicht sein.

COOL-FAKTOR: Sehr gut ausgestatteter Campingplatz mitten im schönen Sočatal, mit einem reichen Angebot von Freizeitunternehmungen und sportlichen Aktivitäten bis zum Pizzalieferservice.
KOSTEN: Je nach Saison pro Person und Tag € 11 – € 12,50, Kinder von 7–12 Jahren € 5,50 – € 6,25, Kinder bis 7 Jahren kosten nichts.
AUSSTATTUNG: Moderne Duschen, tipptopp saubere WCs, ein kleiner Laden mit Biolebensmitteln, eine freundliche Rezeption und WLAN sind nur einige der Annehmlichkeiten, die der Campingplatz zu bieten hat. Darüber hinaus gibt es einen Spielplatz.
ESSEN UND TRINKEN: Der platzeigene Laden führt eine gute Auswahl an Bioprodukten aus der Region. In Kobarid (15 Gehminuten) gibt es neben dem vielgeliebten Kebab-Lieferservice eine Reihe netter Lokale. Slow Food von überdurchschnittlicher Qualität wird im Hiša Franko in der 5 km westlich gelegenen Ortschaft Staro Selo (00386 5389 4120, www.hisafranko.com) serviert.
AKTIVITÄTEN: Auf dem Campingplatz gibt es zwei Kletterwände (und einen Lehrer, der in den Sommermonaten täglich Kletterunterricht gibt), einen Volleyballplatz, Tischtennisplatten und eine Boulebahn; außerdem einen Fahrradverleih für Erwachsene und Kinder und die Möglichkeit, geführte Wanderritte zu unternehmen. Positive Sport in Kobarid (00386 4065 4475, www.positive-sport.com) bietet Kajak- und Raftingtouren für Familien mit Kindern an. Spannend ist auch ein Besuch der 70 km entfernten Höhlen von Postojna, der zweitgrößten für Touristen erschlossenen Tropfsteinhöhlen der Welt. Hier kann man über die Besichtigungsgänge hinaus geführte Trekkingtouren in Bereiche unternehmen, die der Öffentlichkeit ansonsten nicht zugänglich sind. Der Adrenalin-Club in Drežnica bei Kobarid (00386 5384 8610, www.drustvo-adrenalin.si) bietet Tandem-Gleitschirmflüge an. Wenn Sie luftige Höhen mögen, mit den Füßen aber lieber auf dem Boden bleiben, empfehlen wir eine Übernachtung auf dem 2248 m hohen Gipfel des Krn (Infos an der Rezeption).
LAGE: Im Sočatal im Nordwesten Sloweniens, etwa 10 km von der italienischen Grenze entfernt, direkt an der Soča.
GEÖFFNET: Ganzjährig.

Kamp Koren, Ladra 1b, 5222 Koabrid, Slowenien
t 00386 5389 1311   w www.kamp-koren.si

liza

Wenn Sie vorhaben, in Kamp Liza Ihr Zelt aufzuschlagen, wäre es ratsam, Ihr eigenes Kajak mitzubringen. Sie könnten sich sonst wie ein Außenseiter vorkommen angesichts der vielen Boote, die auf dem Campingplatz herumliegen. Von Kamp Liza aus hat man Zugang zu zwei Flüssen, der Soča und der Koritnica, was den Zeltplatz zum Paradies für Wassersportler macht. Umgeben von den steilen Hängen und üppigen Weideflächen des Bovectals, schmiegt sich das weitläufige Campingareal in die Landschaft. Gruppen werden meist zur unteren Terrasse an der rauschenden Koritnica geschickt, Familien campen auf dem zentralen Gelände und allein oder zu zweit anreisende Gäste suchen sich einen Platz in den abgelegeneren Ecken, wo sie in Ruhe ihre Gitarren hervorholen, den Grill anwerfen und ein kühles Bier trinken können.

Das nahegelegene Bovec ist winzig, aber immerhin 800 Jahre alt und eines der wichtigsten Zentren des Abenteuer- und Erlebnissports im Sočatal. Neben Mountainbiking, Canyoning, Wildwasserfahren und im Winter Skifahren hat Bovec allerdings noch einiges mehr zu bieten, wie etwa eine ganze Reihe von Cafés, Restaurants und Läden, einen täglichen Käsemarkt und ein Touristenbüro mit freundlichen, hilfsbereiten Mitarbeitern. Bovec ist überdies Ausgangspunkt für Ausflüge in die Julischen Alpen (Achtung: kurvenreiche Straßen) und in den Triglav-Nationalpark.

Umgeben von so viel verschwenderisch schöner Natur, ist Kamp Liza ein wirklich eindrucksvoller Ort – ob mit oder ohne Kajak.

COOL-FAKTOR: Schöner, freundlicher Campingplatz an zwei Flüssen, ideal für Wassersportler.
KOSTEN: 2 Erwachsene mit Zelt € 19 – € 24, Kinder (7–14 Jahre) € 6,95 – € 9,35, Kinder (6 – 7 Jahre) € 6 – € 7,20.
AUSSTATTUNG: Die Sanitäranlagen sind ausreichend, aber ein bisschen schäbig. Es gibt einen Spielplatz, Waschmaschinen und Trockner. Ein anständiges Restaurant gibt es auch.
ESSEN UND TRINKEN: Im Restaurant Liza vor Ort gibt es landestypische Gerichte. Allerdings hat es nur von Mai bis September geöffnet. Das nächstgelegene Restaurant ist Martinov Hram an der Straße nach Bovec (00386 5388 6214, www.martinov-hram.si), wo landestypische Küche und Bovecer Spezialitäten serviert werden. In Bovec gibt es diverse Restaurants und Cafés, z. B. das Kavarna 1920, ein sowohl bei Einheimischen als auch bei Touristen sehr beliebter Coffeeshop, und das Gostilna pod Lipco (00386 5389 6280).
AKTIVITÄTEN: An der Rezeption kann man Fahrräder für Ausflüge in die Umgebung ausleihen und Kajak-, Canyoning- und Raftingtouren buchen. Andere Optionen sind Wandern, ein Besuch im Schwimmbad des nahegelegenen Hotels Kanin (00386 5389 6880, www.hotel-kanin.com) oder Tennis spielen auf dem hoteleigenen Platz. Oder spielen Sie im Hit Holiday Golf Club Bovec (00386 5389 6102, www.golfbovec.si) eine Partie mit Ihren Kindern. Im kleinen, aber feinen Hotel Dobra Vila in Bovec (00386 5389 6400, www.dobra-vila-bovec.sl) kann man schön übernachten. Das Hotel hat nur 12 Zimmer, dafür aber ein eigenes Kino, eine Bibliothek und einen hervorragenden Weinkeller.
LAGE: Am Zusammenfluss der Soča und der Koritnica im Bovectal im Nordwesten Sloweniens, 20 km nördlich von Kobarid.
GEÖFFNET: Ganzjährig.

Kamp Liza, Vodenca 4, 5230 Bovec, Slowenien

| t | 00386 5389 6370 | w | www.camp-liza.com |

menina

»Willkommen«, heißt es auf dem eingeschweißten Infoblatt an der Tür der Rezeption, »wenn wir nicht hier sind, finden Sie uns in der Bar. Suchen Sie sich einfach ein schönes Plätzchen und melden Sie sich später bei uns.«

Dieses Schild sagt einiges über den Campingplatz Menina. Es besagt, dass man es hier locker nimmt, dass die Besitzer Jurij und Katja umgängliche, vertrauensvolle und vermutlich vielbeschäftigte Menschen sind und – gut zu wissen, dass es hier eine Bar gibt.

In Menina pulsiert das Leben so, wie es sich für einen Campingplatz gehört. Es ist ein weitläufiges, allmählich und organisch gewachsenes Areal im Oberen Savinjatal. Wie in der gesamten Gegend herrscht hier der Zauber einer naturbelassenen Waldlandschaft vor. Blätter rascheln in der sanften Talbrise, Lichtflecken tanzen im Gras, ein silberner Bach plätschert munter dahin. Es ist eine Szenerie, in der man spontan zur Klampfe greifen möchte.

Obwohl das Areal in locker definierte Zonen unterteilt ist – ein Tipilager samt angrenzender Ponyweide und ein Bereich mit Holzhütten beispielsweise –, machen es die Besucher in der Regel so, wie es auf dem Zettel an der Rezption steht: Sie suchen sich ein Plätzchen, an dem es ihnen gefällt, und stellen dort ihr Zelt auf. Und bei 180 Stellplätzen hat man reichlich Auswahl, obwohl das Gelände wegen seiner eher zufälligen Anordnung überhaupt nicht so groß wirkt.

In Menina herrscht eine gesellige Atmosphäre. Es gibt einen See, an dem man sich trifft, einen großen Spielplatz in der Nähe des Restaurants, auf dem die Kinder herumtoben können, während ihre Eltern Kaffee trinken, und es gibt Mitarbeiter, die bereit sind, spontan so ziemlich alles von Discoabenden und Konzerten am See bis zu geführten Wanderungen und Exkursionen zu organisieren.

Am Abend treffen sich die Gäste gern im Restaurant zum Essen oder auch nur auf ein Glas Bier an der Bar. Die freundliche und entspannte Atmosphäre des Platzes bringt es mit sich, dass ein internationales und bunt gemischtes Publikum zusammenkommt. Familien mit kleinen Kindern fühlen sich hier ebenso wohl wie Jugendliche und ältere Semester.

Im Umkreis der Zelte liegen Kanus, Kajaks, Fahrräder und Kletterausrüstungen zu Hauf herum. Der Campingplatz eignet sich hervorragend als Ausgangspunkt für Ausflüge in die Steiner Alpen und in den Naturpark Logartal. Das Obere Savinjatal ist insgesamt 35 Kilometer lang und wird außer von der Savinja auch von der Dreta durchflossen. Kein Wunder also, dass Schwimmen und Kajakfahren und, da es hier mindestens einmal in der Woche

menina **SLOWENIEN**

regnet, auch Rafting die beliebtesten Sportarten sind.

Für Wanderfreunde und Mountainbiker bieten die umliegenden Berge mit ihren zahllosen, zum Teil mehrtägigen Routen ein ideales Revier. Die Mitarbeiter des Campingplatzes organisieren solche Touren, aber auch extremere Aktivitäten wie Canyoning und Gleitschirmfliegen, und stellen die entsprechenden Karten zur Verfügung.

Die slowenische Hauptstadt, die auf eine lange und ereignisreiche Geschichte zurückblickt, ist nur 60 Kilometer entfernt, und selbst wenn Sie den Großstadtlärm um jeden Preis meiden wollen, sollten Sie sich Ljubljana nicht entgehen lassen. Mit ihrer eindrucksvollen Architektur, ihrer faszinierenden Geschichte und ihren hippen Cafés und Boutiquen ist die Stadt zwar himmelweit von der Wohlfühlidylle in Menina entfernt, aber doch eine ideale Ergänzung zum dortigen Ferienerlebnis.

COOL-FAKTOR: Zeltplatz mit geselliger Atmosphäre in einem wunderschönen Tal am Fluss.
KOSTEN: Je nach Saison Erwachsene € 9 – €11, Kinder von 4 –18 Jahren € 4 – € 7 (Zelt und Pkw sind inbegriffen).
AUSSTATTUNG: 200 Stellplätze (alle mit Strom) und einige Hütten und Häuschen für Familien. 4 neue Toilettengebäude. Großangelegter Spielplatz und Adrenalin-Park mit allem Drum und Dran, um die Kids müde zu spielen – Seilbahnen, Kletterspinnen und Wackelbrücken zwischen Bäumen. Es gibt eine Fülle von Aktivitäten, wie Rafting, Canyoning und Radfahren (Räder kann man an der Rezeption leihen). Auf manchen Stellplätzen sind Lagerfeuer erlaubt.

ESSEN UND TRINKEN: Im allabendlich geöffneten Restaurant vor Ort gibt es Fisch, Fleisch und vegetarische Gerichte, meist nach regionaler Art zubereitet. An der Rezeption bekommt man frisches Brot, Salami, Käse, Butter und Marmelade, Lebensmittelladen und Bäckerei sind nur 300 m entfernt. 2 km weiter gibt es 2 Supermärkte. Das kulinarische Highlight der Gegend ist das traditionsreiche Gasthaus Raduha in Luče (00386 3838 4000, www.raduha.com), wo regionale Küche nach dem Slow-Food-Prinzip gepflegt wird.
AKTIVITÄTEN: Im Thermalbad in Topolšica (00386 3896 3100, www.t-topolsica.si) gibt es nicht weniger als 5 Schwimmbecken (innen und außen), es gibt einen überwachten Spielplatz und Animationsprogramme für Kinder und es werden Rafting- und Canyoningtouren für Familien angeboten. 50 km nördlich an der österreichischen Grenze in Mežica liegt ein Mountainbikepark (00386 2870 3060, www.mtbpark.com) mit einer Vielzahl von Routen, darunter auch Touren durch einen stillgelegten Bergwerkstollen und Radausflüge, die besonders für Familien mit Kindern geeignet sind.
Bringen Sie sich ordentlich zum Schwitzen in der Sauna im Sunny House in Luče (15 km). Für Romantiker gibt es ein 3-Stunden-Special, Rosen und eine Flasche Champagner inklusive.
LAGE: Im Savinjatal, 60 km nordöstlich von Ljubljana (genaue Wegbeschreibung auf der Homepage).
GEÖFFNET: Mitte April bis Mitte November.

Camping Menina, Varpolje 105, 3332 Rečica ob Savinji, Slowenien

| t | 00386 3583 5027 | w | www.campingmenina.com |

chateau ramšak

Manchmal wird Glamping so luxuriös, dass man sich fragt, ob es überhaupt noch was mit Camping zu tun hat. Chateau Ramšak im Nordosten Sloweniens ist so ein Ort. Hier gibt es keine Pop-up-Zelte. Keine Wohnwagen, keine Wohnmobile, keine Spur von einem Betonklotz mit Duschen. Stattdessen bietet dieses Refugium in den Weinbergen Maribors hotelübliche Unterkunft mit modernen Bädern und breiten Doppelbetten.

Doch verstehen Sie uns nicht falsch, Chateau Ramšak bricht nicht ganz mit dem Camping, wie wir es lieben. So fantastisch die Unterkunft auch ist, man schläft immer noch in Zelten – in Safarizelten. Abends kann man eine Hängebrücke überqueren und unter dem Sternenhimmel ein Lagerfeuer entzünden.

Die nächste Stadt ist Maribor, nur ein paar Meilen südlich vom Campingplatz. Neben einer Burg aus dem 15. Jahrhundert bietet die ebenso geschichtsträchtige wie lebendige Stadt eine kunterbunte architektonische Mischung aus diversen Epochen. Wegen des nur wenige Meilen entfernten Gebirgskurortes Mariborsko Pohorje ist sie auch überraschend gut auf Touristen eingestellt – im Winter beliebtes Skigebiet, im Sommer herrlich zum Wandern und Radfahren.

Wer noch eins draufsetzen will, für den hat Chateau Ramšak neben den 6 Safarizelten auch noch ein Baumhaus – die abgefahrenste der angebotenen Unterkünfte. Auf 4 Meter hohen Stelzen schwebend, aber im gleichen Stil wie die Safarizelte, hat man von dort eine fantastische Aussicht auf die umliegenden Weinberge. Der beste Ort, um den Anblick zu genießen, ist natürlich der Whirlpool auf der privaten Terrasse vom Baumhaus (jedes der Zelte hat übrigens einen eigenen Whirlpool). So viel Komfort hat mit dem ursprünglichen Camping vielleicht nicht mehr viel zu tun, doch wenn man ins Tal blickt, weiß man, es gibt immer noch nichts Besseres als eine Nacht in der freien Natur.

SLOWENIEN chateau ramšak

COOL-FAKTOR: Glamping vom Feinsten.
KOSTEN: Je nach Saison und Unterkunft € 110 – € 390 (Preisliste auf der Homepage).
AUSSTATTUNG: 6 Safarizelte und 1 Baumhaus. Im Resort kann man ein Glas selbstgemachten Wein genießen oder auch ein romantisches Abendessen im Freien, oder man besichtigt den Weinkeller, Heimat der größten Weinpresse Europas. Es gibt ein Freiluftkino, das auch für Geschäftsessen und Präsentationen genutzt werden kann. Das Lagerfeuer am Teich ist ein herrlicher Ort für einen Abend mit Freunden.
ESSEN UND TRINKEN: Gäste bekommen frisches Frühstück, das auch zum Zelt gebracht wird, wenn man an der Rezeption Bescheid sagt. Für ein romantisches Dinner muss man reservieren. Die nächsten Restaurants liegen 5 Min. entfernt, und in Maribor hat man reichlich Auswahl.
AKTIVITÄTEN: Ein Stück südlich von Maribor liegt Mariborsko Pohorje, wo zahlreiche Outdoor-Aktivitäten angeboten werden. Es gibt Rad- und Wanderwege – manche sind mit Sesselbahnen erreichbar – und einen großen Adrenalin-Park. In der Stadt selbst kann man ein bisschen Kultur schnuppern. Das Renaissance-Rathaus stammt von 1515 und die Burg aus dem 15. Jahrhundert (0038 622 283 551). In den umliegenden Bergen kann man diverse Weinproben buchen (erkundigen Sie sich an der Rezeption).
LAGE: Anfahrt bei Buchung erfragen.
ÖFFENTLICHE VERKEHRSMITTEL: Bahn und Bus fahren bis Maribor, 3 km vom Resort, und es gibt sogar eine Bushaltestelle, die nur 1 km entfernt ist (von dort kann man sich manchmal abholen lassen).
GEÖFFNET: April bis Oktober.

Chateau Ramšak, Počehova, Maribor, Slowenien

t | 00386 40 628 303 | w | www.chateauramsak.com

glavotok

Wenn um 23 Uhr die Lichter auf dem Campingplatz ausgehen, fühlen Sie sich wie im adriatischen Himmel. Alles ist still, bis auf die Wellen, die leise gegen die grauen Felsen der Insel Krk schlagen. Zu sehen sind nur noch die vereinzelten Lichter auf der benachbarten Insel Cres und der Widerschein der Stadtbeleuchtung über Rijeka auf dem Festland.

Im Laufe der Geschichte haben sich viele Länder um ein Stück dieses adriatischen Juwels gerissen. Opfer der kriegerischen Auseinandersetzungen in den 1990er Jahren waren auch Menschen wie Sanjin Barbalić, die zum Teil heute noch um die Rückgabe ihres Besitzes kämpfen. Bei Sanjin dauerte es 7 Jahre, bis er mit Hilfe von Anwälten seinen Campingplatz wieder übernehmen konnte.

Nun hängt über dem Eingang des Restaurants das Porträt seines Großonkels, der 1945 als Spion beschuldigt und an dieser Stelle erschossen worden war.

Dass Sanjins Zeltplatz ein beispielhaftes Unternehmen ist, hat sich herumgesprochen. Die besten Plätze sind meist schon ein Jahr im Voraus ausgebucht. Allenfalls bis Juli und ab Ende August könnten Sie Glück haben und noch eine Nische in der vordersten Reihe mit Meerblick finden, ansonsten müssen Sie sich weiter hinten zwischen den Bäumen häuslich einrichten. Und dann können Sie vom Bootssteg ins Meer springen, einen Tauchkurs mitmachen und nach Herzenslust schwimmen. Am Abend sind Sie dann mit sich, Ihrem Buch und den leise schlagenden Wellen allein.

COOL-FAKTOR: Kroatische Gastfreundlichkeit und Warmherzigkeit par excellence.
KOSTEN: Je nach Saison pro Person und Tag € 4,50 – € 14,50, Kinder (3 – 12) € 4,10 – € 4,80, ansonsten gratis. Stellplatz je nach Lage und Saison € 7 – € 41 (Preisliste 2017).
AUSSTATTUNG: 120 der 336 Stellplätze sind von »Dauerpächtern« belegt. Moderne Sanitäranlagen mit Behinderten- und Babyraum, Waschmaschinen und Trockner sowie Außenspülbecken, Internetzugang, Basketball- und Beachvolleyballplatz.
ESSEN UND TRINKEN: Im platzeigenen Restaurant werden 35 verschiedene Pizzasorten angeboten, Spezialität des Hauses ist bei Niedrigtemperatur gegarter Tintenfisch, den man vorbestellen muss.
AKTIVITÄTEN: Begeben Sie sich auf die Spuren der Römer, die in Krk in Inschriften, Mosaiken und anderen Relikten erhalten sind, und verbinden Sie diesen Ausflug in die Geschichte der Stadt mit einer Shoppingtour.
LAGE: Bei Malinska im Nordwesten der Insel Krk.
ÖFFENTLICHE VERKEHRSMITTEL: Mit dem Bus von Triest nach Rijeka, weiter nach Krk, dann nach Brzac, von hier ist es etwa 2 km bis zum Campingplatz (ein Taxi kostet etwa € 40).
GEÖFFNET: April bis Oktober.

Camping Glavotok, Glavotok 4, 51511 Malinska, Krk, Kroatien
t 00385 51 867 880 w www.kamp-glavotok.hr

straško

Fast drei Viertel des Jahres sind die Schafe auf der Insel Pag gegenüber den Menschen in der Überzahl. Bis auf den Sommer, wenn Kroaten zu Tausenden in Novalja einfallen. Nicht umsonst spricht man auch vom »Ibiza Kroatiens«. Am Strand Zrće gibt es drei Open-Air-Discos, in denen rund um die Uhr Musik läuft. Busse fahren in regelmäßigen Abständen vom Campingplatz dorthin, sodass es für jugendliche Camper kein Problem ist, 7 Tage in der Woche zu feiern.

Doch Straško hat nicht nur für Partymenschen seinen Reiz, der Platz hat auch einiges für Familien mit Kindern zu bieten. Spielplätze und einen Minigolfplatz beispielsweise oder Animationsprogramme, mit denen die Kleinen bei Laune gehalten werden, wenn die Eltern eine Siesta brauchen. Wenn Kindergeschrei für Sie aber das Gegenteil eines Traumurlaubs ist, verlegen Sie Ihr Domizil einfach in den FKK-Bereich, wo Sie in Ruhe und Frieden in die silbernen Fluten eintauchen können. Neuankömmlinge werden in einem Golfwagen herumgefahren, damit sie sich einen Platz aussuchen können. Auf den strandnahen Stellplätzen unter den Pinien hat man einen schönen Blick, muss aber auch in Kauf nehmen, morgens vom Lärm der Strandaktivitäten geweckt zu werden. Wer Wert auf ein bisschen Privatsphäre legt, lässt sich am besten auf dem Areal links der Einfahrt unter den alten dalmatinischen Eichen nieder.

Mit seinem schmalen Strandstreifen wird Straško den Wettbewerb der schönsten Strände sicher nicht gewinnen, doch da Pag die Insel mit der längsten Küstenlinie in der Adria ist, bieten sich jede Menge Alternativen.

COOL-FAKTOR: Leute, die rund um die Uhr Party machen wollen, Familien mit Kindern und FKK-Freaks – für jeden ist etwas dabei.
KOSTEN: Je nach Saison pro Person und Tag € 4,50 – € 9,90, Kinder (7–12): Mitte Juni bis Anfang September € 4,10 – € 4,60, ansonsten gratis. Stellplatz € 11 – € 35.

AUSSTATTUNG: Alle 400 Stellplätze haben Strom- und TV-Anschluss. Es gibt ein Restaurant, eine Pizzeria, eine Strandbar, Zeitungsstände, 2 Läden, mehrere Bäckereien, einen Fischmarkt, Internetcafé, Gasauffüllstation, 11 Tennisplätze, einen Minigolfplatz, Volleyballfelder, ein Fitnessstudio, eine Bowlingbahn, 12 Sanitärhäuser … und eine Hundedusche.

ESSEN UND TRINKEN: Die Spezialität der Gegend ist kräftig gesalzener Schafkäse. Ein gutes Fischrestaurant ist das Starac i More in Novalja (Braće Radić, 00385 53 662 423).
AKTIVITÄTEN: Mieten Sie ein Bananaboot oder für größere Kinder ein Jetboot.
LAGE: Bei Novalja auf der Insel Pag.
GEÖFFNET: Mitte April bis Mitte Oktober.

Kamp Straško, Zeleni put 7, 53291 Novalja, Insel Pag, Kroatien
t 00385 53 663 381 w www.turno.hr

pod maslinom

Das Adriatische Meer mit seiner 6500 km langen dalmatinischen Küste ist die Haupteinnahmequelle Kroatiens – durch den Fremdenverkehr, nicht durch die Fischerei; die kleinen Kutter der einheimischen Fischer können den riesigen Schiffen der italienischen Fischereiflotte auf der anderen Seite keine Konkurrenz machen. Bevor Sie sich diese Küste aber als ein Paradies endloser Sandstände vorstellen, müssen wir Ihnen eines gleich zu Beginn verraten: Es ist ein eher steiniges Paradies.

Machen Sie es einfach wie die Einheimischen und breiten Sie Ihr Strandlaken aus, wo immer Sie ein freies Stück Felsen, Mole oder Kiesstrand finden. Wenn das nicht Ihrer Idealvorstellung von einem schönen Strandtag entspricht, warten Sie ab, bis Sie die unglaublichen Buchten sehen, in denen Seepferdchen wie glitzernde Diamanten auf dem azurblauen Wasser tanzen. Sie werden Ihre Meinung sofort ändern. Dieser Landstrich ist im wahrsten Sinne des Wortes »malerisch«, und ein Sonnenbad unter den kantigen Klippen bei über 30 Grad Celsius ist ein geradezu himmlisches Vergnügen.

Zu diesem paradiesischen Fleckchen Erde gelangen Sie entweder mit dem Bus vom Flughafen Dubrovnik oder Sie nehmen einen Billigflieger nach Split und steigen dort in den Bus, der Sie in 5 Stunden nach Orašac bringt. Versuchen Sie, einen Fensterplatz auf der rechten Seite zu ergattern, dann eröffnet sich Ihnen nach jeder Kurve ein neues überwältigendes Küstenpanorama.

Direkt an der Haltestelle Orašac liegt der Campingplatz Pod Maslinom. Der Platz wurde liebevoll gestaltet von seinem Besitzer, Božo Dobroeviæ, der das Zeug zum Landschaftsgärtner zu haben scheint, wenn man sich ansieht, was er hier aus einem ehemals überwucherten Olivenhain gezaubert hat.

Gleichgültig, ob Sie mit Fahrrad, Auto oder Bus hier ankommen, Sie können sich auf den geräumigen Flächen im oberen Bereich des Platzes niederlassen. Weiter unten in der Nähe der untadelig sauberen Sanitäranlagen bietet ein kleines Waldstück Schutz vor der Sonne und vor den Geräuschen der Straße. Insgesamt kann der Platz 250 Gäste beherbergen, aber es werden im Allgemeinen nicht mehr als 30 bis 35 Zelte oder Wohnwagen gleichzeitig aufgenommen, sodass es nie zu voll wird.

Durch die begrenzte Zahl der Gäste herrscht auf dem Platz eine lockere und entspannte Atmosphäre. An der Rezeption kann man Eis und Getränke kaufen. Und es gibt eine wunderbare Aussichtsterrasse, wo man faul herumsitzen und den Vergnügungsschiffen und -booten zusehen kann, die zwischen den drei gegenüberliegenden Elafitischen Inseln hin und her kreuzen.

KROATIEN pod maslinom

Die meisten kroatischen Campingplätze sind höchstens einen Steinwurf vom Strand entfernt. In Pod Maslinom würde der Stein in die Tiefe stürzen, weil der Hang steil zum Strand hin abfällt, der nur über einen schmalen steinernen Grat zu erreichen ist. Für kleine Kinder ist das eine wahre Herausforderung zum Klettern, für Buggys ist es denkbar ungeeignet. Doch am Ende des steinigen Weges winkt eine Bucht, die Ihnen ganz allein gehört und in der das Wasser so sauber und klar ist, wie es nur sein kann.

Jenseits des Campingplatzes ist ein Besuch der Stadt Dubrovnik lohnenswert, deren gesamte Altstadt seit 1979 Weltkulturerbe der UNESCO ist. Beim Anblick der mächtigen, vom Meer umspülten Stadtmauern und der einmaligen Altstadt, in deren Architektur sich die gesamte Stadtgeschichte von der Gründung im 7. Jahrhundert bis heute spiegelt, wird dem Besucher schnell klar, warum Dubrovnik auch als »Perle der Adria« bezeichnet wird und eines der wichtigsten Zentren des Fremdenverkehrs an der Adria ist.

Und wenn Sie sich dann immer noch nicht satt gesehen haben, fahren Sie am Ende Ihres Urlaubs mit der Fähre nach Split zurück und genießen Sie das überwältigende Küstenpanorama diesmal vom Meer aus.

COOL-FAKTOR: Die Ausstattung, der Blick, die Strandbar, die jungen Besitzer.
KOSTEN: Je nach Saison Erwachsene € 4,55 – € 6, Jugendliche (12–18) € 3,35 – € 4,70, Kinder (3–12) € 2,10 – € 3,75, Zelt und Pkw je € 2,70 – € 3,20.
AUSSTATTUNG: Sehr saubere Duschen und Toiletten, Waschmaschine (€ 2,70), Kühlschrank, Kochstelle und Internet kostenlos.

ESSEN UND TRINKEN: Die Hawaii-Strandbar hat Fisch vom Grill, Sundowner-Cocktails und an Wochenenden gelegentlich eine Beachparty zu bieten.
AKTIVITÄTEN: Ein Weg durch den Pinienhain führt zu 2 Stränden und einem kleinen Hafen. Der Campingplatz organisiert auch Tagesausflüge zu den Inseln Koloep, Lopud und Sipanfor für schlappe 220 kn pro Person, Mittagessen und Getränke inbegriffen.

LAGE: Bei Orašac an der kroatischen Adriaküste, 10 km nordwestlich von Dubrovnik.
ÖFFENTLICHE VERKEHRSMITTEL: Vom Flughafen in Dubrovnik braucht man 2 Busse: einen zum Busbahnhof in Dubrovnik und von dort den Bus nach Orašac (Linie 12, 15, 22, 26 oder 35). Der Campingplatz liegt direkt an der Bushaltestelle in Orašac und ist somit gar nicht zu verfehlen.
GEÖFFNET: April bis November.

AutoCamp Pod Maslinom, Na Komardi 23, 20234 Orašac, Kroatien
t 00385 20 891 169   w www.orasac.com

dionysus

Der Sage nach erlitt Odysseus am Ende seiner Irrfahrten Schiffbruch auf der friedlichen Insel der Phaiaken. Nausikaa, die gutherzige Tochter des Königs Alkinoos, fand ihn am Strand und brachte ihn an den Hof ihres Vaters, wo er seine Geschichte erzählte, bevor er mit Ziel Ithaka wieder in See stach. Heute heißt die nämliche Insel Korfu, aber die Bewohner sind noch ebenso gastfreundlich wie in Odysseus' Tagen.

Wegen ihrer strategisch günstigen Lage im Mittelmeer hat die Ionische Insel in der Geschichte Griechenlands stets eine wichtige Rolle gespielt. Wenn man durch die Altstadt mit ihren neoklassizistischen Bauwerken schlendert, glaubt man den Hauch der Geschichte zu spüren. Sicher hat die Stadt seit Ende der 1960er Jahre Heerscharen von Touristen gesehen, aber sobald man sich nur ein kleines Stück weit von den Touristenpfaden entfernt, begegnen einem auf Schritt und Tritt Bilder des Griechenlands, wie es früher einmal war – von der kleinen Plateia, auf der rundum vor den Fenstern die Wäsche im Wind flattert, bis zum Greis, der seine Lebensjahre an den Perlen seines Komboloi abzählt.

Die Altstadt von Korfu ist von zwei natürlichen Felsvorsprüngen flankiert, auf denen zwei mächtige Festungen stehen, so mächtig, dass sie fünf Belagerungen durch die Türken standhielten. Ob Wassersport oder Museumstouren, Klosterbesichtigungen oder faule Tage am Strand, für jeden Geschmack ist etwas dabei. Wenn Sie genug davon haben, in schicken Cafés Frappé zu trinken oder um den Preis von Amuletten und Gipsfiguren zu feilschen, bietet Ihnen die Insel ein breites Spektrum von Möglichkeiten. Korfu ist eine große Insel, auf der Sie die Hektik (wenn es so etwas bei den Griechen überhaupt gibt) der Touristenorte problemlos meiden und sich auf Blumenwiesen, zwischen Felsen und in verborgenen, einsamen Buchten verlieren können.

9 km nördlich von Korfu Stadt und nur 5 Min. vom Strand von Dassia entfernt, wo es von ölglänzenden Körpern wimmelt, liegt der Campingplatz Dionysus. Und dieser heitere Ort wird seinem klangvollen Namen in jeder Hinsicht gerecht. Die Einrichtungen und Dienstleistungen des Platzes sind hervorragend, von den modernen Sanitäranlagen bis zur Bar mit Blick auf den riesigen Pool. Eine reizvolle und preiswerte Alternative zum eigenen Zelt sind gerade für Paare die einfachen Hütten im polynesischen Stil, von denen es auf dem Gelände 50 gibt.

Der Betreiber des Campingplatzes ist ein freundlicher Mann namens Nikos, ein Einheimischer, der Korfu wie seine Westentasche kennt und Ihnen verrät, wie Sie zu den schönsten Stränden kommen, der ein Boot für Sie mietet, das Sie an die Nordküste der Insel

GRIECHENLAND dionysus

bringt – und überhaupt für Sie organisiert, was immer Ihr Herz begehrt.

Während der Hochsaison im Juli und August treten im Restaurant Gruppen mit traditionellen Tänzen auf. Die gesellige Atmosphäre animiert zu langen, angeregten Unterhaltungen und es werden Freundschaften geschlossen, die über die gemeinsame Ferienzeit hinausreichen. So gesehen herrscht auf Korfu noch die gleiche Gastlichkeit wie in den alten Tagen.

COOL-FAKTOR: Nette Besitzer, friedliche Umgebung und die schöne alte Stadt Korfu in erreichbarer Nähe.
KOSTEN: Je nach Saison Erwachsene € 5,60 – € 6,50, Kinder von 4–10 Jahren € 3,10 – € 4, Pkw € 3 – € 4, Zelt € 4,10 – € 4,50.
AUSSTATTUNG: Gemeinschaftsküche mit Kühlschrank, Grillstellen, Supermarkt, Restaurant und Bar, WLAN und ein Schwimmbecken von olympischen Ausmaßen.
ESSEN UND TRINKEN: Das bodenständige Restaurant Rouvas in Korfu (13 Stamatiou Desila, 0030 26610 31182) ist ein Geheimtipp (die Keftedes sind himmlisch). Die legendäre Bäckerei Starenio (Guilford 59, Plateia Dimarcheiou) ist eine wunderbare Adresse für einen griechischen Mokka und etwas klebrig Süßes am Nachmittag. Genießen Sie gute griechische Küche und ein romantisches Plätzchen im Freien bei San Giacomo am Rathausplatz in Korfu (0030 26610 30146).
AKTIVITÄTEN: Eine Rundfahrt mit dem Glasbodenboot Kalypso Star, das stündlich im alten Hafen von Korfu ablegt und den Fahrgästen die Unterwasserwelt vor Korfu erschließt.
LAGE: An der Ostküste der Insel Korfu im Ionischen Meer, knapp 10 km nördlich der gleichnamigen Inselhauptstadt.
ÖFFENTLICHE VERKEHRSMITTEL: Vom Busbahnhof am San-Rocco-Platz in Korfu fährt halbstündlich ein Bus (Nr. 7) ab, der am Campingplatz hält.
GEÖFFNET: Anfang April bis Mitte Oktober.

Camping Village Dionysus, 49100 Dassia, Korfu, Griechenland

| t | 0030 26610 91760 | w | www.dionysuscamping.gr |

poros beach

Lefkada, die weniger berühmte Nachbarin der Inseln Ithaka und Kefalonia, bietet mit ihren endlosen Wiesen, baufälligen Schäferhütten und knorrigen Bäumen einen so bukolischen Anblick, dass man fast erwartet, Pan vom nächsten Ast herunterspähen zu sehen.

Man erreicht die Insel mit der Fähre oder über eine 80 m lange Brücke, die die Insel mit dem Festland verbindet. Vorbei an schattigen Wäldchen, an verschlafenen Dörfern und an Wiesen, über denen der Duft von Geißblatt und Thymian schwebt und bunte Schmetterlinge tanzen, fahren Sie bis hinunter nach Poros, und dann zum feinen Kieselstrand von Poros Beach.

Nur einen Steinwurf von diesem Strand entfernt liegt der Campingplatz, der Gäste aller Nationalitäten anzieht. Eigentlich muss man sich nie weit von ihm entfernen: Man kann den Tag mit frischem Brot und Honig im stylischen Restaurant vor Ort beginnen, sich an den Strand legen und zusehen, wie sich der azurblaue Himmel und das türkisblaue Meer gegenseitig Konkurrenz machen, und das Ganze am Abend mit Souvlaki und Salat im Café del Mare am Strand beschließen.

Das etwa 15 km westlich von Poros gelegene Vassiliki ist ein malerisches, lebendiges Hafenstädtchen mit einer Reihe netter Tavernen, in denen man gemütlich sitzen, das salbeigrüne Ithaka betrachten und vor sich hin träumen kann, bevor man ein Auto mietet und sich aufmacht, den Rest der Insel zu erkunden.

COOL-FAKTOR: Ein verstecktes Kleinod mit vollkommenem Strand, Spitzenrestaurant und schönem Pool.
KOSTEN: 2 Erwachsene und 1 Zelt je nach Saison € 17– € 28, für 1 Pkw zusätzlich € 3.
AUSSTATTUNG: Restaurant, Bar und Minimarkt, saubere Duschen und Toiletten (Stehklos), Dusch- und Toilettenraum für Behinderte, Postdienst, Wäschereidienst und Bootsverleih.

ESSEN UND TRINKEN: Das Café del Mare ist ein einfaches, nettes Strandlokal mit einer umfangreichen, von Fischgerichten dominierten Speisekarte und einer großen Weinauswahl.
AKTIVITÄTEN: Machen Sie eine Rundfahrt mit Seven Islands Cruises (0030 26450 92528, www.sevenislandscruises.gr). Wie der Name besagt, werden die umliegenden 7 Ionischen Inseln angelaufen, darunter Ithaka, Kefalonia mit seiner wunderschönen Hafenstadt Fiskardo sowie Skorpios, die Insel, die seit den 1960er Jahren im Besitz der Familie Onassis ist.
LAGE: Bei Poros im Südosten der Insel Lefkada im Ionischen Meer, die mit dem Festland durch eine Brücke verbunden ist.
GEÖFFNET: Anfang Mai bis Mitte Oktober.

Poros Beach Camping, Poros, 31100 Lefkada, Griechenland

t 0030 26450 95452   w www.porosbeach.com.gr/

tartaruga

Zakynthos oder Zante, wie die Einheimischen gern sagen, ist eine der grünen Inseln im Ionischen Meer. Das Stadtbild der gleichnamigen Hauptstadt ist sichtlich von der über 400-jährigen venezianischen Herrschaft geprägt, weshalb sie auch oft als »Venedig des Ostens« bezeichnet wird. Der venezianische Einfluss ist so allgegenwärtig, dass man sich in ein Gemälde von Canaletto versetzt fühlt und versucht ist, nach der nächsten Gondel Ausschau zu halten.

Wie viele andere griechische Inseln blickt Zakynthos auf eine bewegte Vergangenheit zurück, in der die Herrschaft von den Römern über die Byzantiner und Veneter bis zu den Türken und Briten wechselte. 1953 wurde die Stadt Zakynthos bei einem Erdbeben fast vollständig zerstört. Glücklicherweise liebten die Inselbewohner ihre Hauptstadt so sehr, dass sie sie zum großen Teil originalgetreu wieder aufbauten, eine Leistung, auf die Dionysios, der Schutzpatron der Insel, mit Recht stolz sein würde.

Am 24. August feiern die Insulaner ihren Schutzheiligen mit einem großen Fest. Dann wird der Leichnam des Heiligen, der angeblich nie verwest, in seinem gläsernen Schrein wie in einem altmodischen Papamobil mit viel orthodoxem Pomp durch die von flackerndem Kerzenschein beleuchteten Straßen gefahren.

Bevor Sie sich aber den kulturellen Höhepunkten der Insel widmen können, müssen Sie erst einmal Ihre Zelte auf dem Campingplatz aufschlagen. Wenn Ihnen bei Ihrer Ankunft das wütende Gebell der Wachhunde entgegenschallt und Sie fürchten, Zerberus sei Ihnen auf den Fersen, seien Sie unbesorgt: Ferner als hier könnten Sie dem Hades nicht sein. Eher schon sind Sie im Elysium, auf der Insel der Seligen, gelandet.

Der Blick von der 60 m hoch gelegenen Aussichtsterrasse des Campingplatzes, der seit mehr als 20 Jahren von Veit und Anna Santner betrieben wird, ist unvergleichlich. Ruhig dehnt sich die blaue Fläche des Meeres bis zur Festlandlinie am fernen Horizont, dazwischen liegen ein paar unbewohnte Inseln und gelegentlich sieht man ein langsam dahintuckerndes Fischerboot.

Als wollte sie dem Platz einen Adelsausweis ausstellen, hat die Unechte Karettschildkröte das klare Wasser am Campingplatz zum Schauplatz ihrer Liebesspiele erkoren. Im Frühsommer kann man die Tiere von einer der beiden schwimmenden Plattformen aus beobachten, oder man leiht sich Veits Taucherbrille und Flossen aus, die er für den allgemeinen Gebrauch immer unten an den Felsen liegen lässt.

Im Sommer, wenn es zwischen den knorrigen Olivenbäumen nur so wimmelt von Kindern, wird allwöchentlich ein Tischfußballturnier veranstaltet, dessen Gewinner

mit einer Eistorte belohnt werden. Annas Kochkünste sind legendär – wenn Liebe durch den Magen geht, muss Aphrodite sich auf Dauer in ihrer Küche einquartiert haben. Aufgetischt wird, was Anna von ihren täglichen Einkäufen bei den Metzgern und Fischhändlern der Umgebung mitbringt, und Sie können sicher sein, dass es Ihnen mundet.

Obwohl es vom Campingplatz aus zu sehen ist, fühlt man sich hier sehr weit weg vom Festland, ebenso wie von den lärmenden, überlaufenen Touristenfallen wie Laganas. In Tartaruga, beim Zirpen der Zikaden, dem berauschenden Duft des Thymians, dem Wispern der Olivenbäume und der sanften Brise, die hier an der Südspitze der Insel meistens weht, fühlt man sich in der Zeit um Jahre zurückversetzt.

Bei der Suche nach einem Stellplatz haben Sie die Wahl. Sie können Ihr Zelt entweder am Hang im Schatten der Bäume aufschlagen oder unten am Strand, bewacht von Felsskulpturen, die aussehen, als wären sie aus der Tate Modern entwendet. Auf welchen Platz Ihre Wahl auch fällt, Tartaruga ist und bleibt ein Campingparadies. Treten Sie ein, das Wasser ist herrlich.

COOL-FAKTOR: Fantastische Küche und der vermutlich schönste Blick, den man auf einem griechischen Campingplatz überhaupt haben kann.
KOSTEN: 2 Erwachsene mit Zelt € 13,80 – € 16,50, Kinder unter 4 frei, Pkw € 2,50 – € 3
AUSSTATTUNG: Gepflegte Sanitäranlagen mit Behindertentoilette, Restaurant mit Aussichtsterrasse, Minimarkt, Internetzugang, Wäschereiservice, Spielplatz, 2 Anlegestege mit schwimmenden Plattformen am Strand.

ESSEN UND TRINKEN: Anna kocht so gut, dass Sie möglicherweise gar nicht anderswo essen wollen, aber wenn doch, ist das Village Inn im Altstadthafen von Zakynthos eine gute Adresse.
AKTIVITÄTEN: Sie können Tischfußball spielen, schnorcheln oder sich am Strand vergnügen, bevor Sie die idyllische Insel erkunden. Im Frühsommer kann man im klaren Wasser Schildkröten beobachten. Von Alikanas nördlich der Stadt Zakynthos fährt in regelmäßigen Abständen ein Schnellboot der Golden Dolphin Cruises (0030 26950 83248,

www.alykes.com/sports/goldendolphin) zu den blauen Grotten und in die vom Land her unzugängliche Schmugglerbucht, auf deren kleinem Strand sehr klischeehaft ein Schiffswrack liegt.
LAGE: In der Bucht von Laganas im Süden von Zakynthos, der südlichsten der Ionischen Inseln. (Anreisemöglichkeiten auf der Homepage).
GEÖFFNET: April bis Ende Oktober. Nach Absprache ist es auch möglich, zwischen November und März hier zu campen.

Tartaruga, Lithakia, Zakynthos, Griechenland
t 0030 26950 51967   w www.tartaruga-camping.com

nicolas

Willkommen auf dem Peloponnes, dem Land der Mythen und Orangenhaine. Wenn Stätten und Sagen aus dem klassischen Altertum Ihre Leidenschaft sind, werden Sie mit einem wohligen Schauer an den Ruinen der antiken Stadt Tiryns vorübergehen. Hier stand einst der gefürchtete Palast, in den Herakles nach jeder vollbrachten Aufgabe zurückkehren musste, um die Anweisungen für die nächste entgegenzunehmen.

Ganz in der Nähe von Tiryns liegt Epidavros. Normalerweise wirkt das verschlafene Städtchen wie das Standbild einer Szene mit Alten, die am Ende der Hafenmole herumsitzen und geistesabwesend mit den Perlen ihres Kombolois spielen. Doch kaum wird es Juli, erwacht die Stadt schlagartig mit dem Feuerwerk, das den Beginn des jährlichen Theaterfestivals ankündigt, zum Leben. Kulturfreunde aus aller Welt reisen an, um sich in den beiden antiken Theatern die klassischen Tragödien des Aischylos, des Euripides und des Sophokles anzusehen. Das größere der beiden Theater gehört zu den besterhaltenen Bauwerken seiner Art in ganz Griechenland, und es hat im Laufe des 20. Jahrhunderts einige legendäre Aufführungen hier gegeben. Das im 4. Jahrhundert v. Chr. erbaute Theater mit seinen 15 000 Plätzen hat eine erstaunliche Akustik. Man kann in der obersten Reihe der im Halbrund gebauten Zuschauerränge sitzen und hört doch eine Stecknadel, die auf der Bühne fallen gelassen wird.

Wenn man von Epidavros aus 10 Min. durch ein kleines Wäldchen läuft, am Strand entlang und am kleineren der beiden Theater vorbei, gelangt man zum Campingplatz Nicolas. Hier, in einem ehemaligen Orangenhain, bilden die Laubkronen der Orangen- und Maulbeerbäume natürliche Lauben. Und wo haben Sie schon einmal einen Campingplatz gesehen, auf dem Sie sich eine reife Orange vom Baum pflücken und anschließend ins samtig-stille Wasser einer idyllischen Meeresbucht springen können?

Der Campingplatz Nicolas wird von dem Ehepaar Christina und Yiannis Gikas geleitet. Christina hat ihr Großstadtleben in Toronto aufgegeben und ist zu ihren Wurzeln auf dem Peloponnes zurückgekehrt, und wenn man in diesem blühenden Paradies steht und den Duft der Orangenblüten einatmet, während das Meer in greifbarer Nähe ist, dann kann man ihre Entscheidung gut verstehen.

Wenn Sie sich auf die Spuren von Jacques Cousteau begeben möchten, gehen Sie auf Tauchkurs. Ganz in der Nähe liegen in geringer Tiefe die Ruinen einer versunkenen Stadt, die im Jahr 175 einem Erdbeben mit Tsunami zum Opfer fiel. Wenn Sie sich dort zwischen Seeigeln durchschlängeln, die sich mit ihren stacheligen Frisuren auf den Unterwasserruinen festgesetzt haben, machen Sie vielleicht sogar einen interessanten Fund. Am Grund der Ägäis und des Ionischen Meers liegen mehr als tausend Schiffswracks; hier ruhen so viele versunkene Schätze, dass kommerzielles Tauchen im Umkreis der meisten Wracks verboten ist.

Sollte Ihnen der Sinn mehr nach oberirdischem Zeitvertreib stehen, machen Sie einen Ausflug ins 30 km entfernte Nafplio – eine schöne alte Stadt, deren Architektur die Spuren der venezianischen Herrschaft nicht leugnen kann. Die Straßen und Gassen sind gesäumt von geschmackvollen, manchmal auch ein wenig verschrobenen Läden, vor denen die Passanten auf schmalen Gehwegen willkommenen Schutz vor der sengenden Mittagssonne finden. Essen Sie in einem der vielen guten Restaurants zu Mittag, steigen Sie anschließend die 216 m zur Palamidi-Festung hinauf und beschließen Sie den Ausflug mit einem erfrischenden Bad im Meer auf der anderen Seite der Anhöhe. Nafplio ist bei Städtern aus Athen ein beliebtes Ziel für Kurzurlaube, und wenn man einen Nachmittag hier verbringt, versteht man gut, warum sie daran interessiert sind, dass es ein Geheimtipp bleibt.

COOL-FAKTOR: Die absolute Strandlage (näher am Wasser geht es nicht mehr).
KOSTEN: Erwachsene ab € 5,50, Kinder (4 – 10) ab € 3,50. Siehe Website für genaue Preise. Wer dem Besitzer dieses Buch vorlegt, bekommt einen Cool-Camping-Rabatt.
AUSSTATTUNG: Gute, saubere Sanitäranlagen, Restaurant und Bar direkt am Strand, Minimarkt, Grillplatz, Internet.
ESSEN UND TRINKEN: Die platzeigene Taverna Mouria gilt als Treffpunkt der Schauspieler, die in Aufführungen in den beiden antiken Theatern mitspielen. Nicht selten sieht man sie, wie sie unter dem Maulbeerbaum zwischen zwei Bissen Moussaka ihre Dialoge vor sich hin murmeln. Das Essen, vor allem Fischgerichte, ist gut und wird mit einem Lächeln serviert.
AKTIVITÄTEN: Das Tauchzentrum Epidive (0030 27530 41236, www.epidive.com) bietet Tauchkurse für Anfänger und Fortgeschrittene und Tauchgänge zur versunkenen Stadt an (auch für Kinder ab 6 Jahren).
Machen Sie einen Ausflug zu den Theatern und essen Sie im malerischen Hafen der Stadt zu Mittag. Oder fahren Sie ins 30 km entfernte Nafplio, wenn Sie die elegantere Seite des ägäischen Lebens kennen lernen möchten.
LAGE: Am Saronischen Golf an der Westküste des Peloponnes, bei Palea Epidavros.
ÖFFENTLICHE VERKEHRSMITTEL: Wenn Sie mit öffentlichen Verkehrsmitteln anreisen, müssen Sie in Nafplio einen Regionalbus nach Epidavros nehmen.
GEÖFFNET: April bis Oktober.

Camping Nicolas, 21059 Palea Epidavros, Argolis, Griechenland

| t | 0030 27530 41297 | w | www.nicolasgikas.gr |

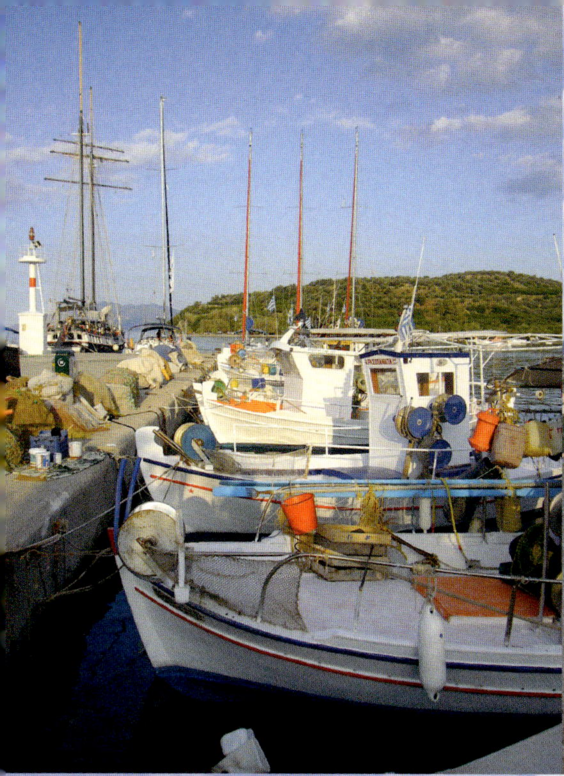
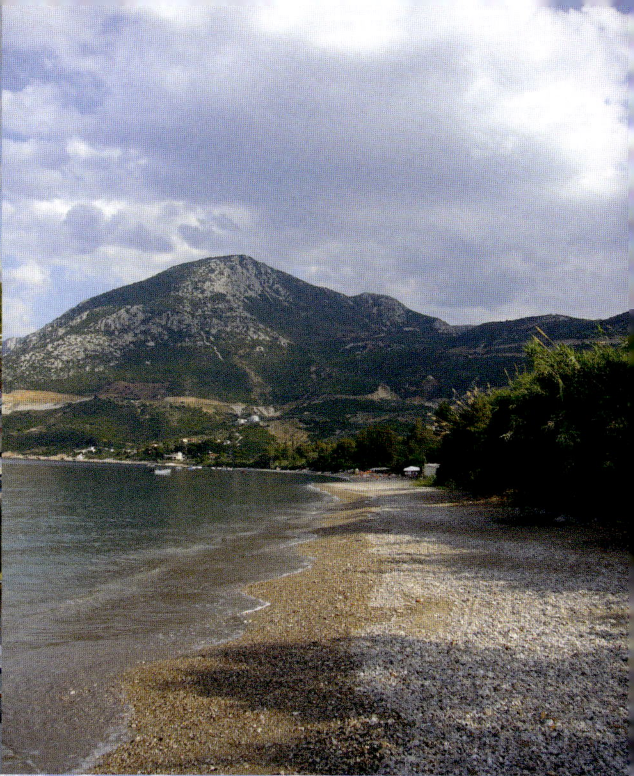
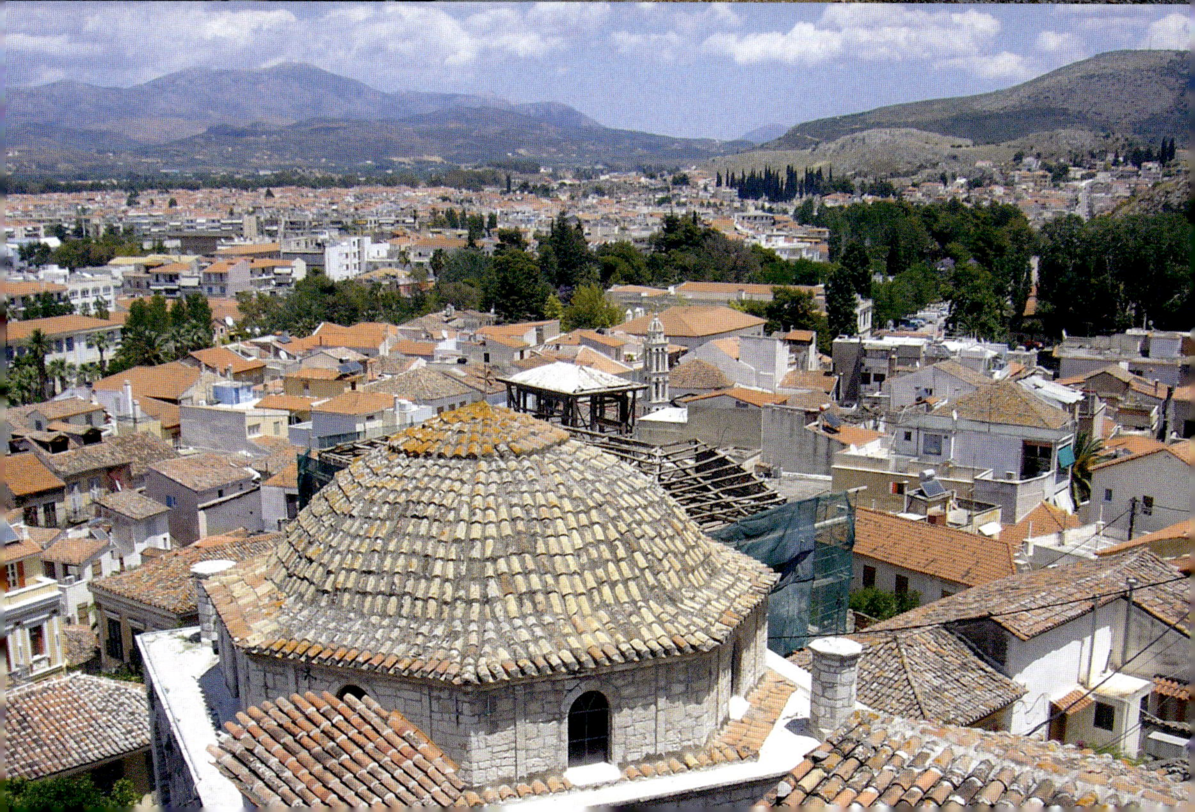

areti

Das schöne Städtchen Neos Marmaras ist umspült vom blauen Meer. An der palmenbestandenen Hafenpromenade findet jeden Donnerstagvormittag ein Markt statt und man fühlt sich schnell wie ein Einheimischer, wenn man sich in das Gedränge stürzt und um frisch gefangenen Tintenfisch oder Honig aus der Region zu feilschen beginnt.

Vor 2500 Jahren war dies die Heimat von Alexander dem Großen. Die Makedonier sind ausgesprochen stolz auf ihren illustren Vorfahren, wundern Sie sich also nicht, wenn Sie merken, dass die Einheimischen hier über ein größeres Geschichtswissen verfügen als jeder Student der Altphilologie im übrigen Europa.

Ein paar Kilometer von Neos Marmaras entfernt liegt der Campingplatz Areti. Er ist so verschlafen wie ein von Tsipouro benebelter Bouzoukispieler, die Uhr tickt hier erfreulich langsam. In der gemütlichen Taverne am Strand brutzelt der frisch gefangene Fisch auf dem Grill, während die Wellen der Ägäis leise neben Ihrem Tisch ans Ufer plätschern und die Luft erfüllt ist vom Zirpen der Zikaden. An einem klaren Morgen winken Ihnen die fernen Gipfel des Olymp, mit den Göttern zu frühstücken. Und wenn sie könnten, würden die Götter sich liebend gern hier versammeln und in die Fluten stürzen.

Areti liegt auf einem mit Pinien und Eukalyptusbäumen bestandenen Areal, das von hibiskusgesäumten Wegen durchzogen ist. Wer dem Meer so nah sein möchte, dass er die salzige Luft riechen kann, stellt sein Zelt direkt am feinen Sandstand unter knorrigen alten Olivenbäumen auf; wer mehr für sich sein möchte, wählt einen Platz weiter hinten unter den Eukalyptusbäumen.

Wenn Ihnen die Hitze zu viel wird, versuchen Sie es mit einer Nacht in einer der Holzhütten, von denen es auf dem Platz etwa ein Dutzend gibt. Sie stehen im Schatten von Eukalyptusbäumen zwischen blühendem Oleander und sind sowohl gemütlich als auch funktional mit einer Küchennische, einem Schlafzimmer mit zwei Betten und einer zusätzlichen Liege und eigenem Klo ausgestattet – und klimatisiert.

Vor Ort gibt es einen gut sortierten Minimarkt, einen Spielplatz und verschiedene Sportangebote wie Tennis, Basket- und Volleyball, aber auch verschwiegene Nischen für romantische Zweisamkeit und Aussichtsbänke mit Blick auf das Meer und den Sonnenuntergang. Es ist einer dieser stillen und verschwiegenen Fleckchen Erde, an denen man wieder zu sich selbst finden kann. Und wenn Sie sich zur Abwechslung einmal richtig körperlich verausgaben wollen, dann schwimmen Sie zu einer der drei unbewohnten Inseln in der blaugrün gesprenkelten Bucht hinaus.

Die anrückende Kriegsflotte der Perser, die

den eigensinnigen kleinen Bund der Hellenen erobern wollten, ließ sich vor 2500 Jahren, wenn auch nur kurz, von den angeblich in der Gischt um die Klippen hausenden Seeungeheuern aufhalten. Heute birgt die Bucht keine derartigen Gefahren mehr. Wenn Sie also mehr von diesem von seinen Bewohnern so innig geliebten Land sehen möchten, dann sprechen Sie mit Giorgos, dem sanftmütigen Besitzer des Campingplatzes, der Ihnen sagen kann, wo Sie für einen Tag einen alten Kutter bekommen, mit dem Sie um die drei Halbinseln herumschippern können. Und ehe Sie sich versehen, werden Sie jeden, der Ihnen begegnet, mit einem fröhlichen *Jassas* begrüßen und Ouzo kippen wie einer, der hier geboren ist.

COOL-FAKTOR: Toller Blick, einsame Strände, hervorragende Küche und ein überaus freundlicher Besitzer.
KOSTEN: Je nach Saison Erwachsene € 8,10 – € 9, Kinder € 4 – € 4,50, Zelt und Pkw € 16,20 – €18, Holzhütte für 2 Erwachsenen und 2 Kinder € 60 – 80. Steinbungalow (für 4 Personen) € 100 – € 150.
AUSSTATTUNG: Tipptopp gepflegte Sanitäranlagen mit Waschmaschinen und Trockner, Restaurant und Bar, Minimarkt, Grillplätze, Spielplatz, Volleyball- und Tennisplatz und 2 Strände.
ESSEN UND TRINKEN: In Neos Marmaras gibt es eine Reihe guter Restaurants, die besten Fischlokale findet man an der Hafenpromenade.
AKTIVITÄTEN: Man kann Jetboote und Windsurfbretter mieten und die benachbarte Tauchschule Nireas bietet Tauchkurse an. Chartern Sie einen alten Kutter (für bis zu 30 Personen) samt Skipper und unternehmen Sie eine Rundfahrt um die drei »Finger« der Halbinsel. Die Kosten liegen bei € 25 pro Person, Verpflegung inbegriffen.
LAGE: Auf Sithonia, dem mittleren »Finger« der Halbinsel Chalkidiki, etwa 5 km südlich von Neos Marmaras (an der Straße von Neos Marmaras nach Toroni ausgeschildert).
ÖFFENTLICHE VERKEHRSMITTEL: Vom Flughafen Thessaloniki nehmen Sie am Busbahnhof Chalkidiki den Bus nach Sithonia (Ziel Sykia oder Neos Marmaras) und sagen Sie dem Busfahrer, wohin Sie wollen, damit er Sie aussteigen lassen kann. Sollten Sie doch in Neos Marmaras landen, müssen Sie ein Taxi zum Zeltplatz nehmen (etwa 10 Min. Fahrt).
GEÖFFNET: Anfang Mai bis Anfang Oktober.

Camping Areti, 63081 Neos Marmaras, Chalkidiki, Griechenland
t 0030 23750 71430   w www.areti-campingandbungalows.gr

antiparos

Wenn man im weißen Hafen dieses winzigen ägäischen Kleinods von der Fähre geht, traut man seinen Augen nicht. Alles, was man sieht, ist griechischer als griechisch: alte Fischer mit runzeligen Gesichtern und Charles-Bronson-Augen, Katzen, die sich im Schatten räkeln, bunte Körbe mit überquellenden Früchten und ein azurblauer Himmel, der so vollkommen ungetrübt ist, dass es selbst ein Herz aus Stein erweichen würde.

Ich könnte an dieser Stelle verraten, wer hier in den letzten Jahren heimlich Land gekauft hat, aber ich habe Theo Kalygros, dem Sohn des Campingplatzbesitzers, geschworen, es nicht zu tun. Sagen wir einfach, Antiparos hat jetzt seinen eigenen Götterhimmel der Superstars.

In der Hauptstraße der einzigen bewohnten Ortschaft Antiparos im Norden der Insel reihen sich Tavernen, Bars, Eiscafés und Läden, in denen alles vom Schmuck bis zu – rätselhafterweise – Feen und Elfen verkauft wird. Es gibt keine Erklärung dafür, aber diese geflügelten kleinen Wesen tauchen hinter jeder blütenumrankten Ecke auf.

Wenn man um die Burg, die sich am Rande der Ortschaft erhebt, herumwandert, kann man etwas von der Geschichte dieser stolzen kleinen Insel erahnen. Im 15. Jahrhundert erkoren Piraten die Insel zu ihrem Stützpunkt. Um sie sich vom Leib zu halten, bauten die Einheimischen einen nahezu uneinnehmbaren Klotz von einer Burg – selbst Captain Jack Sparrow wäre hier an seine Grenzen gelangt. Diesen Freiheitsgeist haben sich die Menschen auf Antiparos bis in unsere Tage erhalten, und sie gehörten während des Zweiten Weltkriegs zu den Ersten, die sich dem griechischen Widerstand gegen die deutsche Besatzung anschlossen.

Ein freier Geist herrscht auch auf dem Campingplatz Antiparos. Unter dem Schattendach der Zedernkronen und in den lauschigeren Bambusabteilen lässt man es locker und gemächlich angehen. Mag sein, dass die Einrichtungen sehr einfach sind, aber das macht auch den Charme dieses Platzes aus.

Theo kann Ihnen unscharfe Super-8-Aufnahmen von Musikfestivals und Fußballturnieren aus den 1970ern zeigen – Schlaghosen und Afrofrisuren einen endlosen Sommer lang. Vielleicht lauern die Geister jener Zeit noch in der Luft oder in der gewaltigen, 400 Jahre alten Zeder, die ihre knorrigen Äste in den Himmel reckt, jedenfalls bewahrt Theo diesen Geist in den Musikfestivals und Jamsessions, die er für reisende Troubadoure veranstaltet.

Auf Antiparos gibt es drei größere Strände. Den nächstgelegenen erreichen Sie über ein Gespinst von Wegen, die sich kreuz und quer durch Dünen und niedrige Gräser und Sträucher ziehen. Und wenn es Ihnen widerstrebt,

für Badekleidung auch nur einen Cent auszugeben, haben Sie Glück gehabt – dies ist ein FKK-Strand. Wenn Sie den Anblick von Menschen im Adams- und Evaskostüm aber nicht so schätzen, dann gehen Sie lieber zum Strand hinter der Windmühle am Rand des Ortes.

Das platzeigene Restaurant bietet eine Fülle hausgemachter Köstlichkeiten (probieren Sie den mit Reis und Rosinen gefüllten Tintenfisch), Sie sollten also unbedingt wenigstens an ein paar Abenden hier essen. Wenn sie nicht gerade Delikatessen zusammenbraut, die Ihnen auf der Zunge zergehen, ist die Herrin des Hauses gewöhnlich mit Stricken beschäftigt. Sie ist aber auch dafür bekannt, dass sie ihren Gästen gern heimlich ein paar selbstgebackene Kekse zusteckt – und es wäre unhöflich, dazu Nein zu sagen, nicht wahr? Camping Antiparos ist ein wunderbarer Ort, um herumzusitzen und sich mit anderen Leuten aus dem kunterbunt gemischten Häuflein der Gäste zu unterhalten, oder wie die Griechen einfach nur den melancholischen Klängen der Bouzouki zu lauschen.

COOL-FAKTOR: Eine Oase für Kurzzeitaussteiger mit freundlichen Betreibern.
KOSTEN: Je nach Saison Erwachsene € 6 – € 8, Kinder € 3 – € 4, Zelt, € 2.
AUSSTATTUNG: Saubere Sanitäranlagen, Wäschereidienst, Bar, Restaurant mit einer wunderbaren Küche.
ESSEN UND TRINKEN: Leckeren Fisch, der Ihnen vermutlich am Morgen noch beim Schwimmen begegnet ist, gibt es in der Taverna Yorgis in der Hauptstraße der Ortschaft Antiparos.
AKTIVITÄTEN: Sehen Sie sich eine Vorstellung im Open-Air-Kino Oliaros auf dem Dach von Herrn Pantelakis an (0030 22840 61717); in schönerem Ambiente können Sie Ihre Lieblingsfilme nicht sehen. Ein Unternehmen mit dem treffenden Namen Argonauts Blue (0030 22840 61364, www.antiparos-isl.com/activities.htm) bietet Kajaktouren um die Insel an. Oder Chartern Sie den Kutter Alexandros bei Antonis (0030 22840 61273), der Sie um die Nachbarinsel Paros herum und zu einsamen Buchten schippert (€ 50 für Erwachsene, € 25 für Kinder, inkl. Mittagessen vom Grill).
LAGE: Auf der kleinen Insel Antiparos, einer der Kykladeninseln in der Ägäis (Anreiseplan auf der Homepage).
GEÖFFNET: Mai bis Ende September.

Camping Antiparos, 48007 Antiparos, Kykladen, Griechenland
t 0030 22840 61221 w www.camping-antiparos.gr

Bildnachweise

Alle Fotos © Sophie Dawson, Keith Didcock, Sam Pow, Paul Sullivan, Rui Teimao, Richard Waters, Penny Watson; mit Ausnahme der folgenden (mit freundlicher Genehmigung abgedruckten) Bilder: Termas da Azenha (S. 28 und 31) © Daniela Meester, Yurt Holiday Portugal (S. 33 f.) © Hannah McDonnell (www.lushplanet.com), BelRepayre Trailer Park (S. 87 f. und Umschlag hinten) © BelRepayre Airstream & Retro Trailer Park, Mas de la Fargassa (S. 82, 84) © Mas de la Fargassa, Tipis in Folbeix (S. 104 und 107) © Nigel Harding/Tipi Holidays in France, Zellersee (S. 214) © Reiner Müller, Park Grubhof (S. 216 und 219) © Kerstin Joensson, Walter Schweinöster und Robert Stainer.

Umschlagfoto: Cala Llevadó © Keith Didcock

Die Herausgeber und Autoren haben sich bemüht, die Richtigkeit der Informationen in *Cool Camping Europe* in allen Fällen sicherzustellen. Sie übernehmen jedoch keine Verantwortung für infolge der in diesem Buch gegebenen Informationen erlittene Verletzungen, Verluste oder Unannehmlichkeiten.